叢書
ソーシャル・キャピタル
4

Series SOCIAL CAPITAL

ソーシャル・キャピタル
と
経営

企業と社会をつなぐネットワークの探究

金光 淳

[編著]

Series SOCIAL CAPITAL

ミネルヴァ書房

「叢書ソーシャル・キャピタル」刊行にあたって

ソーシャル・キャピタル（以下，社会関係資本）は素敵な概念です。過去の歴史・文化を踏まえ現在の人間関係を解き明かすこともできますし，学問や組織の枠組みを越えて共通の課題に取り組む際の共通の認識基盤も提供してくれます。ときには現在の縦割り行政や組織の矛盾までも明らかにしてくれます。英語では versatile という形容詞がありますが，社会関係資本はまさに versatile な概念です。その意味は，「（人・性格・才能など）何にでも向く，多才の，多芸な，多方面な[(1)]」とあり，基本的にはよい意味なのですが，「浮薄な」という意味も一部にはあるようです。

versatile の語源はラテン語の vertere（「回る」「変える」「向く」）と versatilis （「回転軸の先端でものが回る様子を表す言葉であった」）とのことですから[(2)]，確かに場合によっては「浮薄な」という悪い意味にも転用可能かと思います。しかし，基本的には「汎用性が高い」概念ということで，毎日さまざまな困難に直面し，対応を迫られている実務家には共感を得られるのですが，言葉の意味をとことん突き詰める学者には警戒の念をもたれている概念でもあります。

本叢書は，この場合によっては異論もある概念を多方面から検討するもので，全7巻からなります。第1巻では，社会関係資本の概念と測定方法を検討します。以下，第2巻「教育」，第3巻「経済」，第4巻「経営」，第5巻「市民社会・政治」，第6巻「健康・福祉」，第7巻「社会」と続きます。本叢書を通読していただければ，社会関係資本という versatile な概念が決して「浮薄な」ものではないことが明らかになるはずです。実務家には問題解決のための指針を提供し，学者には自らの専門をより豊穣にしてくれる培地を提供する概念であることを明示します。

今さらいうまでもありませんが，日本最大の課題は，少子高齢化への対応です。最近の日本のベストセラーの多くは，この少子高齢化の影響を扱ったものです。生産年齢人口が2000年の8,622万人から2050年には5,275万人へ3,347万人も減る[(3)]のですから，小泉・竹中改革が生産性の向上を目指した市場経済化・効率化路線を採ったのは当然のことです。しかし，市場経済化・効率化路線は

i

基本的に生産性向上策ですから，生産年齢人口の減少を伴う少子化対策であり，高齢者対策としては不十分です。結局のところは，65歳以上の高齢者人口が2000年の2,201万人から2050年に約3,841万人へ1,640万人も増える[4]のですから，こちらもきちんと対策を講じてもらわなければ困ります。この問題は，市場だけでは到底解決できない分野が拡大することを意味しています。医療，福祉，防災，どれをとっても市場経済だけでは解決不可能です。社会関係資本は，この市場で対応しきれない分野，つまり市場の失敗を住民同士の協調で補う対処法を提供するものでもあります。

2018年7月

編集委員会を代表して
稲葉陽二

注
(1) Koine, Y. et al. (eds.) (1980)『KENKYUSYA'S NEW ENGLISH-JAPANESE DICTIONARY FIFTH EDITION』研究社。
(2) 梅田修 (1990)『英語の語源辞典——英語の語彙の歴史と文化』大修館書店，213頁。
(3) 国立社会保障・人口問題研究所 (2017)「日本の将来推計人口（平成29年推計)」中位推計。
(4) 同前。

まえがき

　経営とはヒト，モノ，カネ，知識の管理と効率的な活用に関する社会的行為であり，組織のマネジメントを通じた人的資本，物的資本，金融資本，知識資本などの資本の形成活動でもある。近年，人的資本，物的資本でも金融資本でも知識資本でもなく，人間関係を中心とした社会関係のネットワークに埋め込まれた「資産」が重要な役割を果たしていることが明らかになっている。これはソーシャル・キャピタル＝社会関係資本と呼ばれる。俗にいう「コネや人脈」に関する資本であるが，人間関係に基づくので，築くのに時間と手間がかかる扱いにくい資本である。この資本は他の資本に比べ，収益に関して不確実性が高く，決して費用対効果が高いとはいえない資本である。他方でネットワークに埋め込まれており，その「ネットワーク効果」によって，一度うまく回りだすと予想外の大きな収益をもたらしてくれるという側面を持つ。

　日本人にとってソーシャル・キャピタルの例としてイメージしやすいのは，学校（特に大学）の同窓会ネットワークであろう。たとえば慶應義塾大学の校友会である三田会は会員数37万人を誇り，卒業年度や地域ごと，企業，職種にとさまざまなレベルで組織されている。世界の多くの国にも海外赴任者を中心に支部が多数存在する（筆者もシカゴ大学社会学部への留学時代に同じ寮に住む慶應義塾大学工学部出身のビジネススクール留学生がシカゴ都心の三田会に出かける場面に出くわしたことがある）。そもそも慶應義塾大学の卒業生の間には強い結びつきが存在し，就職や転職，海外赴任，結婚，政治活動等さまざまな社会生活の局面で力を発揮するといわれている。この例は，特定の集団に帰属する「クラブ財」的性格を持ったソーシャル・キャピタルと考えてよい。

　海外のビジネススクール留学の目的は知識の習得や学位とともにビジネススクールの場での人脈づくりという側面がある。そこでは世界のさまざまな国からの留学生との間に将来のビジネスパートナーともなり得るネットワークを築くことができる。この慶應義塾大学出身のMBA留学生が，企業派遣の学生で

あれば，彼が築いた社会ネットワークはとりあえず企業に帰属する企業のソーシャル・キャピタルである（組織財）。しかし彼が私費留学生であったとすれば，彼が築いた社会ネットワークは彼に帰属する。つまりそれは「私財」としてのソーシャル・キャピタルが形成されたことになる。もちろん彼がビジネススクールで築いた社会ネットワークはどちらの場合も，「クラブ財」としての三田会のソーシャル・キャピタルを豊かにしたことは言うまでもない。

　社会ネットワークを個人の力で構築して起業に利用し，ビジネスの世界で成功した例は多い。最近話題になった*SHOE DOG*という本の著者で，スポーツ用品メーカーの Nike の創業者フィル・ナイトもその例である。彼はもともとランナーであったが，24歳の1960年代の初め東京オリンピック前の景気に湧く日本を訪れる。訪れた関西のシューズメーカー（オニツカ）の製品は軽くて丈夫な製品で，当時世界を席巻していたドイツメーカーでも作っていないものであった。彼はビジネスの実績はなかったがハッタリを効かせ，そのシューズの全米での販売権を獲得することに成功した。彼はアメリカでブリーリボンという名の会社を作り，オニツカ製品を販売したが自己ブランドであるナイキの開発も進める。やがてこれが発覚，オニツカと決別することとなる。自転車操業でナイキの開発と改良を続けるものの，ついに従業員の賃金も払えなくほど追い詰められた。その際，彼を助けたのは彼が日本で築いた日本企業とのネットワークであった。それまでも協力関係にあった大阪の総合商社（元・日商岩井＝現・双日）が資金援助することで，この危機を切り抜けたのである。やがて株式の公開を決意し会社を Nike とする。その後新製品を次々と開発することに成功し，特にシカゴ・ブルズを6度の世界チャンピオンに導いたマイケル・ジョーダン・モデルを発売し，これがヒットした。こうして Nike は世界的なスポーツ用具メーカーに育っていった。このサクセス・ストーリーは，フィル・ナイトが私財としてのソーシャル・キャピタルを最大限利用した典型例である。

　他方で社会ネットワーク，ソーシャル・キャピタルは地理的に偏在し，特定の地域に集中する傾向がある。サンフランシスコ郊外は，シアトルなどと並んでそのような都市（地域）である。そこは全米一地価が高いところでも知られ，スタンフォード大学やカリフォルニア大学バークレー校などの有名大学を抱え

ており，コンピュータ・サイエンスの中心地でもある。またヒッピー文化が残存し，性的アイデンティティが多様な人々も多く集まる寛容性の高い地域としても知られている。ここは言わずと知れたベンチャーのメッカでもある。世界からやってくる留学生のための生活インフラや同郷の社会ネットワークが存在するほか，世界から技術シーズを持った起業家がチャンスを求めて訪れる。技術に強い弁護士や弁理士，投資コンサルタントが多く開業し，ベンチャー企業が開業するためのさまざまな社会インフラ，社会ネットワークが整備されている。弁護士や弁理士，投資家は毎日うまい投資話を求めバーやレストランに集い情報を交換している（筆者もかつて Mountain View の高級レストランで，シカゴのロースクールを出て現地で知財関係の弁護士事務所でインターンをしていた友人と食事をしていた時に向かいの夫婦が投資話をしていたことを思い出す）。このようなソーシャル・キャピタルが醸成された地域で育ったからこそスティーブ・ジョブズやビル・ゲイツは Apple や Microsoft の起業に成功したといってもよい。このような社会ネットワーク・インフラは，特定の地理的空間に蓄積された「公共財」としてのソーシャル・キャピタルとはいえるが，正確には「地域財」という性格も持っている。

　本書では，このようなさまざまな種類の社会ネットワーク，ソーシャル・キャピタルに注目する。本書はもともと編者を中心とした 3 人の研究を基盤にしたものである。具体的には挑戦的萌芽研究（一般）期間：平成 23〜26 年度，「社会関係資本を通して見た企業不祥事の実証研究」（研究代表・稲葉陽二，共同研究者として北見幸一と金光淳が参加）と基盤研究（B）（一般）期間：平成 27〜29 年「企業ソーシャル・キャピタルに注目した企業統治研究の新展開」（研究代表・金光淳，共同研究者として稲葉陽二，協力者として北見幸一が参加）のプロジェクトの成果である。これを「基礎工事」として主に経営領域で活躍されている研究者の方々に原稿を依頼した「アカデミックな建築物」である。「設計図」は大まかに書かれていたに過ぎないが，共通のコンセプトは，企業（や組合組織）の内外に組織されている社会ネットワーク資源，ソーシャル・キャピタルに注目する点である。決して「立派な高層建築」ではないが「眺望は良い」と自負している。ソーシャル・キャピタルがビジネスの現場や企業組織，地域社会でどのように醸成され，それがどのような価値創造，イノベーションに貢献

しているのかを一望できる。

　本書は経営学の研究者だけでなく経営や労働に関わる実務家，専門職者，地域活性化に関心のある地方自治体の職員など幅広い人々を対象にしている。本書が読者に「資本」の社会的意味を問い直し，これを社会のためにどう活かせるかを考える機会を提供できれば幸いである。

　最後にシリーズの総編集者であり，長年の共同研究者である稲葉陽二先生に改めて感謝を申し上げたい。ビジネス経験のない編者を長年の実務経験で導いてくれた。最後にシリーズの他書を多く抱えながら，気まぐれな編者に真摯に対応していただいた株式会社ミネルヴァ書房編集部の音田潔氏に心から感謝の念を申し上げたい。

　2018年7月

京都四条烏丸の自宅にて

金光　淳

ソーシャル・キャピタルと経営
――企業と社会をつなぐネットワークの探究――

目　　次

「叢書ソーシャル・キャピタル」刊行にあたって

まえがき

序　章　無形資産をどのように捉えるのか······················金光　淳　1
　　　　──マネジメント分野における研究動向

　　1　ソーシャル・キャピタルの経営学的定義······························1

　　2　無形資産可視化の試み···3

　　3　本書の構成···7

第Ⅰ部　業績を上げる企業内ネットワークの構築

第1章　関わり合う職場における協調的行動··············鈴木竜太　12

　　1　関わり合う職場は協調をもたらすのか······························12

　　2　仕事の相互依存性と協調的行動····································13

　　3　大手飲料メーカーにおける調査····································18

　　4　相互依存性・情緒的コミットメント・集団凝集性······················21
　　　　──協調的行動にみる三者の関係性

　　5　相互依存性と支援行動の関係······································26
　　　　──協調的行動の能動性・受動性の比較から

第2章　職場で知識をいかに創造するのか··············小豆川裕子　33

　　1　企業経営における知識への関心····································33

　　2　信頼と企業経営におけるソーシャル・キャピタルの役割···············35

　　3　知識資産経営発展段階仮説に基づく分析····························36

　　4　組織的知識創造における管理職の役割······························41

5 組織的知識創造と管理職のリーダーシップ………………………43
　　── コーポレート・ソーシャル・キャピタルの観点から

6 持続可能な企業組織の成長に向けて………………………49

第3章　企業グループにおける学習のマネジメント……秋山高志　53
　　── ナレッジマネジメントを基盤として

1 社会ネットワーク理論による学習のマネジメントの検討……………53

2 異質性を連結する自律的な知識創造主体── 企業グループの本質……54

3 ナレッジマネジメントとは何か………………………55

4 ネットワークにおける「埋め込み」とナレッジマネジメント………56

5 ネットワークのマネジメントの事例………………………60

6 企業グループのマネジメントに求められるもの………………………65

第4章　情報化と職場の生産性………………………井戸田博樹　68

1 ICT による生産性向上の規定要因………………………68

2 職場の生産性を高める関係性資本のあり方………………………70
　　── 結束型・橋渡し型の共存

3 ネットワークの特性………………………71

4 ICT 活用とメンバー間の相互信頼………………………72

5 イノベーションのためのマネジメント活動………………………73
　　── ソーシャル・メディアによる生産性向上のために

6 ICT がソーシャル・キャピタルを育成しうるのか………………………78

第Ⅱ部　地域のネットワークがもたらす効果

第5章　"中範囲"のコミュニティー・キャピタルで捉え直す
……………………………………………西口敏宏　86

1　スモールワールドと「刷り込み」……………………………86

2　凝集性と探索力の良いとこ取り………………………………88

3　より良い捉え方は？……………………………………………88

4　階層間のリンクと"弱い"ノードの強み……………………90

5　つながり構造を活かすには？…………………………………92

6　コミュニティー・キャピタルの機能…………………………97

7　"中範囲"のコミュニティー・キャピタルで捉え直す…………98

第6章　現代の非営利・協同組織はソーシャル・キャピタルを
醸成しないのか………………………桜井政成・山田一隆　104
──生活協同組合パルシステム千葉の事例から

1　ソーシャル・キャピタルが組合活動・政治への参加に及ぼす影響…104

2　地域参加・政治参加をめぐる組合員の意向…………………110

3　生協活動，地域・政治への参加の決定要因…………………116

4　生協活動，地域・政治への参加要因間の全体構造…………124

5　都市部の生活協同組合員のソーシャル・キャピタルとその影響…126

第7章　産業クラスターの進化を促進する社会ネットワーク
──バイオクラスターの事例から………………若林直樹　130

1　地域のイノベーションと経済を発展させる動脈……………130

2　地域のイノベーション能力の発展と社会ネットワーク……131

3　クラスター開発における社会ネットワークの効果…………134

4　代表的な国際バイオクラスターにおける社会ネットワークの効果…139

　　5　産学連携ネットワークの発展とベンチャー創出の推進………………146

第Ⅲ部　企業／組織と社会の関わり

第8章　企業による評判のマネジメントは可能か………北見幸一　152

　　1　企業資本の基盤となる社会資本…………………………………………152

　　2　有形・無形資本に基づく企業評価のフレームワーク…………………154

　　3　企業評価と評判…………………………………………………………159

　　4　市場と情報の関係………………………………………………………164

　　5　企業不祥事分析から評判を考える……………………………………166

　　6　企業内外のバランスの良い関係性の構築……………………………171
　　　　──評判のマネジメントに必要な対応

第9章　社会イノベーションは持続するのか……………田原慎介　175
　　　　──地域の多様なステークホルダーとの協働

　　1　社会イノベーションとは何か…………………………………………175

　　2　社会イノベーションに必要なソーシャル・キャピタル……………177

　　3　社会福祉法人による社会イノベーション──芦別慈恵園の事例から…183

　　4　営利企業にも求められる社会イノベーション………………………190

第10章　独立社外取締役は企業にとって天使か悪魔か…金光　淳　195
　　　　──コーポレート・レピュテーションと企業業績のジレンマ

　　1　コーポレート・レピュテーションとは何か…………………………195

　　2　コーポレート・レピュテーションをいかに調査するか……………197

　　3　社外取締役とレピュテーションは企業の業績を高めるのか…………205

4 社外取締役は天使にも悪魔にもなり得る存在 …………………………208

第11章 強い絆が会社をつぶす …………………………稲葉陽二 213
—— 企業不祥事分析に求められるソーシャル・キャピタルの視点

1 企業統治改革の失敗 —— 相次ぐ大企業の不祥事 …………………213

2 企業風土という言い訳 …………………………214

3 格差・腐敗の助長 —— ソーシャル・キャピタルの負の側面 …………215

4 どのようなネットワークが有効なのか …………………………219

5 企業をめぐる企業統治のネットワークの変遷 …………………222

6 不祥事と企業風土 —— 本当の原因は何か…………………………227

7 重要なのはトップの社内ソーシャル・キャピタル …………………230

8 権力の集中の予防 —— どうすればよいのか …………………………233

9 労使間の分断が招いた企業の劣化 —— 社会的病理の反映…………234

10 企業内ソーシャル・キャピタルを踏まえた評価基準の設定………236
—— 自助努力では解決しない不祥事の問題

終　章　社会に開かれた企業統治は可能か………………金光　淳 241

1 経営資源論から企業統治論へ …………………………241

2 企業不祥事と企業統治 …………………………241

3 レピュテーションの重要性 …………………………244

4 「良心」による経営か「監視」と「報酬」による経営か…………246

索　引

<table>
<tr><td>序　章</td><td>無形資産をどのように捉えるのか
──マネジメント分野における研究動向</td></tr>
</table>

1　ソーシャル・キャピタルの経営学的定義

　Adler & Kwon（2002）は，*Annual Review of Management* にマネジメント分野のソーシャル・キャピタルについて最も汎用的な定義と，その価値の創出のメカニズムを因果的に理解するための図式を提出した。近年彼らは再レビュー論文を発表し（Kwon & Adler 2014），2000年代に入ってからこの分野の研究が爆発的に増加していることを示しつつ，2012・13年以降は論文数が減少傾向にあり，この分野の研究が成熟期を迎えていると指摘している。これは興味深い指摘であり，編者はこれをソーシャル・キャピタル論が大きな転換点にあるサインと解釈したい。

　彼らは2002年論文において，「ソーシャル・キャピタルとは，個人，集団に利用可能な善意（goodwill）であり，その源泉はアクターの関係の構造と内容に存し，その効果は当のアクターとって利用できる情報，影響，連帯性からくる」と定義し，以下の7つの特徴を列挙している。

① 他のすべての資本と同様に，（不確実だが）将来の利益の流入を期待して他の資源が投下しうる長期的な資産であること。
② 他の資本と同様に転用可能で，兌換的であること。ただし経済資本への兌換率は流動性と「粘着性」のために，かなり低いこと。
③ 他の資本と同様に他の資源と代理的，補完的なものであること。
④ 他の資物的資本，人的資本と同様に，しかし金融資本と異なりメンテナンスを必要とすること。ただし物的資本と異なりその償却率は予測しがたく，人的資本と異なり使用によって価値が増すこと。また文脈的変動によって陳腐化しやすいこと。

図序 - 1　Adler & Kwon の OMA 図式

出所：Adler & Kwon（2002：Figure 1）.

⑤　きれいな空気，安全な街と同じく，ある形態のソーシャル・キャピタルは公共財であること。

⑥　他のすべての資本と異なり，アクターに内在するのではなく，社会関係に存在すること。

⑦　経済学者が「資本」と呼ぶ他の資本と異なり，量的な尺度になじまないこと。

　上の定義では⑥の「社会関係への依存性」が肝であると考える。また彼らは，ソーシャル・キャピタルの源泉となる社会構造（＝「市場関係（物品・サービスの交換）」＋「ヒエラルキー関係（命令への服従）」＋「社会的関係（恩義の交換）」）に埋め込まれ，①「機会構造（Opportunity）」＝社会ネットワークでのロケーション②行為者の内的な「動機づけ（Motivation）」，③結合の前提となる行為者の「能力（Ability）」に依存しながら生まれるベネフィットとリスク＝価値の発生ダイナミズムを説明する「OMA 図式」を提出している（図序 - 1，詳細については金光〔2011a〕参照）。

序　章　無形資産をどのように捉えるのか

2　無形資産可視化の試み

　前節の Adler & Kwon のモデルは確かに優れた因果モデルであるが，社会ネットワーク分析の立場からすると特に，彼らの定義の⑦の量的な尺度になじまない，という点には抵抗感がある。また，この図序 - 1 からはソーシャル・キャピタルと実際の経営資源，社会ネットワークとの対応関係が見えてこない。どうすれば，これらをすっきりと可視化できるだろうか。

　近年，管理会計の研究分野では組織文化等を含むインタンジブル（無形資産：国際基準会計に則った資産の要件を満たすが実態のない非金融資産）の生み出す価値に注目が集まり，「人的資産」「情報資産」「組織資産」に区分して無形経営資産を管理しようとする流れが現れている（Kaplan & Norton 2004；櫻井編著2012）。これは社会科学全般でのソーシャル・キャピタルへの注目と期を一にしているのは明らかである。組織論の研究者から見れば不十分ではあるものの，（管理）会計学では組織研究の成果を吸収し，ソーシャル・キャピタル（「組織資本」と呼ばれる）を会計学的な「資産」として管理する枠組みの理論化が進んでいるのである。このことに多くの社会学者はもちろん，多くの組織論研究者も十分に気がついていない。藤田（2007）は数少ない例外であり，組織論と会計論を融合させようとしているが，筆者はこの学問潮流は停滞している経営分野のソーシャル・キャピタル研究を新たな次元に導く可能性を孕んでいると感じてきた。

　というのは「資本」という概念は比喩としては極めて便利な概念であるものの，多義的で曖昧である。それは「資産」というある程度厳密に測定可能なものとして捉えない限り，企業の資源を管理できないし，企業の資源を管理できなければ不平等な資源の分布構造を生み出す社会構造を根本的には変革することもできないと感じてきたからである。また従来の人間関係中心の社会ネットワーク論やソーシャル・キャピタル論では，近年重要性が増しているブランドやレピュテーション——筆者の考えではそれは社会ネットワーク，ソーシャル・キャピタルとして扱える——を，研究するための理論的な枠組みがない以上，管理会計のそれを借りざるを得ない。もちろんそれを展開するためには，

3

社会学や社会心理学で研究されているレピュテーションを形成する口コミネットワークのダイナミズムに関する研究やマーケティング・サイエンスで展開されているブランド論で補強されねばならないことも確かである（これに関しては終章で触れる）。

　ここでは図序－2のように企業の資産分類を行い，経営学的なソーシャル・キャピタル研究の見取り図を明らかにしたい。

　有形資産についてはここで深く論じる必要はないと思われるが，ここでは紺野（2008）の指摘するように（自社所有施設であれば）有形資産としてのオフィスやそのデザイン＝職場の環境や作業空間は，ソーシャル・キャピタルや組織知の生成に大いに影響を与えることを指摘しておきたい。これは近年生産性を求めて地方に設けられている IT 企業のリモートオフィスについても当てはまる（篠原 2014）。私たちが関心を持つソーシャル・キャピタルと関連の深い無形資産には以下がある。

① 　知的資産にはM＆Aや購入等により取得した特許権，商標，著作権等が含まれる。

② 　人的資産には仕事能力やスキル，才能，個人の人的なネットワークが含まれる。

③ 　情報資産には，情報システム，データベース，社会 SNS 等が含まれるが，大量の情報がビックデータという形でクラウド空間に蓄積されてようになっている昨今，重要な経営資源になっている（第4章参照）。

④ 　組織資産は，最も定義しにくい資産であり，多様である。業務・事業を巡って組織されている社会的ネットワークの束であって，ここには業務をめぐる実践の共同体の中で形成される「組織知」，組織メンバーの行動原理・思考様式である「組織文化」と「（狭義の）ソーシャル・キャピタル」が含まれる（第1・2章参照）。また，他の組織（他企業，研究機関や大学，自治体，NPO など）との提携ネットワーク，企業グループやクラスター，地域との連携ネットワーク（これらは組織論的には「組織間関係」と呼ばれる）もこれに含まれると思われる。本書では，第3・6・7章でこれについて論じている。

序　章　無形資産をどのように捉えるのか

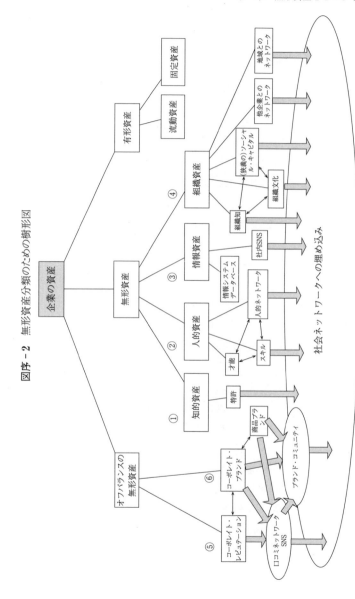

図序－2　無形資産分類のための樹形図

注：実線は分岐ツリーを、太い矢印は社会ネットワークへの埋め込みを表わす。細い直線分類関係は太い矢印は埋め込み関係、細い両方向の矢印は相互作用を示す。
出所：北見（2010）、櫻井（2012）を参考に筆者作成。

図序 - 2 で表されているように，これらの無形資産は，実際には人と人の人間関係，（拡張的には組織間関係，あるいは人と組織との関係）の社会ネットワークに埋め込まれている点を強調したい。たとえば，特許は通常「しばしば職場や国籍を超える共同研究」の成果であり，その背景には科学者や技術者（組織的には研究機関）の科学的協働のネットワークや引用のネットワークが存在する。また人的資本に分類される「スキル」も「実践の共同体」（Lane & Wenger 1991；Wenger 2002）と呼ばれる中心—周辺の社会ネットワーク構造の中で獲得される（金光 2011b）。「組織知」もこの構造に埋め込まれているが，SECI モデルで表現されているようなプロセスによって生成される（野中・竹内 1996；野中・紺野 2003；Cross & Parker 2009）。いづれにしても，この組織資産の本質と社会的埋め込みを研究することこそ，組織論が最も貢献できる研究領域であることは言うまでもない。実際にこの領域の研究は経営学の中心テーマであるイノベーションと関連し，レビューしきれないほどの莫大な論文が発表されている。

　他方，オフバランス資産とは，自己創出の資産であるために貸借対照表に掲載されない資産・負債のことであり，自己創出の商品ブランドや特許のほか重要な資産として前述（4 頁）の①〜④に加え，さらに⑤コーポレート・レピュテーション＝企業の評判と⑥コーポレート・ブランド＝企業ブランド（共に自己創出なのは明らかである）が含まれる。

　コーポレート・レピュテーションは第 8 章で詳細に論じられるように，コーポレート・ブランド構築のための素材，基礎となり（「評判の情報提供機能」と呼ばれる），コーポレート・ブランドとともに企業の重要な資産であるばかりでなく口コミネットワークや SNS によって形成されやすくなり，市民社会からの「外的な圧力」としても機能するようになっている（「評判の制裁機能」と呼ばれる）。他方ブランドはネットワーク型の社会構造を有するブランド・コミュニティ（Muniz & O'Guinn 2001）を伴って構築（醸成）されるようになっており（Fournier & Lee 2009），マーケティング・サイエンスだけでなく経済社会学，人類学による研究が期待される。

序　章　無形資産をどのように捉えるのか

3　本書の構成

　最後に本書の構成，概要について紹介しよう。図序 – 3は本書の構成を図式化したものである。

　本書は序章，終章を含め，3部，13章から構成される。第Ⅰ部は「業績を上げる企業内ネットワークの構築」と題し4章から構成され，実践共同体における知識の生産を扱っている。第1章は，飲料メーカーの従業員調査から仕事で相互に関わり合うことが協調的行動をもたらすのか，それは好意的な心的態度を基盤とするものなのかを分析している。第2章は，IT企業の職場における知識創造のメカニズムをソーシャル・キャピタル調査によって解明している。第3章では，企業グループにおける知識創造のメカニズムが住宅メーカーの例から分析されている。最後に，第4章は，企業のブログSNS利用データベース（サンプル企業数3,000社）を基に，職場の情報化がどのように職場の生産性を高めているかを明らかにしている。

　第Ⅱ部は，「地域のネットワークがもたらす効果」という観点からまとめられた3章からなる。いずれも地域で展開されるソーシャル・キャピタルに焦点がある。第5章は中国の温州ネットワーク研究を基に，従来のソーシャル・キャピタル概念の精錬化を迫る「コミュニティー・キャピタル」という概念を提出している。第6章では，地域生協がどのようなソーシャル・キャピタルを提供しているかを組合員調査の分析で明らかにしている。また第7章では，社会ネットワークが産業クラスターの発展にどのように影響するかを日米独の「バイオクラスター」を例に議論し探索している。

　第Ⅲ部「企業／組織と社会の関わり」は4章から構成される。ここでは企業がステークホルダー，社会との関係の中で作り出すソーシャル・キャピタルに目が向けられ，第9章以外は編者らの基盤研究である企業不祥事，企業統治がテーマとなっている。第8章では筆者自身の研究を基に企業の評判についての理論が展開される。第9章では，社会イノベーションについての理論的分析とケース・スタディが行われる。第10章では，第8章をさらに深め，上場企業（約1,300社をサンプル化）のコーポレート・レピュテーション調査に基づいて，

7

図序 - 3　本書の構成概観図

序章　無形資産をどのように捉えるのか（金光淳）

第Ⅰ部 業績を上げる企業内ネットワークの構築

| 第1章　関わり合う職場における協調的行動（鈴木竜太） | 第2章　職場で知識をいかに創造するのか（小豆川裕子） | 第3章　企業グループにおける学習のマネジメント（秋山高志） | 第4章　情報化と職場の生産性（井戸田博樹） |

第Ⅱ部 地域のネットワークがもたらす効果

| 第5章　"中範囲"のコミュニティー・キャピタルで捉え直す（西口敏宏） | 第6章　現代の非営利・協同組織はソーシャル・キャピタルを醸成しないのか（桜井政成・山田一隆） | 第7章　産業クラスターの進化を促進する社会ネットワーク（若林直樹） |

第Ⅲ部 企業／組織と社会の関わり

| 第8章　企業による評判のマネジメントは可能か（北見幸一） | 第9章　社会イノベーションは持続するのか（田原慎介） | 第10章　独立社外取締役は企業にとって天使か悪魔か（金光淳） | 第11章　強い絆が会社をつぶす（稲葉陽二） |

終章　社会に開かれた企業統治は可能か（金光淳）

企業の評判と企業の実績，社外取締役の間の関係を分析している。第11章では，自らの研究に基づいて不祥事を誘発しやすい役員間ネットワーク構造を理論化している。

　本書では詳細な分析結果だけではなく，新たな理論の提示や新たな研究課題の提起も行っている。その意味で本書は今後の経営分野におけるソーシャル・キャピタル研究のガイドブック的役割を担っている。

　最後に社会ネットワークとソーシャル・ネットワークの違いについてあらかじめ明らかにしておきたい。本書では「社会ネットワーク」という場合，社会的アクター（個人，事業ユニット，団体）等の現実的で実際的な人格的な社交関係のことを指し，他方「ソーシャル・ネットワーク」とは仮想的な関係も含むウェブ上の社交関係のことを指す。しかし両者は技術的な進歩でますます渾然一体となり融合する傾向があり，実際にすでに一部融合している点を理解しておく必要がある。

参考文献

金光淳（2011a）「経営・ネットワーク理論」稲葉陽二ら編『ソーシャル・キャピタルのフロンティア──その到達点と可能性』ミネルヴァ書房，81-108頁。

金光淳（2011b）「『実践共同体』をとらえる社会ネットワーク・モデル」『京都マネジメントレビュー』16，47-61頁。

序　章　無形資産をどのように捉えるのか

北見幸一（2010）『企業社会関係資本と市場評価——不祥事企業分析アプローチ』学文社。

紺野登（2007）『ダイナミック知識資産』白桃書房。

紺野登（2008）『儲かるオフィス——社員が幸せに働ける「場」の創り方』日経BP社。

櫻井通春編著（2012）『インタンジブルズの管理会計』中央経済社。

篠原匡（2014）『神山プロジェクト——未来の働き方を実験する』日経BP社。

野中郁次郎・竹内弘高／梅本勝博訳（1996）『知識創造企業』東洋経済新報社。

野中郁次郎・紺野登（2003）『知識創造の方法』東洋経済新報社。

藤田誠（2007）『企業評価の組織論的研究——経営資源と組織能力の測定』中央経済社。

Adler, P. S. & S. Kwon (2002) "Social capital: Prospects for a new concept." *Academy of Management Review* 27, pp. 17-40.

Cross, Rob & J. T. Robert (2009) *Driving Results Through Social Networks: How Top Organizations Leverage Networks For Performance and Growth*, Jossey-Bass.

Fournier, S. (1998) "Consumer and Their Brands: Developing Relationship Theory in Consumer Research" *Journal of Consumer Research* 24 (March), pp. 343-373.

Fournier, S. & L. Lee (2009) "Getting Brand Communities Right" *Harvard Business Review*, April 2009, pp. 105-111.（＝2010年10月号，ハーバード・ビジネスレビュー編集部訳『ブランド・コミュニティ——7つの神話と現実』116-131頁。）

Kaplan, R. S. & D. P. Norton (2004) *Strategy Map: Converting Intangible Assets into Tangible Outcome.* Harvard University Press.（＝2005，櫻井通春・伊藤和憲・長谷川恵一訳『戦略マップ』ランダムハウス講談社。）

Kwon, S. & P. S. Adler (2014) "Social capital: Mutuaration of a field of research.", *Academy of Management Review* 39, pp. 412-422.

Lave, J. & E. Wenger (1991) *Situated Learning: Legitimate Peripheral Participation.* Cambridge University Press.（＝1993，佐伯胖訳『状況に埋め込まれた学習』産業図書。）

Muniz, A. M. & T. C. O'Guinn (2001) Muniz Jr. & Thomas C. O'Guinn (2001) "Brand Community," Journal of Consumer Research, 27(4), pp. 412-432.

Wenger, E., R. MacDermott & M. W. Snyder (2002) Cultivating *Community of Practice: A Practical Guide to Managing Knowledge*, Harvard Business School Press.（＝2002，櫻井祐子訳『コミュニティ・オブ・プラクティス——ナレッジ社会の新たな知識形態の実践』翔泳社。）

（金光　淳）

第Ⅰ部　業績を上げる企業内ネットワークの構築

| 第 1 章 | 関わり合う職場における協調的行動 |

1　関わり合う職場は協調をもたらすのか

　本章の問題意識は，仕事において相互に関わり合うことが協調的行動（coop-
erative behavior）をもたらすのか，そしてそれは好意的な心的態度を基盤とす
るものなのか，ということである。ここでいうコミュナルな職場とは，コミュ
ニケーションが多くなされ，仲が良く，相互依存的に仕事を進めるような職場
のことを指し，協調的行動とは，他者の仕事が円滑に進むように手伝ったり，
情報を伝えたりするような，職場における他者の仕事の成果に有効な影響を持
つ行動を指す。職場における関わり合いをソーシャル・キャピタルの一側面と
捉えるのであれば，本章の問題意識は，職場におけるソーシャル・キャピタル
はメンバーの協調的行動を引き出すのかと言い換えることができよう。
　近年の日本における労働者の働き方は，組織あるいは職場といった集団で働
くあり方から個人で働くあり方に変化してきた。たとえば，（いくつかの企業で
見直しも行われているが）成果主義的評価の進行や目標管理制度の導入は，個人
の責任と達成した仕事を明確にしようという試みであるともいえる。また，企
業，個人の双方における自律的キャリアへの志向は組織の中の人間としてでは
なく，個人として仕事人生を歩むことを志向している。このような個人で働く
働き方は，組織や職場における協調的行動を減らしていく。なぜなら，他者の
働きぶりや成果は自分の成果に直接的にも間接的にも大きな影響を及ぼさない
からである。しかし，このような協調的行動が組織や職場において起こらない
ことは，結果的には組織全体，職場全体の有効性を低くしてしまう可能性があ
る（Katz & Kahn 1978；鈴木 2013）。高度成長期の日本企業の強みの一つは勤勉
に働く従業員の一体感にあるといわれてきた（e.g. Abegglen 1958；Dore 1973；
Ouchi 1981）。これら職場の一体感が TQC やカイゼン活動を促進し，日本企業

第1章 関わり合う職場における協調的行動

の競争有意性を築いてきた。多くの日本企業を対象とする既存研究において，一体感として従業員の組織への忠誠や組織コミットメント，そしてそれをもたらす要因として年功序列や終身雇用制，長期雇用に着目してきた。本章では，この一体感を職場という視点から考えてみたい。ただし本章が注目するのは，一体感という心的状態ではなく，一体的に仕事をする職場である。本章では，これをコミュナルな職場として捉えている。つまり，一体として働く職場と協調的な行動の関係に焦点を当てる。

組織は単純な個人の集合ではなく，共通の目標を持ち相互にコミュニケーションを取りながら協働する個人の集合である（Barnard 1938）。そのような組織において，組織を維持したり，組織の仲間を助けたりするような行動は組織の有効性にとって重要な行動である（Katz & Kahn 1978）。組織行動論においても，このような協調的な行動について検討がなされてきた（Organ et al. 1988他；Brief & Motowidlo 1986）。これらの協調的行動をもたらす要因についても研究が蓄積され，組織全体に関わる要因や職場に関わる要因，そして個人に関わる要因など多様な要因が協調的行動をもたらすことを指摘してきた（Smith, Organ & Near 1983；George & Jones 1997；田中 2001）。しかし組織行動論における協調的行動の代表的研究である組織市民行動（Organizational Citizenship Behavior，以下，OCB）という名前が物語るように，協調的行動は良き精神をもった人が行うものであると考えられる傾向がある。つまり，組織や職場，仲間に対して好意的な心的態度を持つ人，あるいはそのような一般的な性向を持つことが，協調的行動の主たる要因であると多くの研究は考えてきたといえよう。

本章では，一体で働く職場として仕事における相互依存性と集団凝集性の概念を取り上げる，このような一体で働くことが仲間や組織への愛着を生み出し，協調的な行動をもたらすのか，あるいはそれ以外のメカニズムによって協調的な行動をもたらすのか，質問紙による調査を基に分析を行う。

2　仕事の相互依存性と協調的行動

（1）協調的行動

組織行動論において，組織のメンバーを助けるような協調的行動に注目した

研究は少なくなく，協調行動に類する行動その中でも最も研究蓄積がなされているものは組織市民行動の研究であろう。OCB は一般には，組織における行動のうち，①従業員が行動を示したことに対してはっきりと報償されるわけではなく，示さなかったことに対して罰せられることもないもの，②従業員の職務記述書には含まれないもの，③従業員が彼らの職務の一つとして行うように訓練されていないものの条件を満たすものと定義づけられる（Podsakoff et al. 2000：1993；田中 2001）。このように定義づけられた OCB は具体的にはいくつかの行動のタイプがある。たとえば，OCB の包括的なレビューを行った Podsakoff et al.（2000）は，OCB を仲間を助ける行動などの支援行動（helping behavior），不平などを言わずに仕事を行うスポーツマンシップ（sportsmanship），組織に対する善意の行動等の組織忠誠（organizational loyalty），組織のルールや規則を守る組織的服従（organizational compliance），建設的な提案等を行う個人的な自発性（individual initiative），責任を積極的に引き受けようとする市民的道徳心（civic virtue），自発的に自己研鑽を行う自己開発（self development）の 7 つに分けている。

　本章が考える協調的行動においては，受動的な側面としてやらざるを得ない側面に着目している。やらざるを得ない側面の背後には，やらなければ自分の仕事が進まない，あるいは共有する目標が達成できないといった要因が潜んでいる。この点から考えると，本章が考える協調的行動は，行動それ自体は OCB に含まれる行動ではあるが，概念レベルでは必ずしも報酬にひも付いていない行動とはいえない。その点で OCB とは表面上示される行動（他者を助ける行動や教える行動）は同種のものであるが，本質的には異なる行動といえる。本章ではより具体的な支援行動として，他者を支援するような行動と情報を共有する行動の 2 つを取り上げて，協調的行動とする。このうちは他者を支援するような行動は，Podsakoff et al. の分類でいえば，支援行動に該当する。

（2）仕事の相互依存性

　次に仕事の相互依存性は，「集団のメンバーが与えられた仕事を有効にこなすために依存しあう程度」と一般に定義されている（Van der Vegt et al. 2001）。しかし多くの研究者が指摘するように，これまでの研究において仕事の相互依

存性（task interdependence）は，2つの捉え方がなされてきた（Stewart & Barrick 2000；Saavedra et al. 1993；Wageman 1995）。1つは，仕事の技術によって規定される相互依存性であり，客観的な個人の仕事間の関係である。もう1つは目標やフィードバックのあり方などによって規定される個人が知覚する仕事の相互依存性である。たとえば，組み立てラインのような生産システムでは前工程は後工程によって影響され，仕事の技術上相互依存的である。しかし一方で，同じ組み立てラインでも，あるラインは相互に情報を交換し，仕事を進めていくのに対し，別のあるラインは個人が独立的に仕事をするということがある。この場合，個人が知覚する仕事の相互依存性の立場から見れば，仕事の相互依存性は異なるといえる。もちろん，技術によって規定される相互依存性は，個人が知覚する相互依存性に影響を与える。つまり2つの仕事の相互依存性は関連しながらも独立なものであるといえよう。本章では，個々人の協調的行動への影響に着目すること，質問紙による調査を行うために，後者の知覚される仕事の相互依存性として相互依存性を捉えていくことにする。

　仕事における相互依存性は，仕事そのものの相互依存性だけではない。Wageman（1995）は，組織における相互依存性がいくつかの資源からもたらされると述べている。それらは，①スキルや資源の分配や仕事を決める技術といった仕事のインプットに関する相互依存関係，②仕事のプロセスにおける相互依存関係，③目標の相互依存関係，④成果の相互依存関係の4つである。先に挙げた2つの相互依存性の捉え方のうち，技術に規定される相互依存性は①に，知覚する相互依存性は②と対応するものと考えられる。同様に，Saavedra et al.（1993）は，仕事における相互依存性を仕事そのものの相互依存性，目標の相互依存性，フィードバックの相互依存性の3つの相互依存性に分けて調査を行っている。Wagemanの分類に対応させると，仕事そのものの相互依存性は②に，目標の相互依存性は③に，フィードバックの相互依存性は④にそれぞれ対応する。この内，仕事の相互依存性とともに研究において多く取り上げられるのは，目標の相互依存性であろう（Van der Vegt et al. 2001）。それは，モチベーションにおける目標設定理論からもわかるように，仕事のあり方と同時に，どのように目標が設定されているのかということが成果には大きく関わる可能性があるからと考えられる（Mitchell & Silver 1990）。

第Ⅰ部　業績を上げる企業内ネットワークの構築

（3）状況的な要因と協調的行動

　OCB を促進する要因としては，個人の心的態度や個人の性格や能力に注目する研究が多い。Organ & Ryan（1995）は OCB の規定要因のメタ分析を行っているが，そこで取り上げられた変数は，職務満足感，組織コミットメント，リーダーの配慮行動や公平性の知覚といった職場への好意的な態度に関わる変数と勤勉性や協調性といった性格特性，それに加えて性別や勤続年数であった。

　しかし，協調的行動は，集団や仲間への支援者の好意的な心的態度あるいは個人の能力だけに依存するわけではない。少ないながらもいくつかの研究では，支援者の好意的な心的態度ではないプロセスも指摘されている。Anderson & Williams（1996）は，支援行動（Helping behavior）[1] のプロセスについて詳細な調査と分析を行っている。彼らは，支援行動をもたらす要因として，仕事における関係性，支援者の職務自律性，仕事の相互依存性，支援を受ける人の仕事負担，に着目した。

　結果は，彼らが想定したほどに複雑な結果は示されず，支援者の職務自律性と仕事の相互依存性は支援を求める行動に影響し，それが支援行動を促すプロセスと仕事における良い関係と支援を受ける人の仕事負担が支援を求めるコストの認知を通じて，支援を求める行動に影響し，それが支援行動を促すプロセスの 2 つの間接効果と支援を受ける人の仕事負担と仕事における良い関係の支援行動への直接効果が示された。これらのことからは，支援を受ける人の頼みやすさから来る，支援を求める行動を通じるといった交換関係をベースにしたメカニズムによってもたらされることが明らかになった。ただし，彼らの研究では，支援を求める行動という点に注目しているために，自発的な支援行動かどうかという点では判別が難しい。つまり「頼まれるから支援した」，というと「頼みたそうだから自発的に支援した」との違いがはっきりとはわからない。また，交換関係をベースにモデルを構築しているために，逆に好意的な心的態度の効果がどれほど介在しているのかがわからない。彼らは仕事における関係性を要因として挙げているが，仕事の相互依存性との関係はモデルからは示されていない。[2]

　また，Pearce & Gregersen（1991）は，責任感の知覚を仲介効果として，仕事の相互依存性と役割外行動（extra role behavior）の関係を調査している。彼

第1章　関わり合う職場における協調的行動

らは，Hackman & Oldham（1976）の職務特性理論で用いられた責任の知覚を取り上げ，仕事の相互依存性が責任を知覚することを促し，それが役割外行動を促すと考えた。また，仕事の相互依存性が責任の知覚に影響すると考えた。彼らは，Thompson（1967）の４つの仕事の相互依存性のタイプのうち，連続型と互恵型を念頭に15項目で構成された尺度をオリジナルに作成し，調査を行[3]った。彼らの調査からは，２つの因子の互恵的な仕事の依存性と独立的な仕事は責任の知覚に影響を与え，責任感の知覚が役割外行動を高めるという結果を示した。

　先行研究の結果からは，仕事における相互依存的な関係が，お互いを助ける行動を促すことが示唆される。一方で，個人の好意的な心的態度や集団のポジティブなムードが協調的行動を引き出すことも指摘されている。しかしながら，それら好意的な心的態度や集団のポジティブなムードと仕事における相互依存性との関係がもたらす影響については十分な検討がされていない。

　本章では，協調的な行動に影響する組織や職場への好意的な心的態度として情緒的コミットメントを取り上げる。また協調的行動に関わる職場の状況的要因として仕事の相互依存性，目標の相互依存性，そして集団凝集性を取り上げる。改めて本章の問題意識を示すならば，コミュナルな職場が個人に協調的行動をもたらすのか，そしてそれは職場や仲間への心的態度に基づくものなのか，ということである。経験的にはお互いが関わり合い，仲の良いコミュナルな職場ではお互いへの好意や組織や職場への好意から助ける行動や仲間に利になる行動が多くなされるであろう。一方で「一連託生」と言う言葉があるように，お互いに関わり合い，仲の良い職場では助け合わなければならないという状況も生まれる。

　図１-１～２は以下で示される調査の分析モデルである。分析モデル１に関しては，仕事への相互依存性が情緒的コミットメントを仲介して協調的行動を促すのか，あるいは直接促すのか，そして情緒的コミットメントとの交互作用があるのか，といった点について分析がなされる。分析モデル２に関しては，仕事における相互依存性とともに職場の集団凝集性が協調的行動に与える影響について分析がなされる。

17

第Ⅰ部　業績を上げる企業内ネットワークの構築

図1-1　分析モデル1

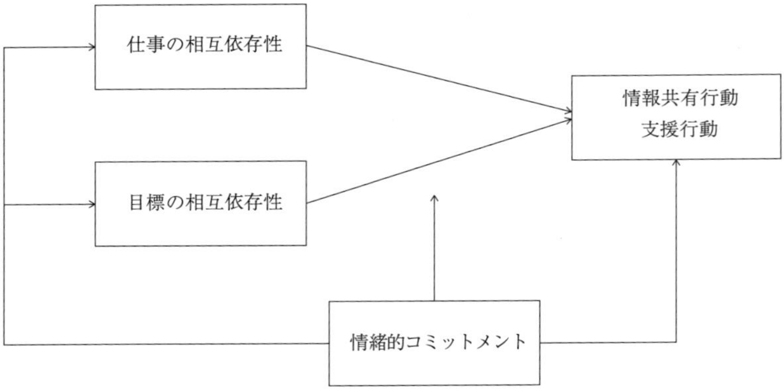

```
┌──────────────┐
│  仕事の相互依存性  │────┐
└──────────────┘    │
                       ┌──────────────┐
┌──────────────┐    │  情報共有行動  │
│  目標の相互依存性  │────│   支援行動    │
└──────────────┘    └──────────────┘
┌──────────────┐
│ 情緒的コミットメント │
└──────────────┘
```

図1-2　分析モデル2

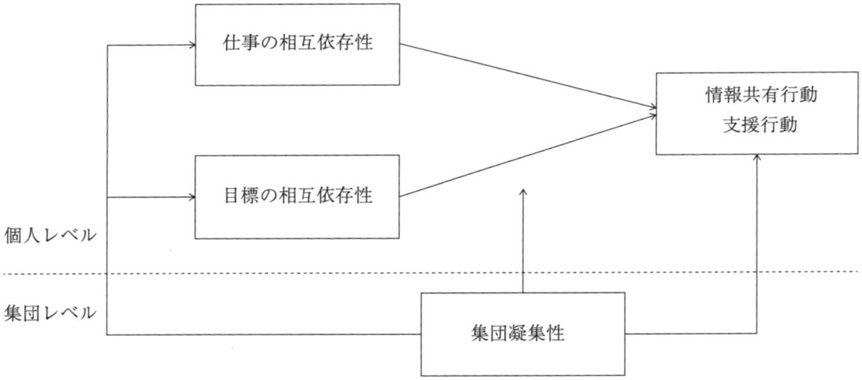

```
┌──────────────┐
│  仕事の相互依存性  │
└──────────────┘
┌──────────────┐    ┌──────────────┐
│  目標の相互依存性  │    │  情報共有行動  │
└──────────────┘    │   支援行動    │
個人レベル              └──────────────┘
────────────────────────
集団レベル
         ┌──────────────┐
         │   集団凝集性    │
         └──────────────┘
```

3　大手飲料メーカーにおける調査

（1）調査対象

　調査は，質問紙によって飲料メーカーⅩ社に対して，2008年に支店で営業を担当していた4つの部門の担当者に対して行われた。質問紙調査はインターネットを通じて行われ，質問紙の入力用の WEB ページにアクセスするインストラクションカードがマネジャーを通して配布され，調査実施期間として2週間

WEB ページを開放し，当該ページにアクセスし回答してもらった。対象者は
469名であり，有効回答数は414票，支店数は47店であった。後のグループレベ
ルの分析は支店単位で行われた。回答者の平均年齢は41.75歳，男性が94.2%
を占めている。一方，支店の人数は最大で17人，最小4人，平均のグループサ
イズは8.81人であった。

（2） 6つの測定尺度

本調査に用いられた測定尺度は分析モデルからわかるように，6つの尺度
（情緒的コミットメント，集団凝集性，仕事の相互依存性，目標の相互依存性，支援行動，
情報共有行動）である。それぞれは既存研究を基に作成された。

支援行動は Smith, Organ & Near（1983）による OCB の支援次元を基に構成
されている。本来，3次元（支援，自主的参加，忠誠心）で構成されているが，
因子分析（主因子法・プロマックス回転）を行った結果，支援行動と自主的参加
の計6項目が1つの因子として抽出された（表1−1）。本章では，協調的行動
として OCB の項目を用いているため，内容を鑑みた上で，因子分析に沿って
支援行動と自主的参加の項目によって支援行動とした。忠誠心に関しては，本
章が着目する協調的行動とは異なるため分析には用いない。信頼性 a は.848で
あった。

情報共有行動は本調査のためにオリジナルに作成された。「同僚の得になる
のであれば自分の持っている情報を積極的に伝えている」「同じ職場の人間な
ら，年齢や経験にかかわらず無条件でしていることは教える」の2つの項目に
よって構成され，信頼性 a は.662であった。

仕事の相互依存性は Kiggundu（1983）を参考に作成され，「自分の仕事を完
了するには，多くのほかの人の仕事に依存している」「私が仕事をやらなけれ
ば，ほかの人の仕事が完了しない」といった能動的依存性と受動的依存性を含
む5項目で構成されている。信頼性 a は.674であった。目標の相互依存性は
Van der Vegt（2003）を基に3項目作成された。代表的な項目は「私の職場で
は，職場の成果に関する責任を共同で負っている」「私の職場では，職場とし
て達成すべき明確な目標を持っている」である。信頼性 a は.656であった。

第Ⅰ部　業績を上げる企業内ネットワークの構築

表1-1　援助行動に関するOCBの因子分析

	支援行動	忠誠行動
14　私は仕事負担の多い同僚をよく助けている	.791	−.024
19　私は役割ではなくても率先して同僚のために時間を割いている	.736	.051
3　私は遅刻や休んだ人がいれば，その人の仕事を助けている	.713	−.170
10　私はいつも周囲の人々を手助けする心構えでいる	.654	−.010
4　仕事仲間が自分で考えられるように援助している	.638	.117
18　仕事仲間にはためになる忠告を頻繁に行っている	.510	.232
21　私は，要求される以上の仕事をしている	−.128	.699
12　私はチームの成功のためなら，求められている以上のことをしばしば行う	.285	.512
16　私は，仕事に費やす時間を惜しまない	.033	.497
6　私は仕事上の義務や責任を逃れようとおもったことはない	−.041	.317
抽出後の負荷量平方和	3.929	.359

注：因子間の相関は r＝.766。

（3）分析レベルの確認とマルチレベル分析の分析枠組み

　本章で用いられる変数のうち，集団レベルの変数として考えられる3つの変数に関してICC（Intra Class Correlation）による分析を行った。ICCは分散を集団間の違いによってもたらされる分散と集団内の違いによってもたらされる分散に分解し，それらの要素から集団間のばらつきと集団内のばらつきを比較することで，グループ内の一致度を測定する。集団内（個人）のばらつきが集団間のばらつきに比べて大きい場合，その変数はグループレベルの変数として扱うことが難しくなる。なぜなら集団内で値がほとんど一致していないからである。反対に，集団間のばらつきが大きければ，その変数は集団内で一致している度合いが高く，グループレベルの変数として扱うことが妥当となる。一般は，個人レベルのICC(1)に関しては，0.12程度，集団レベルのICC(2)に関しては，0.5程度が基準となる（James 1982；Bartel & Milliken 2004；Klein et al. 2000；Ostroff 1992）。

　本章で用いられる変数では，グループレベルで扱われる可能性がある変数は，2つの仕事における相互依存性と集団凝集性である。仕事における相互依存性は，必ずしもグループレベルの変数とは限らない。職場において同じような働き方をする職場もあれば，個々人で異なる働き方をする職場もあるからである。過去の研究においても，仕事の相互依存性をグループレベルの変数として捉えるのか個人レベルの変数として捉えるのかは意見が分かれるところである

（Langfred 2000：2005）。また，Van der Vegt et al.（2001）によれば，仕事の相互依存性は，チームや職場間で異なるグループレベルの変数であると同時に，職種や仕事内容で異なるような個人レベルの変数の特徴も持つ。本章では，前述のJamesらの基準に沿うと，集団凝集性，仕事の相互依存性，目標の相互依存性はいずれも個人レベルの変数として取り扱われるべきであるが，集団凝集性に関しては，基準値に近い値であることや概念的に集団で捉えるべき変数であることから，仕事の相互依存性と目標の相互依存性は個人レベル，集団凝集性はグループレベルの変数として取り扱うことにする。

　本章では，ここまで示してきた問題意識を2つの分析を通して明らかにする。まず，仕事における相互依存性が，情緒的コミットメントを介して協調的行動をもたらすのか，あるいはそれ以外のメカニズムを持っているか明らかにするために，交互作用項を含む協調的行動へのパス解析によって分析[4]を行う。図1-3・4では，仕事における2つの相互依存性の組織コミットメントを介した間接効果と直接効果について分析がされる。併せて，2つの相互依存性と情緒的コミットメントの交互作用の協調的行動への影響に関しても分析がなされる。次に，集団レベルの変数である集団凝集性の協調的行動への影響を階層的線形分析によるマルチレベル分析[5]を行う。

4　相互依存性・情緒的コミットメント・集団凝集性
——協調的行動にみる三者の関係性

（1）情緒的コミットメントの効果——協調的行動を間接的に促進

　図1-3〜4は，情緒的コミットメントと仕事における相互依存性の支援行動と情報共有行動への影響に関するパス解析を行った結果である。両方の行動とも，仕事における2つの相互依存性は情緒的コミットメントを介して行動に影響を与える間接的効果と直接効果の2つの効果が明らかになった。特に，目標の相互依存性は情緒的コミットメントに強い影響を与え，間接的に2つの協調的行動に影響を与えることが示されている。情緒的コミットメントが高い人ほど，支援行動を行うことは，既存研究でも示されており，自然な結果であるといえよう。直接効果に関しては，仕事の相互依存性は支援行動に影響を与え，目標の相互依存性は情報共有行動に影響を与えることが示された。間接的効果

第Ⅰ部　業績を上げる企業内ネットワークの構築

図1-3　支援行動におけるパス解析の結果

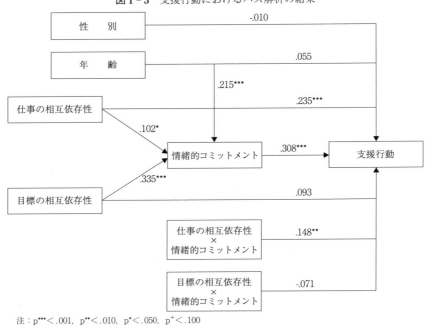

注：p***＜.001，p**＜.010，p*＜.050，p+＜.100

を考慮に入れても，支援行動は主に仕事の相互依存性によって影響され，情報共有行動は目標の相互依存性に影響され，2つの協調行動をもたらす主たる相互依存性が異なることが示された。

　Pearce & Gregersen（1991）は，仕事の相互依存性が他者への責任感を通して組織市民行動をもたらすことを示している。また，Anderson & Williams（1996）は，相互依存的に仕事をすることで支援を求める行動が促され，そのことが支援行動をもたらすことを明らかにしている。今回の結果は，具体的なメカニズムを特定することはできていないが，支援行動に関していえば，これら先行研究の結果を間接的に支持しているといえよう。

　また，情緒的コミットメントと仕事の相互依存性の交互作用も支援行動に影響を与えていることが示された。図1-3は，支援行動への情緒的コミットメントと仕事の相互依存性の交互作用の効果を図示したものである。情緒的コミットメントの高い群においても，低い群においても，仕事の相互依存性が高ま

第1章　関わり合う職場における協調的行動

図1-4　情報共有行動におけるパス解析の結果

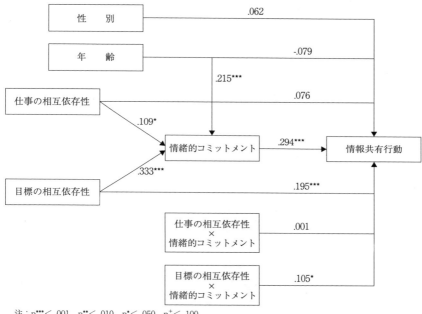

注：p***＜.001，p**＜.010，p*＜.050，p⁺＜.100

ることで支援行動が促されるが，情緒的コミットメントが高い人ほどより支援行動を行うことが示されている。仕事の相互依存性から直接もたらされる支援行動は，情緒的コミットメントによってもたらされる支援行動を相殺するわけではなく，より行動を促すことがわかる。

（2）集団凝集性の効果──支援行動・情報共有行動の促進

次に，集団凝集性を用いたモデルに関して，階層的線形モデル（HLM）を用いて分析を行った。分析に先立ち，支援行動と情報共有行動について，ICCを計算した。それぞれ支援行動では.055，情報共有行動では.054であった。これは，それぞれの協調行動の分散のうち，集団間の要素によって説明される割合を示している。つまり，支援行動の5.5％と情報共有行動の5.4％が集団の要素によって説明されるということである。

階層線形モデルでは，まず独立変数を用いず切片と誤差だけによるモデルで

23

第 I 部　業績を上げる企業内ネットワークの構築

表 1-2　支援行動と情報共有行動のクロスレベル分析の結果

変数	支援行動				情報共有行動			
	Null Model	Model 1	Model 2	Model 3	Null Model	Model 1	Model 2	Model 3
Level 1								
切片	3.483	3.490	3.487	3.489	4.219	4.219	4.216	
情緒的コミットメント		.231***	.228***	.235***		.229***	.217***	
仕事の相互依存性（TI）		.240***	.244***	.238***		.077	.078	
目標の相互依存性（GI）		.053	.053	.069		.094+	.099+	
Level 2								
集団凝集性（GC）			.196*				.406***	
Level 2								
GC × TI				.115				
GC × GI				.346*				
集団内残差の分散 σ^2	.388	.266	.266	.265	.395	.323	.322	
集団間残差の分散 U_0	.0224*	.0420***	.0390***	.0424***	.0224**	.0422**	.0155	
$R^2_{within\text{-}group}$		.314				.182		
$R^2_{between\text{-}group}$（切片）			.071				.633	
$R^2_{between\text{-}group}$（傾き:TI/GI）				.361/.047				
Model Deviance	788.35	671.68	669.07	669.29	810.63	739.73	726.94	

注：(1)　ICC（支援行動）= .055，ICC（情報共有）= .054
　　(2)　回帰係数はいずれも非標準化回帰係数。
　　(3)　p***＜.001，p**＜.010，p*＜.050，p+＜.100

分析を行う。この Null Model において，集団間残差（U_{00}）の分散（τ_{00}）の χ^2 検定が有意であることは，集団間によって説明される分散が残っていることを示している。表 1-2 からわかる通り，支援行動，情報共有行動の双方の Null Model において，集団間残差の分散が有意であることが示されている（支援行動：τ_{00} = .0224，p＜.050，情報共有行動：τ_{00} = 0224，p＜.010）。このことからは，支援行動，情報共有行動とも集団レベル（Level 2）の変数によって説明される部分があることがわかる。Model 1 は，個人レベル（Level 1）の変数だけを投入したモデルである。パス解析の結果と同様に，支援行動では仕事の相互依存性が強く，目標の相互依存性が弱く影響しているが，一方で情報共有行動では仕事の相互依存性も目標の相互依存性も影響をしていなかった。

　集団レベル（Level 2）を入れたモデルが Model 2 と Model 3 である。Model 2 は切片モデルと呼ばれ，集団レベル変数の集団凝集性の切片への影響を明らかにするモデルであり，Model 3 は係数モデルと呼ばれ，集団レベル変数の傾

きへの影響を明らかにするモデルである。Model 2の分析結果からは，集団凝集性が支援行動と情報共有行動に影響を与えていることがわかる。この結果は，集団凝集性の高い集団ほど，支援行動と情報共有行動が起きる傾向があることを示している。また，集団間残差の分散を見ると，支援行動では有意（$\tau_{00} = .0336$，$p < .010$）であり，情報共有行動では有意ではなくなっている（$\tau_{00} = .0169$，$p > .100$）。

このことは，支援行動では，有意ではあるもののまだ集団レベルの変数で説明できる余地が残っているのに対し，情報共有行動では集団レベルの変数で説明できる余地が残っていないことを示している。このことは集団間で起こっていた有意なばらつきが集団凝集性で説明が十分にされたということを示している。また，集団間分散における $R^2_{\text{between-group}}$ は，支援行動では.071，情報共有行動では.633であり，個人レベルの変数を除いた上で，支援行動の集団間分散のうち7.1％，情報共有行動の集団間分散のうち63.3％を集団凝集性が説明していることを示している。

この点から考えると，有意な結果は示されているものの，支援行動において集団凝集性の効果はそれほど大きくないことがわかる。一方，情報共有行動において集団凝集性は有意な影響を示し，集団凝集性が高い集団において情報共有行動がより起こることを示している。

Model 1において，仕事の相互依存性，目標の相互依存性の傾きの残差分散は，支援行動を従属変数としたモデルでは有意であったが，情報共有行動を従属変数としたモデルでは2つの相互依存性においていずれも有意ではなかった。このことは，情報共有行動において傾きが集団間で差がないことを示している。その点から考えれば，情報共有行動において係数モデルを設定することは意味がないため，係数モデルによる分析は支援行動においてのみ行う。

Model 2から，傾きの集団間残差が有意な変数は仕事の相互依存性と目標の相互依存性の2つであった。そのため Model 3では2つの仕事の相互依存性の傾きへの集団凝集性の影響について分析する。結果からは，支援行動における目標依存性の傾きのみに集団凝集性が影響を与えていることが示された。このことは目標依存性の支援行動への効果はその集団の集団凝集性に依存するということを示している。その効果を示したものが図1-5である。これは，集

25

図1-5 目標の相互依存性と支援行動の集団凝集性の違いによる効果の違い

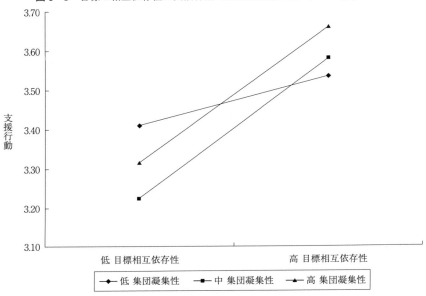

団凝集性が高い職場と低い職場に分け，その上で，目標の相互依存性の違いによる支援行動の平均値の違いを図示したものである。

　図1-5からわかるように，集団凝集性が高い職場と中程度の職場においては，目標の相互依存性が高い人ほど支援行動を行うが，集団凝集性が低い職場ではその効果があまり見られない。つまり，集団凝集性が低い職場で目標の相互依存性を高めてもそれほど支援行動は起こらないということである。また興味深いのは，低い目標の相互依存性の状況では，低い集団凝集性の職場の方が支援行動を起こしやすいという点である。

5　相互依存性と支援行動の関係——協調的行動の能動性・受動性の比較から

　本章の問題意識は，仕事において相互に関わり合うことが協調的行動をもたらすのか，そしてそれは好意的な心的態度を基盤とするものなのか，ということであった。このような問題意識の下，職場での仕事の相互依存関係や職場集

団の凝集性が協調的行動にどのような影響をもたらしているのか明らかにしようと試みた。

　改めて結果を検討すると，まず，支援行動に関して，仕事における相互依存性は2つのメカニズムで支援行動を促すことが示された。1つは仕事における相互依存性によって，職場や仲間への愛着をもたらし，そのことがお互いを助ける行動に繋がるといった好意に基づくメカニズムである。特に，目標の相互依存性はこのメカニズムによって支援行動を促すことが示された。もう1つは，仕事における相互依存性が直接支援行動に結びつくメカニズムである。これは仲間への愛着や好意以外のメカニズムであり，特に仕事の相互依存性において顕著に見られた。また，集団レベルの変数である集団凝集性が支援行動に影響を与えることが示された。

　一方，情報共有行動に関しても同様に，好意によるメカニズムと好意以外のメカニズムの2つがあることが結果からは示唆された。また，支援行動と異なる点としては，仕事の相互依存性が直接情報共有行動に結びつかないこと，また目標の相互依存性の直接効果が強いこと，そして集団凝集性がより情報共有行動を促すことが挙げられる。George & Jones（1997）は，同じ組織のための自発的行動であっても，その行動のタイプによって行動が起こるメカニズムは異なることを示唆しているが，本研究の結果もそれと同様の結果であるといえよう。

　では，好意以外のメカニズムにはどのようなものが仕事における相互依存性と協調的行動の間にあると考えられるであろうか。先行研究では，責任感の知覚（Wageman 1995）や他者からの助け（Anderson & Williams 1996），あるいは助ける機会の多さなどが挙げられている。しかしながら，最も考えうるメカニズムは，他者を助けなければ自分が困る，という利己的な理由であろう。相互依存的に仕事をする上では，他者がきちんと仕事をこなしてくれないと自分の仕事ができない。また目標が相互依存的な時には，他者がしっかりと仕事をしなくては自分の目標が達成できない。このような状況では，自分の仕事ではなくとも他者を助け，情報を共有するような協調的行動が必然的に生まれるであろう。

　現実の場面においては，必ずしも良き市民だけが協調的行動を行うわけでは

第Ⅰ部　業績を上げる企業内ネットワークの構築

ない。また良き市民だから協調的行動を行うというわけでもない。互いを助け
なければ仕事が進まない，あるいは仲間を助けなければ自分の成果が挙がらな
い，といった状況が協調的行動をもたらすことも考えられる。また助けなけれ
ばならない状況だからこそ，互いの仕事の進捗状況を理解し，有効に他者を助
けることができると考えることもできる。このように，職場における協調行動
は，好意的な心的状態がもたらす能動的な協調行動と状況によってもたらされ
る受動的な協調的行動があることが考えられるのである。しかしながら，この
能動的な協調的行動と受動的な協調的行動は，現実の行動の中では分離するこ
とは難しい。それは相互依存的な仕事状況が好意的な心的状態をもたらすこと
もあるだろうし，やむを得ず助けたり，教えたりする場合でもそこには好意が
全くないわけではないからである。論理的には２つの側面が協調的行動にはあ
ることが推察されるが，現実的にはこの２つの側面は一体となって協調的行動
として示されるであろう。

　最後に実践的意義について触れることにしよう。本章は，コミュナルな職場
において協調的行動がどのように発生するのか，ということに着目している。
本章の結果からは，まず協調的な行動が職場環境によってもたらされる部分が
少なくないことが示された。逆にいえば，マネジメントによって間接的に協調
的行動を職場全体にもたらすことが可能であるということを示したといえよう。

　さらに，単にコミットメントを高めるような施策よりは，仕事を相互依存的
に行い，目標を相互依存的にすることで，互いを支援する行動や職場において
情報を共有する行動がもたらされることが示された。ビジョンや理念を浸透さ
せ，コミットメントを高めるような組織レベルのマネジメントより，個々の職
場において仕事を相互依存的にデザインし，職場内での凝集性を高めることの
方がより現実的であり，それぞれが職場レベルで実践できることである。

　また，成果主義やキャリアの自律性への意識がある程度定着している企業に
おいては，組織や職場において個人の仕事が個別に切り分けられる傾向がある。
個人の目標が明確に定められ，評価を公平に行うことは，確かに従業員のモラ
ールを高め，個人の生産性を上げることに貢献するであろう。しかしながら，
一方で情報共有がなされず，お互いを助けるような行動も生まれにくい状況を
作ってしまうのである。支援行動や情報共有行動が実際にどれほど職場や組織

の業績に影響を与えていたのかは本章からは明確に示すことができない。しかしながら，さまざまな場面で組織や職場において助け合いや情報の共有が起こることは有形無形のメリットをもたらすことは十分に考えることができよう。

　日本企業の強みは従業員に一体感があることであるといわれてきた。その一体感は，高い組織へのコミットメントや長期雇用関係として捉えられてきた。しかしながら，長期感の好意的な関係による一体感ではなく，相互依存的に仕事を行うことで，お互い助け合わなければならない状況の中で，助け合い，情報を共有し合うことも一体感として捉えることができよう。それは必ずしも「助けたい」といった暖かい側面だけでなく，「助けざるを得ない」といった厳しい側面をも含んでいる。長期的な雇用関係の中，このような厳しい一体感が日本企業の強みの一つではなかったかと，考えることもできるのではないだろうか。

注
(1)　彼らは，助ける行動を測定する上で，助ける行動の主体に注目するのではなく，客体に注目した。つまり，助けてもらっている人が，特定の人が自分に対してどのように助けているかということを尋ねている。
(2)　彼らの相関分析の結果では，両者の相関関係は.22で統計的に有意な関係が示されている。
(3)　15の項目に関して，因子分析が行われ，3つの因子（固有値1以上）が抽出された。第1因子は互恵的な相互依存性，第2因子は独立的な仕事，第3因子は低い信頼性のため後の分析からは外されている。
(4)　パス解析はSPSS社のAmos 5によって分析がされた。モデルでは仕事の相互依存性と仕事の相互依存性と情緒的コミットメントの交互作用項，目標の相互依存性と目標の相互依存性の交互作用項のそれぞれの間に相関を想定している。また誤差項は分析モデルにおいては省いてある。
(5)　マルチレベル分析は，階層的線型モデルによって分析がされた。SSNのHLM 6.08によって分析がされた。
(6)　ICCに関しては，鈴木・北居（2005）を参照。

参考文献
鈴木竜太＆北居明（2005）「組織行動論における集団特性の分析手法——マルチレベ

ル分析に関する研究ノート」『神戸大学大学院経営学研究科 *Discussion Paper Series* 2005・45』。

鈴木竜太 (2013)『関わりあう職場のマネジメント』有斐閣。

田中堅一郎 (2001)「組織市民行動——測定尺度と類似概念，関連概念，および規定要因について」『経営行動科学』15(1)，1-28頁。

Abegglen, J. C. (1958) *The Japanese Factory*, Amo Press.（＝2004，山岡洋一訳『日本の経営 新訳版』日本経済新聞出版社。）

Anderson, S. E. & L. J. Williams (1996) "Interpersonal, job, and individual factors related to helping processes at work." *Journal of Applied Psychology* 81(3), pp. 282-296.

Barnard, C. (1938) *The functions of the executive*, Harvard University Press.（＝1968，山本安次郎・田杉競・飯野春樹訳『新訳 経営者の役割』ダイヤモンド社。）

Bartel, C. A. & F. J. Milliken (2004) "Perception of time in work groups: Do members develop shared cognitions about their temporal demands?" *Times in Groups: Research on Managing Groups and Teams* 6, pp. 87-109.

Brief, A. P. & S. J. Motowidlo (1986) "Pro-social organizational behaviors." *Academy of Management Review* 11(4), pp. 710-725.

Dore, R. P. (1973) *British factory-Japanese factory: The origins of national diversity in industrial relations*, Gorge Allen & Unwin.（＝1993，山之内靖・永易浩一訳『イギリスの工場・日本の工場——労使関係の比較社会学』ちくま学芸文庫。）

George, J. M. & G. R. Jones (1997) "Organizational spontaneity in context." *Human Performance* 10(2), pp. 153-170.

Hackman, J. R. & G. R. Oldham (1976) "Motivation through the design of work: Test of a theory." *Organizational Behavior and Human Performance* 16(2), pp. 250-279.

James, L. R. (1982) "Aggregation bias in estimates of perceptual agreement." *Journal of Applied Psychology* 67(2), pp. 219-229.

Katz, D. & R. L. Kahn (1978) *The social psychology of organization 2nd ed.*, John Wiley & Sons.

Kidwell, R. E., K. W. Mossholder & N. Bennett (1997) "Cohesiveness and organizational citizenship behavior: A multilevel analysis using work groups and individuals." *Journal of Management* 23(6), pp. 775-793.

Kiggundu, M. N. (1981) "Task interdependence and theory of job design." *Academy of Management Review* 6(3), pp. 499-508.

Kiggundu, M. N. (1983) "Task interdependence and job design — Test of a theory." *Organizational Behavior and Human Performance* 31(2), pp. 145-172.

第1章 関わり合う職場における協調的行動

Klein, K. J., S. W. J. Kozlowski, F. D. Dansereau, M. B. Gavin, M. A. Griffin, D. A. Hofmann, et al. (2000) "Multilevel analysis techniques: Commonalities, differences, and continuing questions." in K. J. Klein & S. W. J. Kozlowski (eds.) *Multilevel theory, research and methods in organization* (pp. 512-553); Jossy-Bass.

Langfred, C. W. (2000) "Work-group design and autonomy — A field study of the interaction between task interdependence and group autonomy." *Small Group Research* 31(1), pp. 54-70.

Langfred, C. W. (2005) "Autonomy and performance in teams: The multilevel moderating effect of task interdependence." *Journal of Management* 31(4), pp. 513-529.

Mitchell, T. R. & W. S. Silver (1990) "Individual and group goals when workers are interdependent — Effects on task strategies and performance." *Journal of Applied Psychology* 75(2), pp. 185-193.

Organ, D. W. (1988) *Organizational citizenship behavior: The good soldier syndrome*; Lexington Books.

Organ, D. W. & K. Ryan (1995) "A meta-analytic review of attitudinal and dispositional predictors of organizational citizenship behavior." *Personnel Psychology* 48 (4), pp. 775-802.

Ostroff, C. (1992) "The relationship between satisfaction, attitudes, and performance: An organizational level analysis." *Journal of Applied Psychology* 77(6), pp. 963-974.

Ouchi, W. G. (1981) *Theory Z: How American business can meet the Japanese challenge*, Addison-Wesley pub. (=1981, 徳山二郎監訳『セオリーZ——日本に学び、日本を超える』CBS ソニー出版。)

Pearce, J. L. & H. B. Gregersen (1991) "Task interdependence and extrarole behavior — a test of the mediating effects of felt responsibility." *Journal of Applied Psychology* 76(6), pp. 838-844.

Podsakoff, P. M., S. B. MacKenzie & C. Hui (1993) "Organizational citizenship behaviors and managerial evaluations of employee performance: A review and suggestions for future research" in Ferris, G. R. & K. M. Rowland (eds.) *Research in Personnel and Hhuman Resource Management*, 11, JAI press, pp. 1-40.

Podsakoff, P. M., S. B. MacKenzie, J. B. Paine & D. G. Bachrach (2000) "Organizational citizenship behaviors: A critical review of the theoretical and empirical literature and suggestions for future research." *Journal of Management* 26(3), pp. 513-563.

Smith, C. A., D. W. Organ & J. P. Near (1983) "Organizational citizenship behavior: Its nature and antecedents." *Journal of Applied Psychology* 68, pp. 653-663.

Saavedra, R., P. C. Earley & L. Vandyne, (1993) "Complex interdependence in

第Ⅰ部　業績を上げる企業内ネットワークの構築

task-performing groups." *Journal of Applied Psychology* 78(1), pp. 61-72.

Stewart, G. L. & M. R. Barrick (2000) "Team structure and performance: Assessing the mediating role of intrateam process and the moderating role of task type." *Academy of Management Journal* 43(2), pp. 135-148.

Thompson, J. D. (1967) *Organization in Action: Social Science Bases of Administrative Theory.*, McGraw-Hill.

Van der Vegt, G. S., B. J. M. Emans & E. Van de Vliert (2001) "Patterns of interdependence in work teams: A two-level investigation of the relations with job and team satisfaction." *Personnel Psychology* 54(1), pp. 51-69.

Van der Vegt, G. S. et al. (2003) "Informational dissimilarity and organizational citizenship behavior: The role of intrateam interdependence and team identification." *Academy of Management Journal* 46(6), pp. 715-727.

Wageman, R. (1995) "Interdependence and Group Effectiveness." *Administrative Science Quarterly* 40(1), pp. 145-180.

（鈴木竜太）

第2章	職場で知識をいかに創造するのか

　本章では，企業における知識創造に焦点を当て，組織的知識創造に対するソーシャル・キャピタルの貢献や，リーダーシップや部下とのコミュニケーション等のミドルマネジメントの役割について，仮説の検証結果を紹介しながら考察を行う。

1　企業経営における知識への関心

（1）知識の重要性
　経営において「知識」が重要であるとする考え方の源流は，ドラッカー（P. F. Drucker）にたどることができる。ドラッカーは，様々な著作において知識の重要性を強調し「基本的な経済資源，すなわち経済用語で言う『生産手段』は，もはや，資本でも，天然資源（経済学の『土地』）でも，『労働』でもない。それは知識となる」と述べている（Drucker 1993＝1993：32）。

　ドラッカーによれば「組織の機能とは，知識を適用することである」「知識社会では，専門知識が，一人ひとりの人間の，そして社会活動の中心的な資源となる…（中略）…企業であれ，企業以外の組織であれ，組織の目的は，専門知識を共同の課題に向けて結合することにある」（Drucker 1993＝1993：31）。

　ドラッカーが指摘したことは，土地，資本，労働力といった工業化社会で重視されていた資源の獲得と活用だけでは生産性の向上は困難な時代に入り，むしろ限られた資源の中で，いかに絶え間ないイノベーションを生み出すかが重要になるとの認識があった。そうしたイノベーションを生み出す源泉として「知識」が強調されたといえよう。

第Ⅰ部　業績を上げる企業内ネットワークの構築

（2）知識創造プロセス（SECI モデル）

　組織における知識創造のコンセプトは，Nonaka & Takeuchi（1995 = 1996：4-5）の，日本企業の強みの分析から生まれている。不確実性の時代には，企業は頻繁に組織の外にある知識を求めざるを得ない。そして，日本企業の連続的イノベーションの特徴は，この外部知識との連携にあるという。外部から取り込まれた知識は，組織内部で広く共有され，知識ベースに蓄積されて，新しい技術や新製品を開発するのに利用される。暗黙知と形式知の社会的相互作用を通じて，組織が個人・集団・組織全体の各レベルで企業の環境から知りうる以上の知識を創造（生産）する。

　知識には 2 つのタイプがある。言語や文章，数式，図表等によって表出することが可能な客観的・理性的な知が「形式知」，勘や直観，個人的洞察，経験に基づくノウハウのことで，言語・数式・図表で表現できない主観的・身体的な知が「暗黙知」[1]である。組織で知識が創造される過程では，暗黙知と形式知の相互循環による知識変換（knowledge conversion）が必要であり，これには 4 つのモードが存在する。直接経験を通じて環境における現場の現実に共感することで個人の暗黙知からグループの暗黙知を創造する「共同化」（Socialization），気づきの本質をコンセプトに凝縮し，暗黙知から形式知を創造する「表出化」（Externalization），コンセプトを関係づけて体系化し，個別の形式知から体系的な形式知を創造する「連結化」（Combination），技術，商品，ソフト，サービス，経験に価値化し，知を血肉化する，形式知から暗黙知を創造する「内面化」（Internalization）である（図 2-1 参照）。「内面化」した知はまた，組織・市場・環境の新たな知を触発し，再び共同化につなげていくのである（本章では，これらの頭文字から SECI モデルと記す）（野中・紺野 2012：79）。

　このように知識の創出・獲得には，知識の交換と結合の動態的な側面が重要であるので，それが生み出される職場の意識や風土が非常に関わってくると考えられる。豊かな知識資産を持つ企業とは，組織の知識集積の質が高く，かつ，イノベーションの方向性など，ビジョンや思いが方向づけられていること，さらにそれらを具体化するリーダーシップが条件であるという（野中・紺野 2012：82）。

第 2 章　職場で知識をいかに創造するのか

図 2-1　知識創造プロセス（SECI モデル）の概念

出所：野中・紺野（2012）。

2　信頼と企業経営におけるソーシャル・キャピタルの役割

　企業において，ソーシャル・キャピタルは，物的資本や人的資本等とならんで資本の一つとして捉えられており，他の資本と同様に生産的な活動を促進する。人的資本が教育によってスキル・能力を保有する個人の属性であるのに対して，ソーシャル・キャピタルは通常は公共財で間接的に生産され，個人間の関係，社会的ネットワーク，互酬性の規範等の要素を保有する。そしてソーシャル・キャピタルの形成は，人的資本の創出に寄与し，人的資本とソーシャル・キャピタルは相互補完的であるといわれている。

　信頼はソーシャル・キャピタルを構成するキー概念である。Baker（2000＝2001：3）は，ソーシャル・キャピタルを個人的なネットワークやビジネスのネットワークから得られる資源と位置づけ，それを構成するものとして情報，アイデア，指示方向，ビジネス・チャンス，富，権力が影響力，精神的なサポート，さらには善意，信頼，協力等を挙げている。

　Luhmann（1973＝2002：39-54）は，信頼の機能として「現実の世界におけるおびただしい複雑性を縮減する機能」を挙げ，信頼を獲得するための基礎は，「社会的相互行為の中で構成され，環境と適合する社会的同一性をもった存在として，自分自身を表現することにある」と指摘している。また，Arrow（1974＝1976：16）は，「信頼は社会システムの重要な潤滑剤であり，信頼あるいはそれに類似した価値，忠実さ，あるいは嘘をつかないことといったような価値は，外部性と呼ぶようなもので…（中略）…，それらはシステムの効率性

を増加させ，より多くの財を生産し，われわれが高い評価を与えるところのいかなる価値についても，そのより多くを作り出させる」という。信頼があれば緻密な制度設計にコストをかけなくとも，組織メンバーが一定のベクトルに沿うことができ，組織が効率的に機能していく。

Chohen & Prusak（2001＝2003：17）によると，信頼は健全なソーシャル・キャピタルが生まれるための前提条件である。ソーシャル・キャピタルの特徴としてみられる「信頼に基づくつながり」は，長期的に人々が共に働いていく中で，ますます信頼を深めていく方向に働く，という。このようにソーシャルキャピタルは有機的，自己強化的な性格を有している。さらに Evance & Wolf（2005：96-104）は，「信頼関係を築いた人々は，自発的かつ生産的にコラボレーションする可能性が高くなる。…（中略）…相互信頼関係が醸成されている組織では，法に縛られることなく，知的財産が共有される可能性が高い」としている。

3 知識資産経営発展段階仮説に基づく分析

（1）「個人・組織のインタラクション」の効果
——知識・情報共有の実践度の向上

野中・紺野（2012：iv）は，知識経済社会では，戦略や経営を駆動させるカギは，企業システムの内部的経済効率性ではなく，個々の人間の関係性や，彼らからなる「場」とその社会的な関係性のダイナミクスにあるとしている。そして知識創造経営とは，そうした次の時代の経営の道の一つである社会的実践（social practice）の経営を意味するという。

小豆川は，知識資産経営を「組織経営に必要な知識，情報，技術，ノウハウ，ドキュメント，知的財産権や企業文化までも含む資産の総称を知識資産とし，人と組織のインタラクションにより，創造，活用することによって，企業価値，企業パフォーマンスの向上を目指すマネジメント」と呼び，個人，組織を対象に実証分析を行ってきた。そして知識資産経営を機能させる前提として，信頼・規範，ネットワークで形成するソーシャル・キャピタルが重要であると考え，知識資産経営発展段階仮説を導出している（小豆川・三好編著 2009：2・11-

図2-2 知識資産経営発展段階仮説

出所：小豆川・三好編著（2009）。

18)。

　知識資産経営発展段階仮説は，「個人の意識成熟度」「個人・組織のインタラクション度」の2つの測定で構成される。「個人の意識成熟度」とは，知識資産経営の前提となる個人の意識や態度を重視し，個人の組織内の役割や組織との関わりを示す評価尺度である。一方，「個人・組織のインタラクション度」は，組織や組織メンバーの状況を個人の認知を通して把握する知識資産経営のコアとなる組織尺度としている。イノベーションによる企業価値向上というゴールを目指して，知識・ノウハウの共有が可能となるためには，組織における規範の成立や信頼醸成，すなわちソーシャル・キャピタルが要件となる。

　個人が組織にコミットするという自律性，組織が個人をサポートするという支援環境，そして組織メンバーとの協働，インタラクション（相互作用）によって，問題解決に導く「型・スタイル」が創造され，さらに状況に応じて「型」を転換することによって，絶え間ないイノベーションが実現されていく，というプロセスを想定している。そして，2つの尺度では，アウトカムが導出されるか否かの観点から2つの段階を想定している。1つは組織におけるイノベーションの準備，受容の段階である「KAM（Knowledge Asset Management）Readiness」（受容性の段階），もう1つは組織において，成果が創出される段階である「KAM（Knowledge Asset Management）Outcomes)」（成果創出の段階）である（図2-2）。

第Ⅰ部　業績を上げる企業内ネットワークの構築

表2-1　ソーシャル・キャピタルをベースとした「個人・組織のインストラクション度」と
知識・情報共有

	全　　体	IT &nonIT 実践層	IT 実践層	nonIT 実践層	非実践層	有意確率
レベル6：「型」の転換と絶え間ないイノベーションによる企業価値の向上	2.22(0.71)	**2.49**(0.70)	2.13(0.70)	2.14(0.66)	1.86(0.58)	***
レベル5：過去の経験や知識の活用と「型」の獲得	2.42(0.72)	**2.64**(0.73)	2.41(0.64)	2.36(0.66)	2.08(0.68)	***
レベル4：成功イメージの共有と業務プロセスへの取り込み	2.64(0.69)	**2.60**(0.68)	2.26(0.63)	2.27(0.66)	2.00(0.63)	***
レベル3：問題意識の共有	2.56(0.74)	**2.79**(0.66)	2.49(0.66)	2.55(0.72)	2.16(0.77)	***
レベル2：信頼醸成	2.64(0.69)	**2.85**(0.62)	2.61(0.69)	2.67(0.70)	2.24(0.61)	***
レベル1：規範の成立	2.72(0.67)	**2.87**(0.63)	2.70(0.63)	2.79(0.69)	2.42(0.64)	***

注：有意確率は一元配置分散分析結果による。***P＜0.01を表す。
出所：小豆川（2008）を基に筆者作成。

　このうち，「個人・組織のインタラクション度」に着目し，組織における知識・情報共有の度合いとの関係を分析したものが表2-1である。[(2)]

　「個人・組織のインタラクション度」は，以下の設問に対して，4段階で評価しており，それぞれ「非常にそう思う」4点，「まあそう思う」3点，「あまりそう思わない」2点，「全くそう思わない」1点を付与してスコア化を行い，平均値を比較している。以下にレベル1から6の内容を示す。

　　・レベル1「規範の成立」
　　　社員一人一人は，会社に愛着を感じており，会社に貢献したいと思っている。
　　・レベル2「信頼醸成」
　　　社員一人一人の存在を尊重し，それぞれの活動をサポートしている。
　　・レベル3「問題意識の共有」
　　　社員がお互いに問題意識を議論し，必要に応じて組織全体の問題として

第2章　職場で知識をいかに創造するのか

取り上げている。

・レベル4「成功イメージの共有と業務プロセスへの取り込み」

　　目標やゴールにたどり着く成功イメージが社員間で共有され，具体的な業務プロセスへと取り込まれている。

・レベル5「過去の経験や知識の活用と『型』の獲得」

　　過去の経験や知識・ノウハウが活かされ，問題解決に導く型・スタイルができている。

・レベル6「『型』の転換と絶え間ないイノベーションによる企業価値の向上」

　　問題解決に導く型・スタイルを状況に応じて転換し，絶え間ないイノベーションが起こり，企業価値を高めている。

　組織における知識・成果の度合いは，「1．ITを活用した知識や成果の共有が良く行われている」「2．対面コミュニケーション（nonIT）による知識や成果の共有が良く行われている」という設問に対し，それぞれ肯定的な回答をした層（「非常にそう思う」「まあそう思う」），否定的な回答をした層（「あまりそう思わない」「そう思わない」）に分け，この組み合わせからITおよび対面コミュニケーションで実践している「IT & nonIT実践層」，ITで実践している「IT実践層」，対面コミュニケーション（nonIT）で実践している「nonIT実践層」，ITも対面コミュニケーション（nonIT）も実践していない「非実践層」と分類した。

　「個人・組織のインタラクション度」の平均スコアをみると，4つのどのタイプにおいてもソーシャル・キャピタルの度合いを表すレベル1「規範の成立」，レベル2「信頼醸成」のスコアが相対的に高い。4つのタイプの中では「IT & nonIT実践層」が他のタイプに比べて特にスコアが高くなっており，「規範の成立」や「信頼醸成」が知識・成果の共有と関連があることがわかる。

　このほか，小豆川・三好編著（2009：39-40）は，生産関数を利用して「個人・組織のインタラクション度」に対する全要素生産性（TFP）への影響分析を行った。推計結果において，「個人・組織のインタラクションの状況度」が，企業の全要素生産性を高めていることを明らかにしている（5％水準で有意）。

第Ⅰ部　業績を上げる企業内ネットワークの構築

（2）組織的知識創造を活性化させる要因
──コーポレート・ソーシャル・キャピタル

　向日（2009：37-55）は，ソーシャル・キャピタルとSECIモデルの関係について分析している。共同化（Socialization）は社内の人間関係だけで大きな効果が得られるが，表出化（Externalization），連結化（Combination），内面化（Internalization）においては社内とともに社外の人間関係が加わることで大きな効果が得られること，また，共同化，連結化，内面化においては，対面コミュニケーションが電子コミュニケーションよりも大きな影響を与え，表出化では電子コミュニケーションが対面コミュニケーションと同等の影響を与えること，さらに，個人の一般的信頼が知識創造を直接活性化させるとともに，一般的信頼[3]に基づいた関係が知識創造を活性化させることを明らかにしている。

　表2-2は，知識創造プロセスの行動量と「個人・組織のインタラクション度」との関連性を分析したものである。「個人・組織のインタラクション度」については，それぞれ各レベルのスコアを合計して合成変数を作成し，中央値を境に高位層（High），低位層（Low）に分類している。知識創造プロセスの行動量は，「非常に多い」4点，「やや多い」3点，「やや少ない」2点，「非常に少ない」1点とし平均値を比較した。分析結果によると，「暗黙知→暗黙知（共同化）」「暗黙知→形式知（表出化）」「形式知→形式知（連結化）」「形式知→暗黙知（内面化）」のいずれのモードにおいても，ソーシャル・キャピタルの状況を表す「個人・組織のインタラクション度」の高位層は，低位層よりも知識創造プロセスの行動量で高いスコアを示している（小豆川・三好編著 2009：67-68）。

　さらに井戸田・小豆川ら（2011，2013）は，長期に渡って高い生産性を誇る企業には，信頼と互酬性の社会規範に支えられたネットワークに埋め込まれた関係性がもたらす資本であるコーポレート・ソーシャル・キャピタル（以下，CSC）[4]が存在するとした。そして日本における製造業Jグループの技術者の所属組織を対象にしたアンケート調査から，CSCがイノベーションを創発する組織的知識創造に与える影響について検証している。分析結果によると，経営者のリーダーシップや成員のチャレンジ等の組織的要因は，CSCとそれが形成される「場」のマネジメントを促進させ，その結果，CSCは組織的知識創造を高めることを確認している。

40

第2章　職場で知識をいかに創造するのか

表2-2　「個人・組織のインストラクション度」のレベルと知識創造プロセス（行動量）

知識創造プロセス（行動量）	S：暗黙知→暗黙知（共同化）		E：暗黙知→形式知（表出化）		C：形式知→形式知（連結化）		I：形式知→暗黙知（内面化）	
	mean	SD	mean	SD	mean	SD	mean	SD
全体平均	2.38	0.83	2.39	0.87	2.63	0.92	2.19	0.85
個人・組織のインタラクション度								
High	2.58	0.76	2.62	0.87	2.76	0.87	2.36	0.89
Low	2.23	0.85	2.22	0.82	2.54	0.95	2.05	0.81
有意確率	***		***		***		***	

注：有意確率は一元配置分散分析結果による。***P＜0.01を表す。
出所：小豆川・三好編著（2009）。

　さらに，CSC を意見交換・交流を行う状況として捉え，結束型 CSC（同職場同技術エンジニア，社内別職場同技術エンジニア，社内別職場異技術エンジニア，社内非エンジニアによる意見交換・交流），橋渡し型 CSC（国内社外エンジニア，国外社外エンジニアや研究者等）とすると，橋渡し型 CSC がもたらす新しいアイデア，情報，資源を形にしてイノベーションを興すには，それらに加えて，内部のメンバーによる強い紐帯としての結束型 CSC の強みとの相乗効果が必要となることを推察している。さらに結束型 CSC と場のマネジメントは SECI モデルのすべてのフェーズに有意であるが，橋渡し型 CSC は共同化と表出化のフェーズのみ有意であることを明らかにしている。

4　組織的知識創造における管理職の役割

（1）ミドルマネジメントの役割・機能

　企業が持続的イノベーションを目指して知識創造を行っていくために，ミドルマネジメントが果たすべき役割・機能は重要である。また，知を生み出して活用するには，組織の個々人に身体化された知が集まり，主観を客観化していく実践の「場」が基本単位となる。イノベーションの推進にあたっては「共有された動的な文脈あるいは意味空間」である「場」が重要であり，「場」のマネジメントをいかに行うかが管理職の大きな役割である。そして場のマネジメントの要素としては，①オープン性，②ダイバシティ，③組織設計，④信頼・

41

第Ⅰ部　業績を上げる企業内ネットワークの構築

互酬性の構築等が挙げられる（Nonaka & Konno 1998；野中・紺野 2012：27）。

　Mintzberg（1973＝1993：91-164）は，マネジャーの活動を，①対人関係の役割［フィギュアヘッド（組織代表），リエゾン（連結），リーダー］，②情報関係の役割［モニター（情報の受信機・収集機），ディセミネータ（周知伝達役），スポークスマン（組織の情報を外部環境に広める）］，③意思決定の役割［企業家，障害処理者（ディスターバントハンドラー），資源配分者，交渉者］，のように統合した役割行動として捉えている。

　金井（1991）は，47社，1231課から収集したデータを基に，管理者行動を3つの上位次元，11の下位次元に分類し，①人間志向のリーダー行動（配慮，信頼蓄積，育成），②広義のタスク志向のリーダー行動（達成圧力，戦略的課題の提示，緊張醸成，モデリング促進，方針伝達），③対外的活動（連動性作用，革新的指向，連動性創出）を変革を担うミドルマネジメントの役割行動として設定している。

　管理職はこれらの役割行動を実施して，場をマネジメントすることで，CSCを形成し，その結果，組織的知識創造を実現していくことが想定される。そして特に，H. Mintzbergにおける対人関係の役割，情報関係の役割，金井の対外的活動が，CSCに影響を与えることが考えられる。

　Nonaka（1988）は，管理職は「知識の触発者（ナレッジエンジニア）としてトップとボトム，理論と現実の間の結節点となり，ミドルアップダウンマネジメントの中核を担う」とする。技術者組織では管理職は研究開発のリーダーとして，また，知識の触発者（ナレッジ・エンジニア）として，知識創造を促進することが期待される。

（2）ダイバーシティ・マネジメントの重要性

　今日企業においては，グローバル化の進展とともに，企業価値向上を目指してダイバーシティ・マネジメントを経営戦略とする重要性がますます高まっている。これからのマネジャーは，一人ひとりの人材の差異を認識し，それぞれの経験や得意技を理解して引き出し，目標に向かって各人のパワーを結集し，全体を統合させるマネジメントが求められている。

　マネジャーは，時には個人の状況に応じて的確なアドバイスを行う「メンター」として，また「コーチング」の役割を担いながら，部下のモチベーション

を維持・向上させることが期待される。そして，社内や他組織から事業計画に必要な経営資源を獲得し，必要な情報や人的ネットワークを部下に対して提供する役割を担う。一方で自律・自己管理的な仕事に集中しがちなメンバーに対しては，チームワークへの関心と組織への貢献を促し，チーム全体のパフォーマンスを促進させることが求められる。

Gratton & Erickson（2007＝2009：2-33）は，IT の影響によって，チームの大規模化が進むことで生じるさまざまな問題を指摘している。たとえば，「チームの協力関係が自然発生しにくくなる」「バーチャル化が進むと協力が起こりにくくなる」「新しいアイデイアやイノベーションを生み出すには，さまざまな知識や考え方が必要になるが，多様性を高めても，旧知の仲といえるメンバーが少ないチームほど，知識共有が起こりにくい」，さらに，「さまざまな分野からの高い専門性を持つ人が多いほど，非生産的な対立に陥りやすい」等である。そして，これらの解決策として，シニア・マネジャーが人間関係に投資し，自らコラボレーションの模範を示し，「ギフト・カルチャー」と呼ぶ組織文化を作ることで，チーム・メンバーが協力して仕事を行うようになるという。これはすなわちソーシャル・キャピタル形成における管理職の役割である。メンバーの能力発揮とチーム全体の生産性向上実現するために，発想と行動のための場づくりを行うことが求められている。

5　組織的知識創造と管理職のリーダーシップ
——コーポレート・ソーシャル・キャピタルの観点から

（1）CSC の形成・場創りに影響を与えるミドルマネジメント

　小豆川らは持続的なイノベーションの実現の重要なキー概念として，組織の一体感，信頼・規範の醸成等の日本型経営の有効性を織り込んだ CSC の形成に関心を持ち，理論的枠組みの検討や実証研究を基に，特にミドルマネジメントの役割を織り込んだフレームワークを作成した（図2-3）（井戸田・小豆川ら2011；2013；小豆川・井戸田 2014）。

　それは，技術者で構成される組織における管理職はプロジェクトマネジャーやエキスパートエンジニアとして，社内交流とともに，社外交流によって，新たな知識や情報を取り入れ，相互に影響力を行使し，場のマネジメントの形成

第 I 部　業績を上げる企業内ネットワークの構築

図 2 - 3　フレームワーク

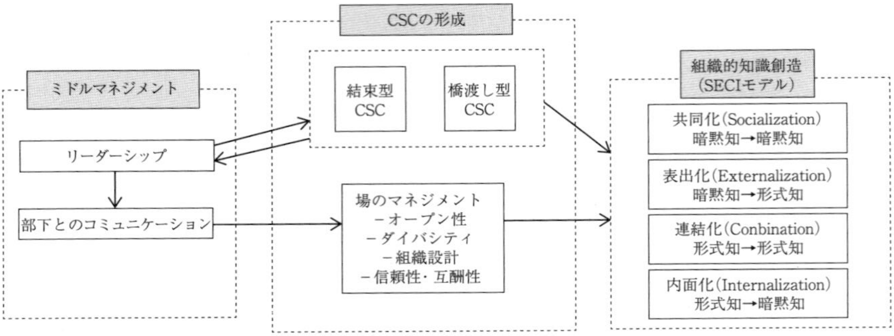

```
                    ┌──────────────┐
                    │  CSCの形成     │
                    └──────────────┘
┌────────────────┐   ┌───────────────────────┐   ┌──────────────────┐
│ ミドルマネジメント │   │  ┌────────┐ ┌────────┐  │   │  組織的知識創造    │
└────────────────┘   │  │ 結束型  │ │ 橋渡し型 │  │   │  (SECIモデル)     │
                      │  │ CSC    │ │ CSC    │  │   └──────────────────┘
  ┌──────────┐        │  └────────┘ └────────┘  │   ┌──────────────────┐
  │ リーダーシップ │        │                        │   │ 共同化(Socialization)│
  └──────────┘        │  ┌───────────────────┐  │   │ 暗黙知→暗黙知      │
                      │  │ 場のマネジメント      │  │   └──────────────────┘
  ┌────────────────┐ │  │ －オープン性          │  │   │ 表出化(Externalization)│
  │ 部下とのコミュニケーション│→│  │ －ダイバシティ        │  │   │ 暗黙知→形式知      │
  └────────────────┘ │  │ －組織設計           │  │   └──────────────────┘
                      │  │ －信頼性・互酬性       │  │   │ 連結化(Conbination) │
                      │  └───────────────────┘  │   │ 形式知→形式知      │
                      └───────────────────────┘   └──────────────────┘
                                                     │ 内面化(Internalization)│
                                                     │ 形式知→暗黙知      │
                                                     └──────────────────┘
```

出所：小豆川・井戸田・中田（2014）。

に寄与して，イノベーションを牽引する役割を担っていることを想定したものである。そして，組織的知識創造に影響を与える要因として，リーダーシップ，部下とのコミュニケーション等の管理職の組織行動である「ミドルマネジメント」，結束型 CSC，橋渡し型 CSC，場のマネジメントで構成する「CSC の形成」を設定している。

（2）製造業のエンジニア・管理職を対象とした分析

　実証分析に利用したデータは，日本における製造業 J グループに所属するエンジニアの1,636サンプル（組合員の1,421サンプル，実際に研究開発業務に携わっている管理職の258サンプル）のうち，管理職を対象とした調査に基づく。なお，欠損値を取り除いた分析対象は，238サンプルである[5]。

　フレームワークに基づき，組織的知識創造に対して CSC がどのように影響を及ぼすかという問題設定に関して，目的変数には，組織的知識創造を設定し，説明変数には，CSC の形成（結束型 CSC，橋渡し型 CSC，場のマネジメント），ミドルマネジメント（リーダーシップ，部下とのコミュニケーション）を設定している。

　①　組織的知識創造

　組織的知識創造は，「共同化」「表出化」「連結化」「内面化」に関して各 2 項目，計 8 項目を設定した。

第2章　職場で知識をいかに創造するのか

②　ミドルマネジメント

リーダーシップは，管理職の能力的側面を捉えた12項目で構成している。

部下とのコミュニケーションは5項目で構成している。

③　結束型 CSC・橋渡し型 CSC

結束型 CSC・橋渡し型 CSC は，社内・社外における意見交換や交流する範囲として捉え，結束型 CSC を社内交流を観測変数とした構成概念，橋渡し型 CSC を社外交流を観測変数とした構成概念としとして設定した。

フレームワークの当初のモデルでは，Mintzberg の管理職が保有する対人関係，情報関係の役割，金井による対外的活動としての連動性活用，革新的指向，連動性創出等を考慮し，社内外の交流を通じてリーダーシップが形成され，リーダーシップの形成がまた，社内外の交流を促進するという双方向のパスを想定していた。

④　場のマネジメント

場のマネジメントは8項目あり，組織の「オープン性」，個性を尊重する「ダイバシティ」，戦略と組織の整合や柔軟なプロジェクトチーム編成を意味する「組織設計」，信頼関係の構築や価値観の共有を表す，「信頼・互酬性」を評価する項目で構成している。

本調査における組織的知識創造および「場」のマネジメントの質問項目は，研究協力者である，元同志社大学　技術・企業・国際競争力研究センター客員フェロー（当時）の紺野登氏の協力を得て作成している。[6]利用した変数および基本統計量を表2-3に示す。

（3）実行した次元の縮約

項目が多岐に渡るため，以下のように，次元の縮約を行った。

組織的知識創造は，各次元2項目で構成されるため「共同化」「表出化」「連結化」「内面化」の合成変数を作成した。

リーダーシップ，部下とのコミュニケーションは因子分析（最尤法）を実施したところ，各1因子に縮約された。内的整合性を検証した上で，リーダーシップ，部下とのコミュニケーションの合成変数を作成した。

結束型 CSC・橋渡し型 CSC については，それぞれ，社内交流を4項目，社

第Ⅰ部　業績を上げる企業内ネットワークの構築

表2-3　利用した変数および基本統計量

次元・変数	n	Min	Max	Mean	SD
1．ミドルマネジメント					
（1）リーダーシップ					
責任感	238	1.00	4.00	3.31	0.62
問題点の把握力	238	1.00	4.00	3.13	0.58
リーダーシップ	238	1.00	4.00	2.79	0.70
持久力	238	1.00	4.00	3.13	0.68
意思疎通能力	238	1.00	4.00	3.06	0.64
対外折衝調整力	238	1.00	4.00	2.97	0.63
後輩への育成意識	238	1.00	4.00	3.00	0.68
論理的・体系的思考能力	238	1.00	4.00	3.02	0.68
挑戦意欲	238	1.00	4.00	3.09	0.66
問題点の解決力	238	2.00	4.00	3.13	0.59
企画・立案力	238	1.00	4.00	2.82	0.66
時間をやりくりする能力	238	1.00	4.00	2.72	0.79
リーダーシップ	238	1.25	4.00	3.01	0.44
（2）部下とのコミュニケーション					
部下と仕事上のコミュニケーションはできる	238	2.00	4.00	3.19	0.61
部下は自分を気にかけてくれる	238	1.00	4.00	2.95	0.65
仕事について部下とオープンに話し合える	238	2.00	4.00	3.33	0.57
部下の新しいアイデアや提案を聞き入れる	238	2.00	4.00	3.37	0.51
自分の意思決定のスピードは速くしている	238	2.00	4.00	3.30	0.58
部下とのコミュニケーション	238	2.20	4.00	3.23	0.41
2．CSCの形成					
（1）結束型CSC					
一意見交換・交流：同職場同技術エンジニア	238	0.00	1.00	0.87	0.33
一意見交換・交流：社内別職場同技術エンジニア	238	0.00	1.00	0.76	0.43
一意見交換・交流：社内別職場異分野エンジニア	238	0.00	1.00	0.55	0.50
一意見交換・交流：社内非エンジニア	238	0.00	1.00	0.38	0.49
（2）橋渡し型CSC					
一意見交換・交流：国内社外エンジニア	238	0.00	1.00	0.55	0.50
一意見交換・交流：国外社外エンジニアや研究者等	238	0.00	1.00	0.22	0.42
（3）場のマネジメント					
オープンな交流の場や機会	238	1.00	4.00	2.68	0.66
特殊な人や個性的な人が評価される場や機会	238	1.00	4.00	2.49	0.63
新規PJには最適な人材が配置される	238	1.00	4.00	2.45	0.74
ビジネスモデルに合わせた組織設計・改変	238	1.00	4.00	2.57	0.72
部門横断的なPTが緊急課題のため迅速に編成される	238	1.00	4.00	2.55	0.74
ネット上で全社員がつながりアイデア創造・共有が可能	238	1.00	4.00	2.11	0.82
企業としての目的・価値観の共有	238	1.00	4.00	2.69	0.62
信頼関係の構築	238	1.00	4.00	2.38	0.62
3．組織的知識創造（SECIモデル）					
【S】共同化1（暗黙知→暗黙知） 言葉に表しにくい個人の経験やノウハウなどを，仕事を通じて職場内で共有	238	1.00	4.00	2.61	0.60
【S】共同化2（暗黙知→暗黙知） 社内外の人々と交流して，今までは異なる新しいものの見方やヒントを得る	238	1.00	4.00	2.45	0.68
【IS】共同化（暗黙知→暗黙知）	238	1.00	4.00	2.53	0.51
【E】表出化1（暗黙知→形式知） 新しい現象や問題などを解決するために，仮説や予測をたてる	238	1.00	4.00	3.13	0.67
【E】表出化2（暗黙知→形式知） 自由な話し合いによって多様なアイデアを生み出す	238	1.00	4.00	2.82	0.66
【IE】表出化（暗黙知→形式知）	238	1.00	4.00	2.97	0.55
【C】連結化1（形式知→形式知）　新たなコンセプトを実現するために，ドキュメント（企画書，仕様書等）を作成する	238	1.00	4.00	2.70	0.80
【C】連結化2（形式知→形式知） 必要な情報・データを業務目的に沿って整理・マニュアル化し，蓄積・管理する	238	1.00	4.00	2.73	0.66
【IC】連結化（形式知→形式知）	238	1.00	4.00	2.72	0.61
【I】内面化1（形式知→暗黙知） 業務目標の達成度を評価し，改善し続ける	238	1.00	4.00	2.78	0.67
【I】内面化2（形式知→暗黙知） 新たなノウハウやマニュアルを部下や同僚と共に反復して定着をはかる	238	1.00	4.00	2.57	0.65
【II】内面化（形式知→暗黙知）	238	1.00	4.00	2.67	0.56

出所：小豆川・井戸田・中田（2014）。

第2章　職場で知識をいかに創造するのか

表2-4　分析に利用する観測変数，潜在変数

次　元	潜在変数	観測変数
ミドルマネジメント		リーダーシップ 部下とのコミュニケーション
CSC の形成	結束型 CSC 橋渡し型 CSC	社内交流 社外交流
場のマネジメント	場のマネジメント	組織設計・デザイン 信頼・価値共有・ネットワーク
組織的知識創造	組織的知識創造	共同化(暗黙知→暗黙知) 表出化(暗黙知→形式知) 連結化(形式知→形式知) 内面化(形式知→暗黙知)

出所：小豆川・井戸田・中田（2014）。

外交流を2項目で構成している。サンプル毎にカウントを行い，合成変数を作成し，結束型CSC，橋渡し型CSCを構成する観測変数とした。

　場のマネジメントは因子分析を実施したところ2因子が抽出された（最尤法，プロマックス回転）。2因子をそれぞれ「組織設計・デザイン」「信頼・情報共有・ネットワーク」と命名し，因子負荷量を参考に，内的整合性を検証した上で合成変数を作成した。

　これらの変数を用いて，共分散構造分析を用いた実証分析を行った。共分散構造分析は，AMOS Ver.18.0を用いて分析した。共分散構造分析に用いる，観測変数，潜在変数を表2-4に示す。

（4）部下とのコミュニケーションを通じた場のマネジメントと
イノベーションの創発

　フレームワークに基づき，共分散構造分析を行い，試行錯誤を行いながら，モデルの改善を進めた。パス係数（標準化係数）はすべて，1％未満で有意であった。モデルの適合度は，GFI，AGFI，CFI ともに0.9以上であり，かつRMSEA も0.1未満のため，妥当性を備えたモデルであるといえよう（表2-5）。また，分析モデルのパス係数を表2-6に示す。

　次に，CSCとミドルマネジメントに着目した組織的知識創造実現のための影響要因分析の結果を図2-4に示す。

47

第Ⅰ部　業績を上げる企業内ネットワークの構築

表2-5　モデルの適合度

χ^2 検定			GFI	AGFI	CFI	RMSEA	AIC
χ^2 値	自由度	確　率					
43.037	22	0.005	0.962	0.922	0.957	0.065	89.037

出所：小豆川・井戸田・中田（2014）。

表2-6　パス係数

To	From	標準化係数	標準誤差	検定統計量	確　率
社外交流	橋渡し型CSC	0.430			
リーダーシップ	橋渡し型CSC	0.500	0.526	2.665	***
部下とのコミュニケーション	リーダーシップ	0.932	0.201	4.325	***
場のマネジメント	部下とのコミュニケーション	0.291	0.070	3.662	***
信頼・価値共有・ネットワーク	場のマネジメント	0.717			
組織設計・デザイン	場のマネジメント	0.677	0.119	7.198	***
組織的知識創造（SECI）	橋渡し SC	0.474	0.308	2.750	***
組織的知識創造（SECI）	場のマネジメント	0.759	0.105	5.573	***
共同化（S：暗黙知→暗黙知）	組織的知識創造（SECI）	0.560			
表出化（E：暗黙知→形式知）	組織的知識創造（SECI）	0.638	0.186	6.682	***
連結化（C：形式知→形式知）	組織的知識創造（SECI）	0.526	0.195	5.816	***
内面化（I：形式知→暗黙知）	組織的知識創造（SECI）	0.651	0.189	6.715	***

注：(1)　表中の***は1％未満有意，**は5％未満有意，*は10％未満有意を表わしている。
　　(2)　社外交流，信頼・価値共有・ネットワーク，共同化（S：暗黙知→暗黙知）はパス係数を1に固定するので有意確率は計算できない。
出所：小豆川・井戸田・中田（2014）。

　分析結果により，CSC の形成は，組織的知識創造にプラスの効果を与えることがわかった。本分析によって，社外との交流から創発される橋渡し型 CSC は，ミドルマネジメントのリーダーシップにプラスの影響を与え，部下とのコミュニケーションを通じて組織設計・デザインや信頼・価値共有・ネットワークで構成される「場のマネジメント」にプラスの影響を与え，組織的知識創造につながっていることが確認された。組織的知識創造に対しては，社内の意見交換・交流でもたらされる結束型 CSC ではなく，社外の意見交換・交流からもたらされる橋渡し型 CSC が有効であり，リーダーシップに影響を与えている。また，リーダーシップから場のマネジメントへの直接効果が有意でなかったことから，管理職のリーダーシップは，部下との対話を通じて組織設

図2-4 組織的知識創造実現のための影響要因分析

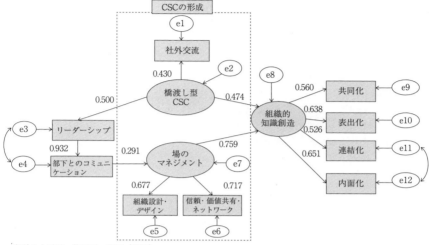

出所：小豆川・井戸田・中田（2014）。

計・制度・組織文化等の場のマネジメントに影響を与え，組織的知識創造というイノベーションの創発にインパクトを与えていく可能性が示唆される。

6 持続可能な企業組織の成長に向けて

　日本の企業組織は不確実な環境下で労働力減少時代を迎え，今後ますます一人ひとりの能力・スキル，希少な経営資源を最大限に有効活用し，知識創造を行い，継続的にイノベーションの創発を行っていく必要がある。2007年に上場企業を対象に実施した調査によると，約8割の企業が知識資産を「重視している」（「非常に重視している」「重視している」の計）と回答し，その理由として約6割の企業が「持続的な事業の成長のため」と回答している（小豆川・三好編著 2009：32）。

　本章で紹介した実証研究はそれぞれクロスセクションデータの分析であったが，その条件の下でソーシャル・キャピタルが組織的知識創造にとって重要な役割を果たす可能性が確認できた。一方で，今日ICTの普及・高度化や仕事の場所の分散化等の進展によって，ソーシャル・キャピタルの毀損問題も指摘

49

されている。今後は，ICT 機器の普及や利活用のさらなる高度化によって，企業組織におけるソーシャル・キャピタルも多様なアプローチやシステムで形成され，組織メンバーの相互理解・相互支援や組織の一体感の醸成のあり方も変容していくのではないかと考える。

謝　辞

　本章は文部科学省の私立大学戦略的研究基盤形成支援事業「持続的イノベーションを可能とする人と組織の研究」（平成21〜25年）プロジェクト内「持続的イノベーションを可能とする組織の研究」チームにおける研究成果の一部である。ここに記して感謝いたします。

注

(1) 暗黙知は元々ハンガリーの物理学者・哲学者の Polanyi（1966＝1980：13-47）の *The Tacit Dimension* の中で提唱した概念で，語ることができないもの，詳細記述・表出化不可能なものとされていた。野中は表出化によって暗黙知を形式知に転換できるとした。

(2) 調査は，上場企業3,843社（事前に電話にて協力依頼に対して応諾）における個人を対象としている（各社 5 票を配布）。有効回答数は821，調査時期は2007年10〜12月，調査方法は郵送調査で，回収は郵送と WEB の両方を併用した。本調査は NTT データシステム科学研究所と同志社大学技術・企業・国際競争力研究センターが共同で行ったものである。調査は，「個人」，「経営企画部門」，「情報システム部門」の 3 種類であった。

(3) 山岸（1998：42-43）は信頼を，「一般的信頼（general trust）」と「情報依存的信頼（information-based trust）」に分類している。前者を他社一般に対する信頼，後者を特定の相手ついての情報を利用して行う相手の信頼性判断と区別している。

(4) コーポレート・ソーシャル・キャピタル（CSC）：ソーシャルキャピタルのうち，企業組織におけるソーシャルキャピタルを指す。

(5) 調査は2011年12月26日〜2012年 2 月17日に行われ，調査全体の回収率は94.5％であった。

(6) 場のマネジメントおよび組織的知識創造に関する本調査項目は，KIRO（Knowledge Innovation Research Office）による組織的知識創造プロセスの把握のための調査設計を一部抜粋して利用した（野中郁次郎・紺野登・KIRO〔2012〕「KIRO の知識資産について　Knowledge Audit®」〔http://www.knowledgeinnovation.org/portfolio/asset.html〕）。

第2章　職場で知識をいかに創造するのか

参考文献

井戸田博樹・小豆川裕子・三好博昭（2011）「持続的イノベーションを実現するコーポレート・ソーシャル・キャピタル研究序説」『ITEC　Working paper　Series』11-03，July 2011，1-21頁。

井戸田博樹・小豆川裕子・紺野登・中田喜文（2013）「技術者の所属組織におけるコーポレート・ソーシャル・キャピタルと組織的知識創造」『ITEC　Working paper　Series』13-04，July 2013，1-18頁。

金井壽宏（1991）『変革型ミドルの探求』白桃書房。

小豆川裕子（2008）「知識資産経営発展段階仮説に関する検討——イノベーションの受容性に着目して」経営情報学会2008年秋季全国研究大会予稿集，73-76頁。

小豆川裕子・三好博昭（2009）編著，NTT データシステム科学研究所『知識資産経営と組織パフォーマンス——人材・知識・ICT の融合の時代』白桃書房。

小豆川裕子・井戸田博樹・中田喜文（2014）「技術者組織における組織的知識創造の影響要因に関する研究——コーポレート・ソーシャルキャピタルと管理職の組織行動に着目して」『経営情報学会誌』22(4)，299-305頁。

野中郁次郎・紺野登（2012）『知識創造経営のプリンシプル——賢慮資本主義の実践論』東洋経済新報社。

向日恒喜（2009）「企業組織におけるソーシャル・キャピタルと知識創造プロセスとの関係」『経営情報学会誌』17(4)，37-55頁。

山岸俊男（1998）『信頼の構造——こころと社会の進化ゲーム』東京大学出版会。

Arrow, K.（1974）*The Limits of Organization*, W. W. Norton & Co. Inc.（＝1976，村上泰亮訳『組織の限界』岩波書店。）

Baker, W.（2000）*Achieving success through social capital*, San Francisco: Jossey-Bass Inc.（＝2001，中島豊訳『ソーシャル・キャピタル——人と組織の間にある「見えざる資産」を活用する』ダイヤモンド社。）

Chohen, D. & L. Prusak（2001）*In Good Company*: How Social Capital Makes Organizations Work, Harvard Business School Press.（＝2003，沢崎冬日訳『人と人の「つながり」に投資する企業——ソーシャル・キャピタルが信頼を育む』ダイヤモンド社。）

Drucker, P. F.（1993）*Post-Capitalist Society*, Harper Business.（＝1993，上田惇生・佐々木実智男・田代正美訳『ポスト資本主義社会』ダイヤモンド社。）

Drucker, P. F.（2000）*The Essential Drucker on Individuals: to Perform, to Contribute and to Achieve*, Published by arrangement directly with the author Through Tuttle-Mori Agency, inc.（＝2000，上田惇生編訳『プロフェッショナルの条件』ダイヤモンド社。）

第Ⅰ部 業績を上げる企業内ネットワークの構築

Evance, P. & B. Wolf (2005) "Collaboration Rules" *Harvard Business Review*, July-Augst, pp. 96-104.

Luhmann, N. (1973) *Vertrauen. Ein Mechanismus der Reduktion sozialer Komplexitaet (T2er Weiterte Auflage), F. Enke.* (＝2002, 大庭健・正村俊之訳『信頼——社会的な複雑性の縮減メカニズム』勁草書房。)

Mintzberg, H. (1973) *The Nature of Managerial work*, Harpercollins College Div. (＝1993, 奥村哲史・須貝栄訳『マネジャーの仕事』白桃書房。)

Gratton, L. & T. J. Erickson (2007) "Eight Ways to Build Collaborative Teams." *Harvard Business Review*, November 2007. (＝2009, DIAMOND ハーバード・ビジネス・レビュー編集部編訳「協力するチームの秘訣」『協力のリーダーシップ』ダイヤモンド社。)

Nonaka, I. (1988) "Toward Middle-Up-Down Management: Accelerating Information Creation." *Sloan Management Review*. MIT, 29(3), pp. 9-18.

Nonaka. I. & H. Takeuchi (1995) *Knowledge Creating Company :How Japanese Companies Create the Dynamics of Innovation*, Oxford University Press, Inc. (＝1996, 梅本勝博訳『知識創造企業』東洋経済新報社。)

Nonaka, I. & N. Konno (1998) "The Concept of "Ba": Building a Foundation for Knowledge Creation." *California Management Review* 40(3), pp. 40-54.

Polanyi, M. (1966) *The tacit dimension*, Rouledge & Kegan Paul ltd, (＝1980, 佐藤敬三訳『暗黙知の次元——言語から非言語へ』紀伊國屋書店。)

（小豆川裕子）

<table>
<tr><td>第3章</td><td>企業グループにおける学習のマネジメント
——ナレッジマネジメントを基盤として</td></tr>
</table>

1 社会ネットワーク理論による学習のマネジメントの検討

　グローバル化の進展に伴い，世界のトップ企業をライバルとして企業には競争力を構築させることが求められる時代になった。このような時代には，企業が単独ですべての経営資源を賄うことは極めて困難であり，自らは得意分野に資源を集中させつつ，その他の資源はそれを専門に扱うグループ企業に求め，グループの全体力で世界の強豪と競争していくことが必要とされる。これに伴い，経営資源としての"知識"を対象とする学術的な研究動向も，企業が単独で行う組織学習から，他社との協働の下に行う組織間学習に視点が集まるようになった。しかしながら，既存の組織間学習論においては，企業グループにおける学習を説明するにあたっての十分な方法論が確立されたとは言い難い。認知論的な学習論（Argyris & Schön 1978；Hedberg 1981；Fiol & Lyles 1985）や組織資源を基盤とする学習論（Cohen & Levinthal 1990；Leonard-Barton 1992；Teece et al. 1997）では，企業グループにおける構造的メカニズムが十分に解析されていない。ポリエージェントシステム論（出口 1995）では，企業グループの自律的な変革のプロセスを説明できるが，そのプロセスをマネジメントするという視点が欠けていた。ナレッジマネジメント（Nonaka & Takeuchi 1995）においては，企業グループの階層性を踏まえたボトムアップ式の議論がなされたが，マネジメントの方法論はその構造を十分に反映したものとは言い難かった。
　このような状況において，本章の目的は，構造主義に立脚する社会ネットワーク理論を用いて，企業グループにおける学習のマネジメントを検討することである。これにより，既存の学習の理論に，企業グループの構造を考慮し，その構造を如何に活用してグループのマネジメントを行うかという観点を付加することを意図する。ただし，その際には，日本企業が得意とする現場からのボ

トムアップ型の学習を説明したナレッジマネジメントの議論を基盤とする。何故ならば，企業グループとは現場を多数内在し，それを多様性の源泉として所属組織が自律的に行動することにグループとしての本質的意義が存在すると考えるためである。

2　異質性を連結する自律的な知識創造主体——企業グループの本質

まず，本章の前提として，企業グループをネットワークの視点から定義し，その特性を議論する。

「ネットワークとは，様々な主体が自律性を基礎として自由に他者と交流し，個性と創造性の豊かなコミュニケーションを交わすことができる組織形態である。ネットワークの核心は多様性の統合的連結にある」（Lipnack & Stamps 1986）と定義される。この多様性の連結手段として，須藤（1995）はネットワークの複合化を考えた。彼は「ネットワークの複合化とは，ネットワークへの参加主体が複数のネットワークに重複して参加することである。このとき，ネットワークを重複化させた主体を媒介として，ネットワーク間に異質な情報が交流し，ネットワークの多様性が連結される」と提唱している。

このネットワークの核心に関する議論を踏まえ，企業グループの構成を分析する。企業グループとは，「親会社および多数の子会社から成るものの，グループ全体はますます一個の『権限』の下での，有機的な統合体」（下谷 1993）とされる。これは中核企業との資本関係に基づく権限の波及範囲で企業グループを定義したものである。しかし，こうした捉え方は，たとえ同一の目標を共有して協働する組織であっても，資本的に独立した，「権限」に抗する自律性を保持する多くの関連会社，取引比率の高い外注企業を企業グループの範囲から除外してしまう。さらに，企業グループに注目するにあたっては，企業間関係に焦点を当てるばかりではならない。事業部制，カンパニー制などにより自律化した中核企業の企業内組織にも視点を当てることが必要である。

従って，本章においては企業グループを「内部に自律的組織を抱える中核企業と，中核企業からは組織的には自律しているものの，それと同一の目標を共有する子会社，関連会社，外注企業から構成される有機的な統合体」と定義す

る。これにより，企業グループを「様々な主体が自律性を基礎として自由に他者と交流し，個性と創造性の豊かなコミュニケーションを交わすことができる組織形態」（Lipnack & Stamps 1986）として捉え，ネットワークの定義を満たすものとして解釈することができる。さらに，企業グループを中核企業やその企業内組織，子会社，関連会社，外注企業が目的に応じた複数の組織間関係を重複して形成する，極めて複雑に複合化したネットワークとして理解することが可能となる。この時，企業グループとは，多様性の結合的連結というネットワークの核心を満たすものと解釈できる。ならば，企業グループとは自らの複合的なネットワークを駆使し，異質性を連結する自律的な知識創造主体として捉えられる。本章が企業グループにおけるネットワークのマネジメントを説く目的は，この学習を活性化させることに他ならない。

3　ナレッジマネジメントとは何か

　本節では，「改善」など日本企業が得意とする現場発の知識創造を理論化したナレッジマネジメントについて説明する。本章で提示する企業グループにおけるネットワークのマネジメントとは，このナレッジマネジメントを構造主義の観点から解析し，より具体化するものである。

　ナレッジマネジメント（Nonaka & Takeuchi 1995）とは，暗黙知（tacit knowledge）と形式知（explicit knowledge）が４つの知識変換モードを通じてスパイラルに発展することにより，組織的に知識を創造することである。４つの知識変換モードとは「共同化（socialization）」「表出化（externalization）」「連結化（combination）」「内面化（internalization）」からなる。１つ目の「共同化」とは，個人の暗黙知から他の個人の暗黙知を創造するモードであり，共体験を通して他者のもつ暗黙知を獲得するプロセスである。２つ目の「表出化」とは，個人の暗黙知からグループの形式知を創造するモードであり，グループでの対話を通して，暗黙知を明確な言語ないし概念として表現するプロセスである。３つ目の「連結化」とは，複数のグループの形式知から体系的な組織の形式知を創造するモードである。つまり，分散した形式知を収集，分類，統合して新たな形式知を創造し，組織内に伝播・普及させるプロセスである。４つ目の「内面

第Ⅰ部　業績を上げる企業内ネットワークの構築

図3-1　SECIモデル

出所：Nonaka & Takeuchi (1995).

化」とは，組織の形式知から個人の暗黙知を創造するモードであり，行動による学習を通して形式知を個人に体化するプロセスである（図3-1）。

4　ネットワークにおける「埋め込み」とナレッジマネジメント

　ナレッジマネジメントとは，ボトムアップ型の知識創造のメカニズムであった。本節では，このナレッジマネジメントを促進する「埋め込み（embeddedness）」というネットワークの特性を紹介する。そして，ネットワークにおける「埋め込み」の如何なる特性がナレッジマネジメントの各知識変換モードを活性化させるかを議論する。つまり，ナレッジマネジメントを社会ネットワーク理論の構造主義の観点から分析することを試みる。

　ネットワークにおける「埋め込み」には2つの次元がある（Gulati 1998）。一つは関係的次元であり，直接結合の紐帯強度を表す。もう一つは構造的次元であり，主体のネットワークにおける構造的な位置づけを表す。

　直接結合の紐帯強度に関しては，「強い紐帯の強み（the strength of strong ties）」（Krackhardt 1992），及び「弱い紐帯の強み（the strength of weak ties）」（Granovetter 1973）が主要な議論である。前者の議論においては，強い紐帯は，主体間の密接なコミュニケーションにより，暗黙知などの質的な情報の移転を

56

可能とする。また，主体間の密接な関係性は，両者に関係的な信頼を構築して
（Larson 1992），機会主義を抑制し（Krackhardt 1992），さらに，協働意欲を高め
て両者の相互学習を促進する（Kale et al. 2000）。しかし，主体間の密接な関係
性の中では，主体が獲得する情報の多くは当該主体が既に保有するものとなる。
つまり，主体は独創性の高い情報を上手く獲得できない（Burt 1992）。一方，
後者の議論では，弱い紐帯は異質な情報を有する行為者との接触機会として機
能する。よって，主体は新規な情報や独創性の高い情報を効率的に獲得できる
（Granovetter 1973）。

　また，主体のネットワークにおける構造的な位置付けに関しては，「閉鎖性
（closure）」（Coleman 1988），及び「構造的空隙（structural hole）」（Burt 1992）が
主要な議論である。前者の議論においては，閉鎖的なネットワークでは，外に
閉ざされた高密度なコミュニケーション経路が，情報を直接的及び第三者を媒
介して間接的に伝達させる。よって，当該ネットワークに埋め込まれた主体は
規範を共有し（Meyer & Rowan 1977），共通の行動様式を醸成する（Rowley
1997）。また，高密度なコミュニケーション経路は，第三者の評判を通して主
体の監視を行うことで（Kreps 1990），ネットワーク内の規範から逸脱する主体
の行為に制裁を加えることができる（Coleman 1988）。しかし，高密度なコミュ
ニケーション経路の中では，主体が獲得できる情報の多くは当該主体が既に入
手済みのものと重複する。つまり，主体は新奇な情報を上手く獲得できない
（Burt 1992）。一方，後者の議論においては，互いに隔たった複数の行為者間を
連結する主体は，連結された各々の行為者から情報を獲得することが可能とな
る。また，連結された行為者から主体への拘束は回避され，当該主体の自律性
が担保される。さらに，主体が連結された行為者間の情報を媒介することで，
それらの行為者に対して情報操作を行うことを可能とする。なお，隔たった複
数の行為者から情報を得ることで，連結する主体は新奇で異質性に富んだ情報
を効率的に取得できる（Burt 1992）。

　次に，これらのネットワークにおける「埋め込み」の特性と前述の知識変換
モードとの関係性について検討する（秋山 2006；Akiyama 2010）。ただし，ここ
でのネットワークとはコミュニケーション・ネットワークに議論を限定する。
何故ならば，ナレッジマネジメントを支援するべく臨機応変に改変できるのは

第Ⅰ部　業績を上げる企業内ネットワークの構築

コミュニケーション・ネットワークであり，資本関係や取引関係等その他の組織間のネットワーク構造を短時間に改変させることは困難なためである。

　第1に，「共同化」と「強い紐帯の強み」及び「閉鎖性」との関係について述べる。強紐帯・閉鎖的ネットワーク，つまり，強紐帯で高密度なコミュニケーション・ネットワークは，それに埋め込まれた主体間の共体験の場として機能する。また，当該ネットワークに埋め込まれた主体間の共通の行動様式，関係的信頼，協働意欲は，当該主体の共体験をより深める。従って，強紐帯・高密度ネットワークはそれに埋め込まれた主体間の知識の「共同化」を促進する。

　第2に，「表出化」と「強い紐帯の強み」及び「閉鎖性」との関係について，強紐帯・高密度コミュニケーション・ネットワークは，それに埋め込まれた主体に対話の場を提供する。また，当該ネットワークに埋め込まれた主体間の共通の行動様式，関係的信頼，協働意欲は，彼らの対話をより深める。すなわち，強紐帯・高密度ネットワークはそれに埋め込まれた主体間の知識の「表出化」を促進する。

　第3に，「連結化」と「弱い紐帯の強み」及び「構造的空隙」との関係について，互いに隔たった複数の組織間のコミュニケーションを連結する主体は，隔たった組織間の異なる情報を収集・結合し，新奇で異質な情報を効率的に作成できる。つまり，当該主体は容易に新しい形式知を獲得・統合し，伝播・普及させることができる。ゆえに，主体のコミュニケーションにおける媒介性の高さは，当該主体とその他の組織間の知識の「連結化」を促進する。

　第4に，「内面化」と「強い紐帯の強み」及び「閉鎖性」との関係について，強紐帯・高密度コミュニケーション・ネットワークは，直接的及び間接的関係における意思疎通，監督，指導を通じて，それに埋め込まれた主体の行動による学習を支援する。さらに，このような意思疎通，監督，指導は，当該ネットワークに埋め込まれた主体間の共通の行動様式，関係的信頼，協働意欲によってより効率化される。従って，強紐帯・高密度ネットワークはそれに埋め込まれた主体間の知識の「内面化」を促進する。

　以上のネットワークにおける「埋め込み」と知識創造の関係を，企業グループにおけるネットワークのマネジメントとしてまとめたものが図3-2である。現場を主導・統括する主体を中核企業の支店（Branch），中核企業が業務を外

58

第3章　企業グループにおける学習のマネジメント

図3-2　企業グループにおいて SECI モデルを促進するネットワークのマネジメント

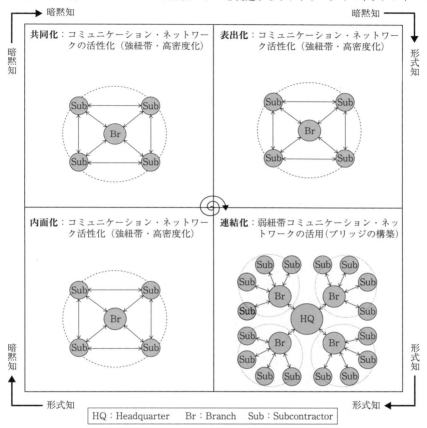

注：⟵⟶：主要なコミュニケーション経路を表す。(⌒)：強紐帯・高密度ネットワークを表す。
出所：筆者作成。

注する主体を協力会社（Subcontractor），企業グループを有機的に結合させる主体を中核企業の本社（Headquarter）として捉えた場合，①支店が現場のコミュニケーション・ネットワークを活性化させること（強紐帯・高密度化）で，組織間の知識の「共同化」及び「表出化」を促進する。②本社が多数の現場を媒介し（ブリッジの構築），グループとしての知識の「連結化」を促進する。③支店が現場のコミュニケーション・ネットワークを活性化させ（強紐帯・高密度化），

59

第Ⅰ部　業績を上げる企業内ネットワークの構築

組織間の知識の「内面化」を促進する。これぞ，社会ネットワーク理論の構造主義の観点から捉えた企業グループのナレッジマネジメントである。

　次節では，このネットワークのマネジメントについて，ベストプラックティスを紹介する。

5　ネットワークのマネジメントの事例

　ここでは，企業グループの環境経営を事例に，前節のネットワークのマネジメントについて，ベストプラックティスを例示する。具体的には，秋山（2006）及び Akiyama（2010）を参照にして，住宅メーカーＡ社がグループとして効果的に実践した CSR としての施工現場ゼロエミッションの導入過程を説明する。

　施工現場ゼロエミッション（以下，ゼロエミ）とは，新築住宅施工現場から排出される廃棄物の埋立て，単純焼却をなくすことであり，大きくは次の2点から成立する。第1は，副産物（廃棄物，余剰材，返品材）の再資源化（recycle）である。これは，副産物の現場27種分別と工場60種分別，工場完全受け入れ，再資源化を実現することである。第2は，副産物の削減（reduce）及び再使用（reuse）である。これは，工場での部材プレカットの見直し，オーダー基準（余剰率）の見直し，天井先張り工法の採用，石膏ボード板取の工夫，端材の使い回し，梱包材の削減・再使用を行うことである。これら2点により，地球資源の有効活用，二酸化酸素の排出抑制が可能になる。

　次に，Ａ社グループの施工管理体制について説明する。Ａ社グループの施工管理体制はスタッフ部門とライン部門から成る。スタッフ部門は，本社，営業本部，工場から構成され，ライン部門は，支店，専門工事業者，副産物収集運搬業者から構成される。スタッフ部門の本社は施工本部と環境推進部が施工に関わる。営業本部は部内の工務課が管轄するエリアの支店の施工を指導・助言する。工場は管轄するエリアの支店の施工現場へ部材を供給する。ライン部門の支店は管轄するエリアの施工を管理・監督する。そして，住宅の施工手順である基礎工事，躯体工事，造作工事（外装及び内装工事），設備工事，外構工事は，Ａ社からそれぞれを専門とする工事業者へ外注される。また，施工現場か

第3章　企業グループにおける学習のマネジメント

ら排出される副産物（廃棄物，余剰材，返品材）の収集運搬業務に関しては，各支店が業者に直接外注する。以上がＡ社グループの施工管理体制であり，専門工事業者と副産物収集運搬業者の多くは系列化され，Ａ社との間に長期的・固定的・閉鎖的な関係性を構築している。このため，専門工事業者と副産物収集運搬業者は，情報共有，相互学習，共存共栄を目的としたＡ社が主導して組織する協力会に所属している。

　それでは，ゼロエミの導入過程を時系列に詳述し，それを企業グループのコミュニケーション・ネットワークのマネジメントの視点から考察していく。

　1999年11月，Ａ社は「環境未来計画」を発表し，環境に対する基本方針を定めた。①地球環境の保全に努める，②住まいの環境向上に努める，③社会への貢献に努める，という３つの柱を，社長を頂点とする環境会議により推進することを約束した。これを受け，同年，ゼロエミに向けての取り組みが全国で始まる。たとえば，Ｂ支店が独自に新築現場の副産物の７分別を開始したことである。具体的には，Ｂ支店現場監督が，工場，系列の専門工事業者，副産物収集運搬業者と，工事店会議や協力会の委員会活動などの機会を生かし，ゼロエミに向けて頻繁な意見交換を行った。その過程で，従来の巨大な箱型ゴミ箱が７分別の細かな収集袋に交換され，さらに，副産物収集運搬業者が専門工事業者の職方の仕事の進捗状況を把握しつつ副産物を臨機応変に回収することを試みた。その結果，現場の整理整頓が著しく進み，さらに，職方に資材の無駄を削減させる心掛けが生じたという。

　以上をネットワークのマネジメントの視点から分析すると，Ｂ支店現場監督が管轄の専門工事業者や副産物の収集運搬業者との情報共有を促したことが，Ｂ支店エリアにおける住宅施工現場の副産物の分類に関する独自な取り組みにつながり，資材の無駄の削減，現場の整理整頓に効果があったと認識できる。これは，支店が現場のコミュニケーション・ネットワークを活性化させたこと（強紐帯・高密度化）が，ゼロエミの具体案を「共同化」及び「表出化」させたと考察される。

　一方，ゼロエミの一環である天井先張り工法への取り組みは，2002年９月，本社の施工本部が中心となり「天井先張り工法推進ワーキング・グループ」を

61

第Ⅰ部　業績を上げる企業内ネットワークの構築

発足させたことに始まる。天井先張り工法とは，石膏ボードの施工順序を，①部屋の間仕切り，②天井，の順から，①天井，②間仕切り，の順に変更する工法である。これにより，石膏ボードの必要量の予測が容易で現場への過剰納入を防止する，石膏ボードのカット数を減らすことで廃棄する端材を減少させる，という効果が期待できる。廃棄量が多い石膏ボードの削減が意図された（当時，新築住宅施工時の廃棄物の33.6％）。

　天井先張り工法の現場における試行は，2003年3月，本社の環境推進部及び施工本部がC支店をパイロット事例のモデル支店としたことで開始された。選定基準は本社及び工場との近接性であった。取り組みは，C支店現場監督が，C支店，工場，系列の専門工事業者，副産物収集運搬業者に，本社環境推進部もしくは施工本部が提案した天井先張り工法の具体的なアイデアを試行させ，その結果を環境推進部もしくは施工本部に報告して進められた。さらに，2003年5月には，環境推進部及び施工本部が，パイロット事例としてのモデル支店を増加させた。選定基準は工場と同県内にあり実施能力を有すると判断された5つの支店である。これら新たなパイロット事例においては，C支店の試行を受けて環境推進部と施工本部が既にまとめた具体案をモデル支店の現場に導入し，その問題や解決策について，モデル支店現場監督が，各モデル支店，工場，専門工事業者，副産物収集運搬業者に，工事店会議や協力会の委員会及び部会活動において互いに意見を交換させ，独自に新たな改善策を考案・試行させて，その結果を環境推進部及び施工本部に報告するという方法で実施された。

　この結果，天井先張り工法における最適な石膏ボードの大きさが決められ（小さ過ぎると作業効率が下がるが，大き過ぎると現場でクラックが生じる可能性が高まる），また，副産物の分別について，分別するならば20分別程度の方がむしろわかりやすいという職方の意見を踏まえ，20を超える現場分別を決定させた。さらに，専門工事業者と副産物収集運搬業者の間で副産物の収集運搬の回数・タイミングを状況に応じて調整できるようになった。

　以上を分析すると，天井先張り工法のパイロット事例のモデル支店における現場監督が，専門工事業者，副産物の収集運搬業者間の情報共有を促し，具体案の考案・試行を実施したことが，天井先張り工法の石膏ボードの最適な大き

さ，及び副産物の分別数，回収回数，回収タイミングなどの変更による影響を明らかにしたと考えられる。これは，支店が現場のコミュニケーション・ネットワークを活性化させたこと（強紐帯・高密度化）が，ゼロエミの具体策を「共同化」及び「表出化」させたと解釈できる。

　同時に，本社の環境推進部及び施行本部が全国から適切な複数の支店をモデル支店として選択し，天井先張り工法を中心にゼロエミの具体案を試行させたことが，多様でより良い改善策を収集することに貢献したと認識できる。このことは，本社が媒介者となり，現場毎のコミュニケーション・ネットワーク間にブリッジが構築されたことがゼロエミのアイデアを「連結化」させたと分析できる。

　これらパイロット事例の結果をA社グループ全体で共有すべく，本社の環境推進部及び施工本部は，ゼロエミの全社的推進体制を整備した。具体的には，全社・全体決裁を2003年7月から「新築現場ゼロエミッション推進会議（専務，環境推進部，施工本部，各工場長が出席）」に担当させ，基本方針の策定を2004年2月から「新築現場ゼロエミッション推進プロジェクト会議（環境推進部，施工本部，各工場長，各営業本部工務課長が出席）」に担当させ，詳細ルールの検討をパイロット事例の結果を受けた環境推進部及び施工本部によるワーキング・グループに担わせた。この結果，2003年9月には，「新築現場ゼロエミッション推進会議」において副産物の現場27種・工場60種分別が決定された。さらに，2004年2月には同会議において，副産物の分別・回収に関する支店の導入マニュアル「新築施工現場ゼロエミッション支店導入ガイド」が作成された。これを受けて，環境推進部の担当者は副産物の分別・回収に関して，全国の各営業本部，各支店に説明に赴いた。また，同年4月には，パイロット事例の結果を受け，施工本部が営業本部ごとに差異のあった天井先張り工法の詳細を最適仕様に統一し，A社の標準工法とした。これを受けて，施工本部の担当者が天井先張り工法に関して，全国の各営業本部，各支店に順次説明・指導に赴いた。

　これら一連の活動の結果，2004年度末時点において，次のような成果が認められた。副産物の再資源化に関しては，A社グループの副産物の再資源化率（マテリアルリサイクル率）が79.8％になった。副産物の削減及び再使用に関しては，モデル支店の中に副産物の排出量が住宅一棟（床面積145 m²）当たり800

第Ⅰ部　業績を上げる企業内ネットワークの構築

kgを切るところが出て来た（2004年度末，全社平均では1,913kg）。モデル支店で石膏ボードのカット・マニュアルが作成されたことなどが大きく寄与した。

　以上からは，本社の環境推進部及び施工本部の担当者が営業本部を越えてモデル支店の現場監督に接触し，ゼロエミの具体案を収集・取捨選択・伝達させたことが，ゼロエミのマニュアルの作成，伝搬に貢献したと考えられる。これは，本社が支店との間における弱い紐帯を活用したこと（ブリッジの構築）が，ゼロエミのアイデアを効果的に「連結化」させたと考察される。

　最後に，パイロット・ケース以外の支店におけるゼロエミの定着過程を，Ｄ支店に視点を当てて詳述する。「新築施工現場ゼロエミッション支店導入ガイド」の完成に伴い，Ｄ支店においてもゼロエミへの活動が活発化した。Ｄ支店，管轄の専門工事業者，副産物の収集運搬業者間における主な取り組みは次の3つである。第1に，Ｄ支店現場監督が，月に1回の全体工事店会議及び工事店社長会議において，専門工事業者社長，副産物収集運搬業者社長にゼロエミの定着を繰り返し監督・指導した。第2に，Ｄ支店の現場監督が日々の監督業務の中で，専門工事業者の職方にゼロエミを繰り返し監督・指導した。第3に，協力会の委員会及び部会活動の一環としてQCサークルを実施し，ゼロエミの定着を運動化させた。これらの監督・指導の結果，2004年9月には，Ｄ支店が副産物を再利用・再資源化するために工場への搬送を開始した。また，同年11月には，工場がＤ支店の全施工現場へ天井先張り工法用部材の出荷を開始した。そして，同年12月には，Ｄ支店がゼロエミにおける副産物の現場27種・工場60種分別を達成した。

　以上を分析すると，Ｄ支店現場監督が専門工事業者及び副産物の収集運搬業者に会議や建築現場において継続的にゼロエミに関して監督・指導を実施し，さらに，専門工事業者や副産物収集運搬業者間で情報共有を活発化させたことが，現場にゼロエミの技術・技能を習得させたと認識できる。これは，支店が現場のコミュニケーション・ネットワークを活性化させたこと（強紐帯・高密度化）が，ゼロエミの実施マニュアルを現場に効果的に「内面化」させたと考察される。

第3章　企業グループにおける学習のマネジメント

6　企業グループのマネジメントに求められるもの

　本章では，企業グループのナレッジマネジメントの効果的なあり方を，社会ネットワーク理論の構造主義の観点から提示し，そのベストプラクティスを住宅メーカーの環境経営の事例で例示した。企業グループにおけるネットワーク・マネジメントとは，①支店が現場のコミュニケーション・ネットワークを活性化させ（強紐帯・高密度化），組織間の知識の「共同化」及び「表出化」を促進し，②本社が多数の現場を媒介し（ブリッジの構築），グループとしての知識の「連結化」を促進し，③支店が現場のコミュニケーション・ネットワークを活性化させ（強紐帯・高密度化），組織間の知識の「内面化」を促進する，ことである。以上を通して，現場で発現した個人の暗黙知が他者の暗黙知へ「共有化」され，その暗黙知を集団の形式知に「表出化」させ，集団の形式知を企業グループの体系的な形式知へ「連結化」させ，そして，グループの形式知を再度現場で働く個人の暗黙知へ「内面化」させることが効率的に可能になる。「改善」等の現場を起点とするボトムアップ型の知識創造を重視する日本企業にとって，各現場で生じる異質性を連結させるネットワークのマネジメントという視点は，極めて肝要であるといえよう。

注
⑴　須藤（1995）が提唱したネットワークの複合化の議論は，ネットワークの多層性，多次元性，多関係性といった名称で議論されたが，技術的困難さのために実証研究は遅々として進まなかった。しかし，近年のコンピュータ・シミュレーション技術の急速な発展に伴い，現実に近似させた複雑系ネットワーク・モデルにおいて，ネットワーク間の媒介者を同定し，彼らが果たす役割が研究され始めた（Battiston et al. 2014；De Demenico et al. 2013；De Domenico, Lancichinetti, Arenas & Rosvall 2015；De Demenico, Solè-Ribalta, Omodei, Gòmez & Arenas 2015）。

参考文献
秋山高志（2006）「企業グループの変革を促進するネットワーク・マネジメント」『日本経営学会誌』18，29-40頁。

出口弘（1995）「情報化と組織構造——ポリエージェントシステムとしての組織モデル」『組織科学』29(1)，40-53頁。

下谷政弘（1993）『日本の系列と企業グループ』有斐閣。

須藤修（1995）『複合的ネットワーク社会』有斐閣。

Akiyama, T. (2010) "CSR and Inter-organisational Network Management of Corporate Group." *Asian Business & Management*, Macmillan Publishers Ltd., 9(2), pp. 223-243.

Allen, T. J. (1977) "Communications in the Research and Development Laboratory." *Technology Review* 70(1), pp. 31-37.

Allen, T. J. & S. I. Cohen (1969) "Information Flow in Research and Development Laboratories." *Administrative Science Quarterly* 14(1), pp. 12-19.

Argyris, C. & D. A. Schön (1978) *Organizational learning*, Addison-Wesley.

Battiston, F., V. Nicosia & V. Latora (2014) "Structural Measures for Multiplex Networks." *Physical Review E* 89(3), 032804.

Burt, R. S. (1992) *Structural Holes*, Harvard University Press.

Cohen, W. M. & D. A. Levinthal (1990) "Absorptive Capacity." *Administrative Science Quarterly* 35(1), pp. 128-152.

Coleman, J. S. (1988) "Social Capital in the Creation of Human Capital." *American Journal of Sociology* 94, pp. 95-120.

De Domenico, M., A. Solè-Ribalta, E. Cozzo, M. Kivelä, Y. Moreno, M. A. Porter, S. Gòmez & A. Arenas (2013) "Mathematical Formulation of Multi-layer Network." *Physical Review X* 3(4), 041022.

De Domenico, M., A. Lancichinetti, A. Arenas & M. Rosvall (2015) "Identifying Modular Flows on Multilayer Networks Reveals Highly Overlapping Organization in Social Systems." *Physical Review X* 5(1), 011027.

De Domenico, M., A. Solè-Ribalta, E. Omodei, S. Gòmez & A. Arenas (2015) "Ranking in Interconnected Multilayer Networks Reveals Versatile Nodes." *Nature Communications 6*, 6868.

Dyer, J. H. & K. Nobeoka (2000) "Creating and Managing a High-performance Knowledge-sharing Network." *Strategic Management Journal* 21(3), pp. 345-367.

Fiol, C. M. & M. A. Lyles, (1985) "Organizational Learning." *Academy of Management Review* 10(4), pp. 803-813.

Granovetter, M. S. (1973) "The Strength of Weak Ties." *American Journal of Sociology* 78(6), pp. 1360-1380.

Gulati, R. (1998) "Alliances and Networks." *Strategic Management Journal* 19(4), pp.

293-317.

Hedberg, Bo L. T. (1981) "How Organizations Learn and Unlearn." in Nystrom, P. C. & W. H. Starbuck (eds.) *Handbook of Organizational Design*, Oxford University Press, pp. 3-27.

Kale, P., H. Singh & H. Perlmutter (2000) "Learning and Protection of Proprietary Assets in Strategic Alliances." *Strategic Management Journal*, Special Issue 21(3), pp. 217-237.

Krackhardt, D. (1992) "The Strength of Strong Ties." in Nohria, N. & R. G. Eccles (eds.) *Networks and Organizations*, Harvard Business School Press, pp. 216-239.

Kreps, D. M. (1990) "Corporate Culture and Economic Theory." in Alt, J. E. & K. A. Shepsle (eds.) *Perspectives on Positive Political Economy*, Cambridge University Press, pp. 90-143.

Larson, A. (1992) "Network Dyads in Entrepreneurial Settings." *Administrative Science Quarterly* 37(1), pp. 76-104.

Leonard-Barton, D. (1992) "Core capabilities and core rigidities." *Strategic Management Journal* 13(1), pp. 111-125.

Lipnack, J. & J. Stamps (1986) *The Networking Book*, Law Book Co of Australasia.

Meyer J. W. & B. Rowan (1977) "Institutionalized Organizations." *American Journal of Sociology* 83(2), pp. 340-363.

Nonaka, I. & H. Takeuchi (1995) *The Knowledge-Creating Company*, Oxford University Press.

Rowley, T. J. (1997) "Moving beyond Dyadic Ties." *Academy of Management Review* 22(4), pp. 887-910.

Teece, D. J., G. Pisano & A. Shuen (1997) "Dynamic Capability and Strategic Management." *Strategic Management Journal* 18(7), pp. 509-533.

（秋山高志）

第4章	情報化と職場の生産性

1 ICTによる生産性向上の規定要因

　日本の時間当たり労働生産性（就業1時間当たり付加価値）は，データが取得可能な1970年以降，主要先進7カ国（G7）で最下位の状況が続いている（日本生産性本部 2017）。また，少子高齢化の影響により生産年齢人口は今後急速に減少する（総務省統計局 2017）。このような状況を受け，生産性を向上させることは，企業にとって喫緊の課題となっている。

　生産性を向上させる要因について，これまでさまざまな研究がなされてきた。川上（2016）は，日本企業に対する先行研究をまとめ，ワークライフバランス施策や企業内訓練等の人的資源管理，組織改革，研究開発投資，海外直接投資を含む海外市場への参入，ソフトウェア等の企業の情報化を含む無形資産等の要因が生産性に影響していることを紹介している。生産性を上げるには，これらはいずれも重要な要因であるが，本章では，企業の情報化に注目する。

　職場の生産性を向上させるには，職場のメンバー間でのコミュニケーションを活性化させ，組織的にアイデアやノウハウなどの知識を創造する場を提供することが必要となる。さらに，他の企業や顧客とネットワークを持ち，社内で情報を共有し，企業内外のメンバーとコラボレーションすることも必要となる。このようなコミュニケーション・プラットフォームとして，FacebookやTwitterのようなソーシャル・メディア[1]が注目されるようになった。

　ソーシャル・メディアを企業内で利用すれば，従来のICT（Information and Communication Technology）以上に，職場の生産性を向上させる可能性がある。林（2010）によると，従来のICTによる情報・知識共有では，社員がまず保有する情報や知識をデータベースに登録する「プッシュ型」が主流であった。これでは，Dixson（2000）が言うように，実際に登録した情報や知識が他のメン

バーにどのように役立ててもらえるかわかりづらいため，積極的に登録しようとしなくなる。しかし，企業内でソーシャル・メディアを利用すれば，情報や知識を必要とする人が自らの要求を提示して，それに情報や知識を持った人が答える「プル型」へと変化する（林 2010）。その結果，企業内でのソーシャル・メディアの利用は，情報・知識共有にとって有用な手段となっている。

　たとえば，Twitter のような情報を拡散して伝達し合う機能を有したソーシャル・メディアを利用すれば，企業内のさまざまの部署の人々や顧客らに問いかけることが可能になる。このような「プル型」の ICT により，日頃接触のない人から得られる意外な情報が，企業活動のヒントとなることがある。そのため，ソーシャル・メディアは，企業活動に役立つ。

　しかしながら，ソーシャル・メディアをはじめとする ICT を導入するだけでは，職場の生産性を十分向上させない。[2] ICT により職場の生産性を向上させるには，さまざまな要因が影響する。たとえば，Brynjolfsson & Hitt（1998）や Brynjolfsson et al.（2002）によれば，人的資本のレベルが高く，意思決定を分権化する等の組織改革やマネジメント改革を伴った企業では，ICT により生産性が高くなる。このように ICT により職場の生産性を向上させる要因には，人的資本や企業の組織構造，マネジメント等が必要と考えられる。

　この他にも，ICT による職場の生産性に多大に影響する要因がある。それが本章で着目するソーシャル・キャピタルである。次節で示すようにソーシャル・キャピタルは，それ自体，職場の生産性に影響を及ぼす。また，ソーシャル・キャピタルは，ICT の活用に影響する。そのことを明らかにするために，第 2 節で，「職場の生産性を高める関係性資本のあり方——結束型・橋渡し型の共存」，第 3 節で，「ネットワークの特性」，第 4 節で，「ICT 活用とメンバー間の相互信頼」について述べる。その上で，第 5 節で，「イノベーションのためのマネジメント活動——ソーシャル・メディアによる生産性向上のために」について分析してみる。そして最後に，「ICT がソーシャル・キャピタルを育成しうるのか」について検討する。

第 I 部　業績を上げる企業内ネットワークの構築

2　職場の生産性を高める関係性資本のあり方——結束型・橋渡し型の共存

　ソーシャル・キャピタルの定義には，諸説ある。Putnam（1993＝2001：206-207）は，それを「調整された諸活動を活性化することによって，社会の効率を改善しうる信頼（trust），規範（norms），ネットワーク（networks）のような社会的組織の特徴」とした。一方，Lin（2002＝2008：32）は，「人々が何らかの行為を行うためにアクセスして活用する社会ネットワークに埋め込まれた資源」と操作的に定義している。これらから，本章ではソーシャル・キャピタルを，「互酬性の社会規範と信頼に支えられたネットワークに埋め込まれた関係性がもたらす資本」（井戸田ら 2013：1）と定義する。ソーシャル・キャピタルは，個々人に還元されない社会的なネットワークに埋め込まれた関係性がもたらす資本であり，一種の公共財的役割を果たしている。このことから，企業においてソーシャル・キャピタルとは，企業の成員や組織が，企業内外の人や組織と構築するネットワークがもたらす関係性資本であるといえる。

　また，ソーシャル・キャピタルには，結束型（Bounding）と橋渡し型（Bridging）が存在する（Putnum 2000＝2006：19-21）。

　結束型ソーシャル・キャピタルは，内向きの志向をもち，排他的なアイデンティティと等質な集団を強める形態であり，特定の互酬性を安定させ，連帯を動かしていくのに効果的である。職場では，メンバーは，限られたメンバーが相互に密なやりとりを繰り返すうちに，信頼や協力，結束を育みやすく，その結果，協力して生産性を高めやすくなる。ただし，結束型ソーシャル・キャピタルが強まりすぎると，内集団への強い忠誠心を作り出すことによって外集団への敵意をも生み出す可能性がある。

　一方，橋渡し型ソーシャル・キャピタルは，関係性が弱く，薄いが横断的で幅広い繋がりにより成立する。それは，外部資源との連繋や，情報伝播において優れており，より広いアイデンティティや，互酬性を生み出す可能性を持つ。Granovetter（1973）が指摘するように，弱い紐帯が自分と遠く離れた異なるコミュニティで働く人を結びつけることによって，強い紐帯で結びついた親密な者よりも価値を有することがある。このようなネットワークでは，これまで接

70

したことがない他の企業や顧客との接触により，新たな情報や画期的なアイデアに触れる機会が増加し，職場の生産性を高めることができる。

ただし，多くの組織は何らかの社会的次元で結束し，そして同時に橋渡しを行っている。傾向の大小の差はあるものの，各企業はどちらか一方の型に類別されるというものではない。これらが共に豊かであることが，直接的，間接的に職場の生産性を高める要因となる。

3 ネットワークの特性

ICT とソーシャル・キャピタルの関係について検討するために，まず，ネットワークの特性について述べる。

ICT によるネットワークには，Metcalfe が提唱した「メカトーフの法則」が当てはまる。メカトーフの法則とは，「ネットワークの価値は，そのネットワークの利用者の数の2乗に比例する」というものである（Shapiro & Varian 1999＝1999：326）。このようにネットワーク利用者が増加することで，情報経路が指数的に増加する。その結果，参加者の多いネットワークの利用者は，さまざまな参加者と情報を交換する機会を得ることができる。現在のソーシャル・メディアにおいても，会員数の多いサービスを利用すれば，より情報を交換する機会を得やすくなるのである。しかしながら，ネットワークの利用者は，平等に情報交換する機会を得るわけではない。その機会は，当該ネットワークの構造に依存する。

Burt（1992＝2006a：1-44）は，ネットワーク構造の視点から構造的空隙（Structural Holes）という概念を提唱した。広域の空間において分離している部分的なネットワークが複数存在しており，ネットワークの結合が比較的弱くなっている部分に，社会構造の隙間ができる。彼は，それらのネットワーク間を仲介して結合することによってソーシャル・キャピタルを創出できるので，このような構造的な空隙に橋を架けるような関係を持っているプレイヤーは，より情報利益（Information Benefits）を得ることができ，競争上優位であるとした。

情報利益に富むネットワークを持つプレイヤーは，役に立つ情報が存在していそうな場へコンタクトでき，またそれらの場所へ流入する，あるいは流出す

第Ⅰ部　業績を上げる企業内ネットワークの構築

る信頼できる情報へコンタクトできる。重複するメンバーとの間のネットワークしか持たないプレイヤーは，同じ情報利益しか持てない。いかに重複しないメンバーとのネットワークを構築するかが，他者との競争上重要となる。すなわち，分離している部分間を唯一自分だけが仲介し，結合できるようなネットワークを持つことで，競争上優位なソーシャル・キャピタルを創出するのである（Burt 1992＝2006a；2001＝2006b）。

　このような構造的空隙は，リアルな場だけでなく，ソーシャル・メディアをはじめとする ICT 上においても成立する。職場の生産性を向上させるには，構造的空隙にいるメンバーが，職場のメンバーと異なるオンラインコミュニティなどから知り得た情報を職場のメンバーと共有することで，新たなアイデアの創造に役立てることができるのである。

4　ICT 活用とメンバー間の相互信頼

　前述のように，ソーシャル・メディアをはじめとする ICT が普及したことで，従来にも増して ICT は，職場の生産性を向上させる可能性を秘めるようになった。しかしながら，いくら技術が発展しようと，ICT が職場の生産性を向上させるには，職場のメンバー間に，信頼や互酬性が存在しなければならない。ソーシャル・メディアがもたらした「プル型」の情報・知識共有といえども，職場のメンバーの手助けをしたいという思いや，情報や知識を提供すれば，相手はそれに感謝してくれて，利用してもらえるという想定がなければ，積極的に提供されない。

　すなわち，職場で ICT が活用される前提として，信頼と互酬性の社会規範に支えられたネットワークに埋め込まれたソーシャル・キャピタルの存在が必要となる。

　信頼とは，「コミュニティのメンバーが共有する規範に基づいて規則を守り，誠実に，そして協力的に振る舞うということについて，コミュニティ内部に生ずる期待」である（Fukuyama 1995＝1996：63）。Fukuyama（1995＝1996：61-63）は，コミュニティはメンバーの相互信頼に依存しており，それがなければコミュニティは，自発的に発生することはないとする。そして，信頼とそれを成り

72

立たせる倫理的な規範の共有は，どのような情報社会になっても変わることなくコミュニティにとって重要であるとした。

すなわち，ICT がいかに発展しようとも，メンバー間に相互信頼が成立していないと，それを利用する職場では自発的なコミュニティが成立せず，その結果，生産性を向上させることができないのである。

Cohen & Prusak（2001＝2003：289-292）も，しっかりした社交ネットワークとコミュニティ，豊かな信頼の蓄積，企業としての明確なアイデンティティ意識を持っている企業においては，ICT を用いた「バーチャル・ワーク」（テレワーク）を試みてもうまくいく可能性が高いとしている。

このように，ICT の活用において，ソーシャル・キャピタルが重要な要因となっているのである。以下，このような仮説を検証するために，関西大学ソシオネットワーク戦略研究機構が，2009年1月に実施した「企業のブログSNS 利用データベース（管理者層に関する調査／従業員に関する調査）（Web アンケート，個票数：3000)」を用いて，ソーシャル・メディアと職場の生産性とソーシャル・キャピタルの関連性について分析する[3]（Idota et al. 2015）。

5 イノベーションのためのマネジメント活動
―― ソーシャル・メディアによる生産性向上のために

図4-1に示すように，企業内でソーシャル・メディアを利用することによる代表的な職場の生産性の向上効果として，①情報収集のスピード向上，②情報を解釈し業務に応用するまでの時間の短縮化が考えられる。ソーシャル・メディアに代表される ICT は，構造的空隙にいるメンバーが社内外から情報を迅速に収集することに長けているツールである。さらに，収集した情報を処理し，職場のメンバーがアイデアや知識を創造して業務に役立てるにも，ソーシャル・メディアによるコミュニティが役立つ。

ソーシャル・メディアを活用して，情報を収集して，職場の実践知と変換するプロセスを吸収プロセスと呼ぶことにする。この吸収プロセスにおいて，ソーシャル・キャピタルは重要な役割を果たす。前述のようにただ単にソーシャル・メディアの利用環境を整えても，メンバー間に信頼や互酬性がないと，業務で必要となる情報やアイデアが入力されず，ソーシャル・メディアの利用効

第Ⅰ部　業績を上げる企業内ネットワークの構築

図 4-1　ソーシャル・メディアとイノベーションの関連図

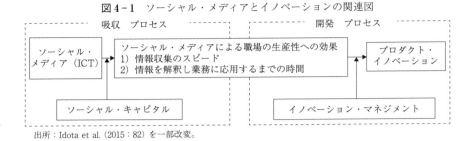

出所：Idota et al.（2015：82）を一部改変。

果は発揮されない。そこで，このプロセスにおいて，メンバー間のソーシャル・キャピタルが豊かなことが前提となる。

　次に，職場の生産性の向上は，イノベーションにつながる。ソーシャル・メディアは，イノベーションを生み出す源泉の一つではあるが，それだけでは，イノベーションは起こらない。たとえば，消費者や取引先企業の意見を聞き，迅速に意思決定を行い，人的資源を投入し，部署を超えたクロスファンクショナル・チーム（cross-functional team）を形成し，イノベーションを促進する企業文化を醸成するといったマネジメント活動（以下，イノベーション・マネジメント）が必要となる。これらがうまく整合してなされることで，イノベーションは成功するのである。このようなプロセスを開発プロセスと呼ぶことにする。

　分析に用いたデータは，従業員数は1,000人以上が最も多く1,339社（44.6％）であった（表4-1）。産業では，サービス業が1,646社（54.9％）と最も多く，次いで製造業が798社（26.6％）であった。表4-2には，分析に用いた質問項目の記述統計量を示す。これらの項目はすべて，①「全く当てはまらない」〜⑤「全くその通り」の5段階で回答してもらっている。プロダクト・イノベーションについては，「過去3年間程度の間に，効果的な新製品，サービス，企画などを生み出すことに成功している」を分析に用いる。ソーシャル・メディアの利用状況については，「3年前と比較して，ソーシャル・メディアを利用したコミュニケーションの利用度合いの進捗具合」「業務利用のソーシャル・メディアで顧客の発言，気付いたことなどの情報交換度合い」を用いる。ソーシャル・キャピタルについては，「従業員は，一般的に同僚を信頼できている」「一般的に他の従業員に相談したり話やすい雰囲気がある」を用いる。イノベ

表4-1　従業員数と産業

		度数	割合（％）
従業員数	10人未満	174	5.8
	10人以上50人未満	218	7.3
	50人以上100人未満	166	5.5
	100人以上200人未満	325	10.8
	200人以上500人未満	410	13.7
	500人以上1,000人未満	368	12.3
	1,000人以上	1,339	44.6
産　　業	農業・林業・漁業・鉱業	12	0.4
	建設業	136	4.5
	製造業	798	26.6
	サービス業	1,646	54.9
	医療・福祉業	111	3.7
	学校・教育産業	116	3.9
	官公庁・自治体・公共団体	115	3.8
	その他	66	2.2

出所：Idota et al.（2015：86）.

ーション・マネジメントについては，「従業員の独創性やアイデアを具現化し商品やサービスの開発に結び付けようとする雰囲気や傾向がある」「社外のネットワークを活用した商品やサービスの開発を行っている」「効果的な新製品，サービス，企画などを生み出すための人材投入を行っている」「部署をまたがった活動をする際に，上司の理解がある」「意思決定のスピードが早い」を用いる。

　表4-3は，ソーシャル・メディアにより職場の生産性を向上させる効果（以下，ソーシャル・メディアの効果）を表している。この項目には，「従業員1人当たりの情報収集のスピード」「情報を解釈し業務に応用するまでの時間」を用いる。

　図4-1で示した仮説を検証するために，順序ロジット分析を行う。まず，被説明変数を，「ソーシャル・メディアの効果」，説明変数を「従業員数」「ソーシャル・メディアの利用状況」「ソーシャル・キャピタル」として分析した（表4-4）。その結果，「ソーシャル・メディアの利用状況」「ソーシャル・キャピタル」のすべての変数が1％未満で有意となった。このことから，職場の生産性を向上させるために，ソーシャル・メディアの利用効果を上げるには，ソ

第Ⅰ部　業績を上げる企業内ネットワークの構築

表4-2　記述統計量

		度数	最小値	最大値	平均値	標準偏差
イノベーション	過去3年間程度の間に，効果的な新製品，サービス，企画などを生み出すことに成功している	2,996	1	5	3.03	0.934
ソーシャル・メディアの利用状況	3年前と比較して，ソーシャル・メディアを利用したコミュニケーションの利用度合いの進捗具合	3,000	1	5	3.44	1.075
	業務利用のソーシャル・メディアで顧客の発言，気付いたことなどの情報交換度合い	3,000	1	5	3.05	1.208
ソーシャル・キャピタル	従業員は，一般的に同僚を信頼できている	3,000	1	5	3.66	0.865
	一般的に他の従業員に相談したり話やすい雰囲気がある	3,000	1	5	3.6	0.959
イノベーション・マネジメント	従業員の独創性やアイデアを具現化し商品やサービスの開発に結び付けようとする雰囲気や傾向がある	2,998	1	5	3.18	0.992
	社外のネットワークを活用した商品やサービスの開発を行っている	2,997	1	5	3.05	1.047
	効果的な新製品，サービス，企画などを生み出すための人材投入を行っている	2,996	1	5	3.06	1.048
	部署をまたがった活動をする際に，上司の理解がある	2,994	1	5	3.26	1.029
	意思決定のスピードが早い	2,994	1	5	2.87	1.115

出所：Idota et al.（2015：85）.

表4-3　ソーシャル・メディアによる職場の生産性への効果

		度数	最小値	最大値	平均値	標準偏差
ソーシャル・メディアの効果	従業員1人当たりの情報収集のスピード	1,856	1	5	3.36	0.775
	情報を解釈し業務に応用するまでの時間	1,856	1	5	3.28	0.730

出所：Idota et al.（2015：86）を一部改変。

ーシャル・メディアを積極的に利用するだけでなく，ソーシャル・キャピタルが醸成されることが必要となることがわかる。

　次に，被説明変数を，「プロダクト・イノベーション」，説明変数を「従業員

第4章　情報化と職場の生産性

表4-4　ソーシャル・メディアの効果へのソーシャル・キャピタルの役割

説明変数	従業員1人当たりの情報収集のスピード			情報を解釈し業務に応用するまでの時間		
	係　数	標準誤差		係　数	標準誤差	
従業員数	−0.020	0.014		0.001	0.014	
ソーシャル・メディアの利用状況						
3年前と比較して，ソーシャル・メディアを利用したコミュニケーションの利用度合いの進捗具合	0.191	0.028	***	0.161	0.028	***
業務利用のソーシャル・メディアで顧客の発言，気付いたことなどの情報交換度合い	0.162	0.025	***	0.166	0.025	***
ソーシャル・キャピタル						
従業員は，一般的に同僚を信頼できている	0.237	0.039	***	0.212	0.040	***
一般的に他の従業員に相談したり話やすい雰囲気がある	0.139	0.036	***	0.134	0.036	***
/cut1	0.128	0.154		−0.035	0.157	
/cut2	0.833	0.146		0.815	0.147	
/cut3	2.748	0.154		2.841	0.156	
/cut4	4.121	0.167		4.181	0.170	
Log likelihood	−1898.44			−1813.11		
疑似決定係数	0.091			0.083		
N	1,856			1,856		

注：***，**，*はそれぞれ，1％未満，5％未満，10％未満で有意であることを示している。
出所：Idota et al.（2015：88-89）を一部改変。

数」「イノベーション・マネジメント」「ソーシャル・メディアの効果」として分析した（表4-5）。その結果，「イノベーション・マネジメント」「ソーシャル・メディアの効果」のすべての変数が1％未満で有意となった。このことから，プロダクト・イノベーションを推進するには，ソーシャル・メディアの利用からもたらされる効果だけでなく，併せてイノベーションに向けたマネジメント活動を実施することが必要となることがわかる。

　以上の分析結果から，図4-1に示したモデルが成立することが判明した。

　まとめると，ソーシャル・メディアに代表されるICTが社内で利用されることで，職場の生産性が向上し，その結果，イノベーションが促進される。しかし，その前提として，メンバー内にソーシャル・キャピタルが醸成されてお

77

第Ⅰ部　業績を上げる企業内ネットワークの構築

表4-5　プロダクト・イノベーションへのソーシャル・メディアの効果

説明変数	プロダクト・イノベーション：過去3年間程度の間に，効果的な新製品，サービス，企画などを生み出すことに成功している					
	係　　数	標準誤差		係　　数	標準誤差	
従業員数	0.003	0.014		0.001	0.014	
イノベーション・マネジメント						
従業員の独創性やアイデアを具現化し商品やサービスの開発に結び付けようとする雰囲気や傾向がある	0.172	0.035	***	0.169	0.035	***
社外のネットワークを活用した商品やサービスの開発を行っている	0.170	0.031	***	0.168	0.031	***
効果的な新製品，サービス，企画などを生み出すための人材投入を行っている	0.313	0.031	***	0.314	0.031	***
部署をまたがった活動をする際に，上司の理解がある	0.189	0.032	***	0.193	0.032	***
意思決定のスピードが早い	0.193	0.027	***	0.188	0.027	***
ソーシャル・メディアの効果						
従業員1人当たりの情報収集のスピード	0.190	0.036	***			
情報を解釈し業務に応用するまでの時間				0.206	0.038	***
/cut1	1.866	0.158		1.876	0.159	
/cut2	2.922	0.160		2.932	0.160	
/cut3	4.593	0.173		4.604	0.173	
/cut4	5.975	0.192		5.986	0.193	
Log likelihood	−2011.72			−2011.45		
疑似決定係数	0.190			0.190		
N	1,856			1,856		

注：***，**，*はそれぞれ，1％未満，5％未満，10％未満で有意であることを示している。
出所：Idota et al.（2015：90-91）を一部改変。

り，またイノベーションに向けたマネジメント活動に取り組むことも必要となるのである。

6　ICTがソーシャル・キャピタルを育成しうるのか

ここまで，職場の生産性を向上させるためにはICTの活用が重要となって

いるが，ICT 活用にはソーシャル・キャピタルの存在が肝要であるというこ
とについて述べてきた。次に，職場の生産性を向上するために ICT 自体がソ
ーシャル・キャピタルを育成しうるのかという問題について検討してみたい。

　昨今のソーシャル・メディアは，バーチャルな場としてのネットワークコミ
ュニティを形成している。そこでは，リアルな場とは異なるコミュニティ文化
が成立しているが，そこにソーシャル・キャピタルが成り立っているのであろ
うか。

　ICT はネットワークを拡張する。ソーシャル・キャピタルをネットワーク
と捉えると，ICT により拡張したネットワークそれ自体をソーシャル・キャ
ピタルと考えることもできる。

　しかしながら，今後の ICT の発展に期待しながらも，Putnam（2000＝2006）
や Cohen & Prusak（2001＝2003）らの先行研究では，その点について否定的で
ある。

　Putnam（2000＝2006：209-218）は，インターネットによるコンピュータコミ
ュニケーションをソーシャル・キャピタルの構築に利用するには，4 つの課題
があるとした。①サイバースペースへのアクセスの社会的不平等性によって生
じる「デジタルデバイド」の問題，②対面コミュニケーションと比べて伝わる
非言語的な情報が少ない技術的な問題，③物理的なコミュニティのように自分
と異なる人々と関わる必要がなく，関心やものの見方が似た人々とだけコミュ
ニケーションを取る「サイバーバルカン化」の問題，④現時点（2000年時点）
では，ソーシャル・キャピタルを醸成するような能動的な社会的コミュニケー
ションの手段になるか，逆に受動的なプライベートな娯楽手段になるかはまだ
明確でない，とした上で，インターネットは，対面のコミュニティをバーチャ
ルコミュニティへと単純に置き換えてしまうのではなく，それらを強化するた
めに利用しうるとしている。

　そして，バーチャルコミュニティの参入と退去があまりにも容易だと，コミ
ットメント，誠実性，そして互酬性は発達しない。また，「サイバーバルカン
化」が起これば，橋渡し型ソーシャル・キャピタルの醸成を阻むことになると
した。その上で，今後は，インターネット技術が，場所を基礎とした対面での
持続的な社会的ネットワークを置き換えるのではなく，強化する方法を見つけ

第Ⅰ部　業績を上げる企業内ネットワークの構築

ることが重要であるとしている。

　Cohen & Prusak（2001＝2003：249-292）も，ソーシャル・キャピタルの育成には，対面による会話が必要であるとする。以下，彼らの主張をまとめる。

　彼らは，とりわけ豊かさや幅広さ，ニュアンスが失われてしまうという理由で，オンラインによるコミュニケーションは，「そこにいる」ことと等価ではないとする。特に，信頼や相互理解を構築するためには，会話やストーリテリング（物語による自分自身および周辺世界の理解促進）（Cohen & Prusak 2001＝2003：179-183），あるいは同じ場所で働くことを推奨し，主要なソーシャル・キャピタル投資として，時間をかけて社交的な空間でミーティングを行うべきであるとする。そのため，ソーシャル・キャピタルを育成する観点からは，インターネットによるコミュニケーションテクノロジーやそれに関連したバーチャルカンパニー等の概念には，否定的な面があるという。そして，オンラインコミュニケーションは，比較的表現豊かな形式（たとえば，テレビ会議）であっても，目的が限定された情報志向のものになりがちであり，職場全体で絶えず行われているコミュニケーション（特に社交的なコミュニケーション）の代替にはなりえないとする。

　さらに，このようなテクノロジーは全般的に，交流の媒介手段としては効果的でなく，コミュニティや「つながり」，理解（ソーシャル・キャピタル）を得るためにそのようなテクノロジーに依存することは誤りであるとする。

　しかし，彼らは，オンラインコミュニケーションによるソーシャル・キャピタルの育成について完全に否定しているわけではない。仮想的な「つながり」でも，適切な条件の下であれば絆の維持や構築は可能であり，企業はさまざまなミーティング手法や「共に働くこと」を駆使し，それによって仮想性とのバランスを維持すべきであるとしている。

　このようにICTを通じたバーチャルな接触だけでは，ソーシャル・キャピタルは育成しずらく，対面接触の機会を増やすことが重要となる。

　ソーシャル・メディアの時代になった現在でも，FacebookやLINE等では，実社会でのリアルなつながりの延長で，コミュニティを形成することが多い。たとえ，つながりのきっかけがソーシャル・メディア等のバーチャルな場であっても，そこで知り合った人とリアルな場で会うことを通じて，バーチャルな

つながりで感じていた以上の親近感を持つことができ，その後のバーチャルな場での付き合いもより親密なものになることがある。Cohen & Prusak（2001＝2003：249-292）が示したように，リアルな場と仮想空間でのバランスのとれた交流が，ソーシャル・キャピタル育成にとって必要となることは，今日でも変わらないと思われる。本章で示したような，社内ソーシャル・メディアの利用においては，コミュニティの構成員が，同じ会社の社員であることからリアルな場でも対面接触がなされやすく，仮に面識のない人であっても，今後，社内で対面接触する可能性が高い。そのようなメンバーによるコミュニティではソーシャル・キャピタルが生じやすく，ソーシャル・キャピタルを前提として，バーチャルな場も形成されやすい。そして，バーチャルな場でさらにコミュニケーションやコラボレーションすることで，職場の生産性を向上させるソーシャル・キャピタルは強化されていくのである。

　しかしながら，仮にこのようなサイクルがなされたとしても，Putnam（2000＝2006：213）が指摘したような「サイバーバルカン化」の問題は起こりうる。

　ソーシャル・メディアでは発言内容に偏りがあることが指摘されている（長島 2012）。また，読み手が自分の意見と同じ内容の書き込みを読むとより自分の志向を強めるが，反対の書き込みを見ても，志向を変えるとは限らないことが判明している（姚ら 2014）。さらにいえば，大量の書き込みの中で，反対の意見を無視することが考えられる。

　これでは，せっかくの弱い紐帯の強みを活かせない。このように，ソーシャル・メディアであっても，仲間（現実空間の知人・友人，同じ考え方のネットの人）内で結束型のソーシャル・キャピタルを強めることができても，意識的に取り入れようとしない限り，他の異なる意見を活かしきれない事態が生じるのである。

　したがって，異質な情報を積極的に取り入れていくことを推奨するマネジメントが今後ますます重要になるといえよう。

注
(1)　ソーシャル・メディアとは，「ユーザーが生成するコンテンツの作成と交換を可

能にする Web2.0のイデオロギーと技術のベースとして組み立てられた一連のインターネットで利用可能なアプリケーション」（Kaplan & Haenlein 2010：61）である。この Web2.0は，O'Reilly（2005）によって提唱された概念である。彼らは，Web2.0について明確に定義していないが，従来の Web は，情報の発信者と受信者の役割が固定されており，発信者から受信者への一方向の情報提供にすぎなかったが，今日の Web は，誰もが発信者にも受信者にもなりえる，動的で双方向のコミュニケーション手段になった。このような機能を有する一連の Web サービスのことを Web2.0としている。このことから，ソーシャル・メディアは，一般の利用者が個々人の興味，関心，感情，体験，知識などを文字，数値，記号，音楽，写真，動画などのコンテンツとして表現し，それらをインターネット上に公開，あるいは特定のメンバーに限定して公開して，共有する一連のサービスといえる。なお，現在，ソーシャル・メディアは多数存在し，調査機関や研究者によりその範囲は異なる。例えば，総務省の調査では，ソーシャル・メディアをブログ，SNS（Facebook，Twitter など），動画共有サイト，メッセージングアプリ（LINE など），情報共有サイト（価格.コム，食べログなど），ソーシャルブックマークに分類している（総務省 2015）。

(2)　これは，近年注目されている，IoT（Internet of Things）や人工知能（Artificial Intelligence：AI）にも当てはまる。職場の生産性を向上させるには，単にこれらを導入するのではなく，合わせて人的資本の充実や組織・マネジメント改革を行わなければならない。例えば，Purdy & Daugherty（2017）は，人工知能の技術革新によって，今後，飛躍的に企業の生産性が向上すると分析している。これは人工知能の技術が発展することだけでなく，それを導入することで，人間が効率的に時間を使うことができるとともに，最も得意な仕事に集中できるようになることが期待されているからである。生産性を向上させには，企業にこのようなマネジメント改革が求められるのである。

(3)　本データは，関西大学ソシオネットワーク戦略研究機構（RISS）の2010-2012年度データ共同利用に基づく，研究課題「プロダクトイノベーションにおける社内ソーシャルメディアの有効性についての実証研究」の研究成果の一部である。

参考文献

井戸田博樹・小豆川裕子・紺野登・中田喜文（2013）「技術者の所属組織におけるコーポレート・ソーシャル・キャピタルと組織的知識創造」『ITEC　Working paper』2013年04号，同志社大学　技術・企業・国際競争力研究センター（http://www.itec.doshisha-u.jp/03_publication/01_workingpaper/2013/13-04.pdf，2018年1月1日アクセス）。

第4章　情報化と職場の生産性

川上淳之（2016）「生産性が高まるには？──経済学がデータから明らかにした方法」
『生産性レポート』1，日本生産性本部，1-10頁。

総務省編（2015）『情報通信白書　平成27年版』。

総務省統計局（2017）「労働力調査」（http://www.stat.go.jp/data/roudou/，2018年
1月1日アクセス）

長島直樹（2012）「ソーシャルメディアに表明される声の偏り」『研究レポート』390，
1-24頁（http://www.fujitsu.com/downloads/JP/archive/imgjp/group/fri/report/
research/2012/no390.pdf，2018年1月1日アクセス）。

日本生産性本部（2017）『労働生産性の国際比較 2017年版』（http://www.jpc-net.jp/
intl_comparison/intl_comparison_2017.pdf，2018年1月1日アクセス）。

林幹人（2010）「イノベーション・プロセスにおける組織内ソーシャル・メディアの
意義」『ビジネスマネジメントレビュー』創刊号，33-45頁。

姚佳・井戸田博樹・原田章（2014）「インターネットの口コミが購買行動に及ぼす影
響──女子学生の化粧品購買のアンケート調査から」『大会論文集』経営情報学会
2014年春季全国研究発表大会，229-232頁（https://www.jstage.jst.go.jp/article/
jasmin/2014s/0/2014s_229/_pdf，2018年1月1日アクセス）。

Brynjolfsson, E. & L. Hitt (1998) "Beyond the Productivity Paradox" *Communication
of the ACM* 41(8), pp. 49-55.

Brynjolfsson, E., L. Hitt & S. Yang (2002) "Intangible Assets: Computers and
Organizational Capital." *Brookings Papers on Economic Activity: Macroeconomics* 1,
pp. 137-199.

Burt, R. S. (1992) *Structural Holes*, Harvard University Press.（＝2006a，安田雪訳
『競争の社会的構造──構造的空隙の理論』新曜社。）

Burt, R. S. (2001) "Structural Holes versus Network Closure as Social Capital" in Lin,
N., Cook, K. & R. Burt (eds.) *Social Capital: Theory and Research*, Aldine de
Gruyter, pp. 31-56.（＝2006b，金光淳訳「社会関係資本をもたらすのは構造的隙間
かネットワーク閉鎖性か」野沢慎司編・監訳『リーディングス　ネットワーク論
──家族・コミュニティ・社会関係資本』勁草書房，243-277頁。）

Cohen, D. D. & L. Prusak (2001) *In Good Company: How Social Capital Makes
Organizations Work*, Harvard Business School Press.（＝2003，沢崎冬日訳『人と
人の「つながり」に投資する企業──ソーシャル・キャピタルが信頼を育む』ダイ
ヤモンド社。）

Dixon, N. M. (2000) *Common Knowledge: How Companies Thrive by Sharing What
They Know*, Harvard Business Press.

Fukuyama, F. (1995) *Trust: The Social Virtues and the Creation of Prosperity*, Free

第Ⅰ部　業績を上げる企業内ネットワークの構築

Press.（＝1996，加藤寛訳『「信」無くば立たず』三笠書房。）

Granovetter, M. S.（1973）"The Strength of Weak Ties" *American Journal of Sociology* 78, pp. 1360-1380.（＝2006，大岡栄美訳「弱い紐帯の強さ」野沢慎司編・監訳『リーディングス　ネットワーク論──家族・コミュニティ・社会関係資本』勁草書房，123-158頁。）

Idota, H., T. Bunno & M. Tsuji（2015）"Empirical Analysis of the Relationship between Social Media Use and Product Innovation: Focusing on SNS Use and Social Capital." in Mitomo, H., H. Fuke & E. Bohlin（eds.）*The Smart Revolution towards the Sustainable Digital Society: Beyond the Era of Convergence*, Edward Elgar, pp. 79-99.

Kaplan, A. M. & M. Haenlein（2010）"Users of the world, unite! The challenges and opportunities of social media" *Business Horizons* 53(1), pp. 59-68.

Lin, N.（2002）*Social Capital-A Theory of Social Structure and Action*, Cambridge University Press.（＝2008，筒井淳也・石田光規・桜井正成・三輪哲・土岐智賀子訳『ソーシャル・キャピタル──社会構造と行為の理論』ミネルヴァ書房。）

Purdy, M. & P. Daugherty（2017）*Why Artificial Intelligence is the Future of Growth*, Accenture.

Putnam, R. D.（1993）*Making Democracy Work: Civic Traditions in Modern Italy*, Princeton University Press.（＝2001，河田潤一訳『哲学する民主主義──伝統と改革の市民的構造』NTT 出版。）

Putnam, R. D.（2000）*Bowling Alone: The Collapse and Revival of American Community*, Simon & Schuster.（＝2006，柴内康文訳『孤独なボウリング──米国コミュニティの崩壊と再生』柏書房。）

Shapiro, C. & H. R. Varian（1999）*Networks and positive feedback, Information Rules: A Strategic Guide to the Network Economy*, Harvard Business Press.（＝1999，千本倖生・宮本喜一訳『「ネットワーク経済」の法則──アトム型産業からビット型産業へ…変革期を生き抜く72の指針』IDG コミュニケーションズ。）

O'Reilly, T.（2005）"What Is Web 2.0: Design Patterns and Business Models for the Next Generation of Software"（http://oreilly.com/web2/archive/what-is-web-20.html, 2018.1.1）

（井戸田博樹）

第Ⅱ部　地域のネットワークがもたらす効果

<table>
<tr><td>第5章</td><td>"中範囲"のコミュニティー・
キャピタルで捉え直す⁽¹⁾</td></tr>
</table>

　血縁・同郷縁に基づく商業ネットワーク，あるいは，市場関係のサプライチェーンといった見かけ上の差異を超えて，よく機能するつながり構造をもつコミュニティーでは，継承された，あるいは，新たに共有された成功体験が成員間に「刷り込まれ」，その累積から「同一尺度の信頼」が派生し，同じコミュニティーへの帰属意識が強化されると，面識のないメンバー間でさえ，積極的に協力し合う「準紐帯」が醸成される。その結果，個人能力の総和とは異なる，特定コミュニティーのみに顕著な環境異変への耐性と成育力が担保され，しばしば長期的繁栄が伴う。

1　スモールワールドと「刷り込み」

　日常生活で不思議な縁を感じた時に，私たちはよく「スモールワールド」を実感する。パーティーで初めて会った人が，妻の同僚の親戚であることがわかると，「世間は狭いですね」という。こうしたスモールワールド現象は，6度の隔たりとしても知られ，5人の知人を通して6回ほどたどると，地球上のあらゆるターゲット・パーソンに行き着くという経験則を表す。1960年代にミルグラムは，手紙の伝達実験を行い，この現象を確かめた（Milgram 1967）。

　このスモールワールドの系譜に属する知見は，1970年代に，Granovetter (1973) の転職に関する研究によって，さらに強化された。彼は，ボストン近郊の企業マネージャー数十人にインタビューし，誰からの情報によって現職を得たのかを尋ねた。すると，対面接触の頻度による親しさの程度の違いで情報提供者を区分した結果，親しい友人ではなく，比較的疎遠だった「遠い知人」が決定的な情報を提供していることがわかった。

　この知見は，転職という人生の重要な局面で，ふだんほとんど意識しない周

第5章　"中範囲"のコミュニティー・キャピタルで捉え直す

辺的なネットワークこそが，しばしば決定的な役割を果たすという事実を，再認識させた。

なぜなら，滅多に会わない遠い知人の属する社会は，本人や親しい友人の住む世界から隔たっており，そこからの情報は，構造的に重複が少なく，異質で豊かなため，転職のような新しい世界への誘いに役立つという構図が捉えられたからである。

だが，看過できないは，「遠い知人」の内実である。グラノベッター研究における遠い知人の多くは，実は学生時代の友人，あるいは，以前の職場の同僚や雇用主として，日々親しく接していた人々から生じていた（Granovetter 1973：1371）。つまり，赤の他人ではなく，人生のより早い一定の時期に，親しく交わり，ある意味，互いに信頼関係が「刷り込まれた」人々だった。

別の文脈で，インターネット社会の振る舞いを実証研究したバラバシも，「現在の緩いつながり」が機能する背景には，「過去の強いつながり」があったという，時系列のつながり構造の重要さを指摘した（Barabási 2002：53）。

すると，例えば，近年のオンラインSNSで，簡便なワンクリックでいかに「新規の友達」が激増しても，見かけ上の多さだけで，そう単純には，人生の重大な選択の助けになるかどうかわからないことが，容易に推察できる。

なぜなら，オンラインだけの接触相手とは対照的に，長年の濃密な対面接触で「昔よく知っており」，たまたま「今は疎遠となっている友人」との間には通常，交流の深さと質の面で，比較にならないほどの，圧倒的に強い信頼の「刷り込み（imprinting）」があり，ふだん意識しなくても，必要に応じて，容易にそのポテンシャルが活かされることが多いからだ。

これに関連して，アメリカの法律事務所に入職後，若手弁護士の卵を指導するメンターとの個人的な強いつながりが，若手の独立後も，その専門的な職業上の成功とネットワーク形成に著しく重要な影響を与える現象を，生物界の親子関係に譬えて，つながり形成における「刷り込み」の所産とする興味深い実証研究もある（McEvily et al. 2012）。

25年におよぶ長期データを検証したこの研究の知見と含意，つまり，若い頃に「刷り込まれた」関係が，ふとした契機で，にわかに生産的な方向に向かうといったケースは，互いに生活圏の異なる進路に転じた後，「遠い知人」とな

87

第Ⅱ部　地域のネットワークがもたらす効果

った学生時代の同級生や，新入社員の頃，とても親しかった同僚との，今も続くたまさかの交流とそこから生じる有益な共通体験を思い起こせば，腑に落ちるかもしれない。

2　凝集性と探索力の良いとこ取り

スモールワールド・ネットワークは，近隣で高いクラスター係数，つまり，結びつきの強いコミュニティーの内部凝集性を維持しながら，他方では，いくつかの触手をはるか遠くへ伸ばして，通常なら決して結びつかない遠距離のノード（結節点）とも短い経路でつながり，全体として冗長性の少ない情報の「探索→伝播→活用」に適した特性をもつ（Watts & Strogatz 1998；Watts 2003）。つまり，内部凝集性と外部探索性という，ある意味，相容れない2つの特色を兼備したネットワークである。

このメリットはその構造特性からくる。つまり，大多数のノードは，規則的につながっているが，一部のつながり方にランダム性を残したこの種のネットワークは，堅固なコミュニティーの便益を享受する一方で，遠くから新奇な情報を自在に取り入れ，仲間で活用することで，新陳代謝が活性化し，コミュニティー全体の生存能力と成育性を高めることに貢献する。つまり，2つの世界の「良いとこ取り」なのである。

3　より良い捉え方は？

だが，ワッツらの古典的なスモールワールド理論は万能ではない。1つの見過ごせない問題点は，ノードが均等に扱われるため，実際のネットワークに多く見られる階層性が扱えないことだ。

たとえば，12年におよぶ実証研究に基づき，西口・辻田（2016）が論じるように，1980年代以降，自力で圧巻の経済繁栄を遂げた中国・温州人企業家のネットワークでは，リワイヤリング（情報伝達経路のつなぎ直し）に関する個人能力の差による，各ノードのつきあいの範囲と多様性において，明らかに階層性が観察される。[(2)]

88

第5章 "中範囲"のコミュニティー・キャピタルで捉え直す

クラスター分析によって，温州人コミュニティーでは，有能で儲けの上手い「ジャンプ型」がネットワークの中枢に位置し，闇雲に行動する「動き回り型」がその周辺に，さらに，受動的な「現状利用型」がネットワークの周縁部に多く偏在することがわかった。つまり，ネットワーク分析の標準単位である，各ノードのリンク数で測定される，ネットワークの中心性や媒介中心性において，明白な差が生じていたのだ。

この種の現象は，古くから指摘されてきた。Merton（1968）の「マタイ効果」もその1つであり，「おおよそ，もっている人は与えられて，いよいよ豊かになるが，もっていない人は，もっているものまでも取り上げられるであろう」という『新約聖書』の「マタイによる福音書」の記述に基づく。

また，Barabási（2002）は，インターネット社会におけるハブ構造の成長は，リンク数の多い中心的なノードであるハブに，好んで新しいノードが接続される「優先的選択」によるもので，その結果「金持ちがより豊かになる」現象がスケールフリーに起こると指摘した。

だが，そうしたノード間の不平等が，必ずしも，究極的にただ1つの巨大ハブのネットワーク体制を生み出すわけではなく，また，大きなハブが，周辺のより小さなノードを一方的に搾取して利得を独占するだけでもないことが，次第にわかってきた。

温州人企業家のネットワークでは，ジャンプ型だけが自己利益のために全体をコントロールしているわけでも，多くの"弱い"ノードを構成する「現状利用型」が，コミュニティーの辺縁で呻吟しているわけでもなく，「動き回り型」も含めて，異なる各類型が，一見，目先の個人的な利益を追求しているように見えても，その実，いずれもが属するコミュニティーから離脱せず，仲間に対する何らかの自分の役割を，暗黙裡に担い，演じているように映る。

つまり，芝居の中心人物はわずかだが，多数の脇役と舞台スタッフに支えられており，皆が皆，一定の役割を演じているのだ。先の内部凝縮性と外部探索性を兼備するネットワーク構造を考察する場合にも，そのような「階層性」と「共同体志向」を無視して，器物的に議論を進めることはできない。

89

第Ⅱ部　地域のネットワークがもたらす効果

4　階層間のリンクと“弱い”ノードの強み

　近年，そうした従来のアプローチの限界を超えようとする，新たな理論解析と数値シミュレーションに基づく理数系研究の知見が，主に2通り提起されており，いずれも注目に値する。これらの動向は，現時点で急速に進化しており，まだ一定の収斂は見せていない。

　だが，少なくとも，先の古典的なスモールワールドの観点に欠けていた階層性を正面から捉え，さらに，媒介中心性の高いハブだけに注目して，他の“弱い”ノードの存在意義を無視しがちだった旧来のネットワーク分析の手法を補うものとして，大いに参考となる。

　第1は，玉ねぎ構造（onion structure）ネットワーク論であり，図5-1のように可視化される。

　玉ねぎ構造論の特徴は，リンク数の多いノードを中核に，そこからリンク数が徐々に少なくなる順に，ノードを同心円状に配置すると可視化される。

　中核から離れるほど，ノードのリンク数は減少するものの，横方向，つまり，同じリンク数をもつノードが形成する円周上で，そうしたノード同士が，“類は友を呼ぶ”（ホモフィリー，homophily）現象で結びつき，外縁に向かって，玉ねぎの薄皮が重なるような広がりをもったネットワークを形成する。

　ここでは，リンク数の多いノード同士が結集する「リッチクラブ」だけでなく，ネットワークの辺縁に存在しがちな，リンク数の少ないノード間の結合の必要性も注視される。

　そうした階層性のある玉ねぎ構造のネットワークは，各層内部の同心円上の「近所づきあい」が強いばかりでなく，層と層の間に少数存在する「遠距離交際」のリンクによって，ネットワーク全体のつながり方は堅固となり，多くのリンクをもつハブを狙い撃ちする外部からの悪質な攻撃に対して耐性が強く，よき成長因子を併せもつ（Herrmann et al. 2011；Wu & Holme 2011；Tanizawa et al. 2012）。

　つまり，この理論は，階層性を欠いたモデル化のため，現実の多くのネットワークに見られる「階層構造」を十分に説明し適用することが難しかったワッ

90

第5章 "中範囲"のコミュニティー・キャピタルで捉え直す

図5-1 玉ねぎ構造ネットワーク

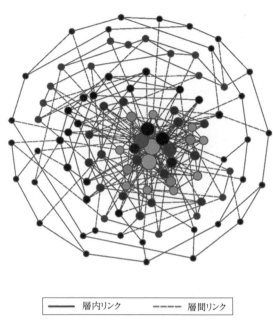

―――― 層内リンク　　----- 層間リンク

出所：Wu & Holme（2011：2）．

ツらの古典的なスモールワールド論の欠陥を補い，説明力の拡張をもたらすことが期待される。

　第2は，集団的影響（collective influence）ネットワーク論である。グラフ理論の数学的な裏付けをもちつつ，米国ツイッターのビッグデータやメキシコにおける1,400万人の通話記録を用いたシミュレーションでも，その効果が確認されている。

　その主な知見は，ノードのリンク数の多寡を重視する通説に対して，これまで無視されてきた多くの"弱い"つながりで結ばれたノードでも，情報の拡散伝播に最適な影響者となりうることだ（Morone & Makse 2015）[3]。

　いうまでもなく，発展中の数値シミュレーションに基づくこのような理数系研究のアプローチを，無条件に，現実の社会ネットワーク分析に応用することには慎重さを要する。

第Ⅱ部　地域のネットワークがもたらす効果

　だが，西口（2017），西口・辻田（2017）が示唆するように，玉ねぎ構造モデルが描出する，同心円の中心と周縁のネットワークの階層性と，集団的影響モデルが提示する"弱い"つながりのノードが情報伝播に最適な影響を与えうるという知見は，実社会のネットワークの営為に合致する点が多いと考えられる。

　つまり，そうした新しいアプローチの適用によって，既存のスモールワールド・モデルが見逃していた階層性が扱えるだけでなく，ハブへの固執を超えて，階層間のリンク，さらに，周辺の"弱い"ノード同士のつながりが，ネットワーク全体に及ぼす影響力と存在意義が把握される点で，より現実社会に即したネットワーク分析に役立つことが期待されるのである。

5　つながり構造を活かすには？

　さて，ここまでは，既存のネットワーク論が得意とする「構造特性」に的を絞って論じた。だが，多くの読者が直感するように，それだけでは不十分なことは論を俟たない。

　なぜなら，人間がノードを構成する社会ネットワークでは，その心理的側面と信頼関係，さらに，つながり特性への考察が不可欠だからである。

　以下，そうした側面に考察を転じよう。

（1）社会的刷り込み

　企業集団や地域共同体といったコミュニティーの特徴は，誰が内部者であり，他の誰が外部者であるか，つまり，メンバーシップの基準が明確な点である。例えば，中国・温州の場合，特殊な方言である「温州語を話せるかどうか」という基準が，そうした弁別閾となっており，多くの場合，信頼する血縁・同郷者と，私的な友人と，重要な取引先は重複する。

　他方，トヨタのサプライチェーンの場合は，「トヨタ系に納入し，トヨタ生産方式を遵守しているかどうか」が，内と外を分ける基準であり，参与者は，血縁・同郷縁ではなく，経済合理性に基づいて行動する（西口 2007）。

　一方は，血縁・同郷縁に基づく商業ネットワーク，他方は，より市場関係に近いサプライチェーンと，一見異なるとはいえ，その特徴的なつながり構造と

第5章　"中範囲"のコミュニティー・キャピタルで捉え直す

運用において，両者は本質的に共通している。

　この種のよく機能するコミュニティーに属する成員たちは，長年の成功体験の共有によって，内部者として共同体に埋め込まれ，一定のアイデンティティーを見出し深化させている。彼らが仲間同士，あるいは，直近の取引先と切磋琢磨し，失敗を乗り越えて，共に問題解決を図りながら，成功体験をより深め，蓄積していく過程で生じる「刷り込み」が，集団的繁栄への道程を助ける。

　この点で，前述のように，人生のより早い時期に形成される対人関係の「刷り込み」の重要性を指摘した，アメリカの法律事務所における若手弁護士と指導メンターとの長期的な協力関係に関する知見は，一再ならず，参考になる（McEvily et al. 2012）。

　この種の「刷り込み」は，後述するように，そこに由来して成員間に発生する「同一尺度の信頼（commensurate trust）」を介して，彼らの間に，汎用的に適用される「準紐帯（quasi-tie）」（つまり，同一コミュニティーの成員であれば，仮に面識がなくても，等しく支援し合う連帯様式）へと昇華し，さらに集団的結束を堅固にすると考えられる。

　心理的な側面に着目すると，刷り込みの背後には「受容（acceptance）」があり，同一尺度の信頼を支えるのは暗黙の「協約的関与（engagement）」である。そして，準紐帯は集団的結束を「堅固（reinforcement）」にする。そうした循環過程は，デュルケームの「前契約的連帯（precontractual solidarity）」を彷彿とさせる集団的共感に支えられ，混沌から秩序を，秩序から繁栄を生み出す。

　この「刷り込み→同一尺度の信頼→準紐帯」といった社会的概念の発生と循環過程は，単に個人的な，あるいは，血縁・同郷縁の関係のみに限定されない。

　たとえば，上記の法律事務所のメンター制もそうであるし，トヨタのサプライチェーン等，"非"特殊個人的，"非"血縁・同郷関係に基づく一般的な企業間関係でも，共通のルールや制度に基づく機能的等価物が担保され，その成果が「見える化」して共有される限り，優れたパフォーマンスが継続的にもたらされることが観察される。

　つまり，参与者を結びつけ，集団的目的に駆動する社会的な仕組みが存在する限り，地域社会や民族性に根ざした血縁・同郷者の間からも，あるいは，"非"血縁者同士のビジネス関係からも，表面的な差異を超えて，似通った機

能と帰結を伴う"中範囲の"「コミュニティー・キャピタル」（同じコミュニティーの成員間で活用される関係資本）が発生し，彼らの共存共栄を促進するのである。[4]

（2）同一尺度の信頼

コミュニティーのそうした機能の駆動には，単に各人がその内部に深く埋め込まれているかどうかだけでなく，成員間に，成功体験に基づく相互信頼が浸透しているかどうかが，決定的に重要である。ただし，ここでいう信頼は，従来の信頼の概念とは異なる。

伝統的に，信頼は「特定化信頼（particularistic trust）」と「普遍化信頼（universalistic trust）」という対立概念によって，議論されてきた（Uslaner 2002）。

特定化信頼は，情報や経験に基づいて信頼に足る人物と判断される特定の個人にのみ適用される個別的な信頼であり，通用範囲が限られ，特定化されている。たとえば，特定の個人同士の間でのみ通用し，そこでだけ個別に，互酬性が維持される中国社会特有の「グアンシー」や，ロシア社会の「ブラット」は，特定化信頼の一類型である（Michailova & Worm 2003）。

対照的に，普遍化信頼は，信頼を道徳的価値と捉え，見知らぬ他者も同じ基本的価値を共有するとの前提で適用される一般的信頼であり，汎社会的に行き渡る。たとえば，トクヴィルは社会全体で形成され共有される一般的な「習律」を起点とした信頼関係を論じており（Tocqueville 1961），これは普遍化信頼の一種である。

このように，従来の信頼概念の適用単位は，一方は「個人」であり，他方は「社会全体」であった。

だが，そのように2極化された信頼概念の適用範囲は両極端であり，いずれをもってしても，個人と社会全体の中間に多数ある"中範囲の"コミュニティー内部で醸成される信頼を，的確に捉えることができない。

たとえば，これらの2極化された信頼概念を，特定の取引業者が関わるサプライチェーンの中で，繰り返し発生する通常のビジネス関係に当てはめようとしても，うまく適用できない。なぜなら，そこでは個人間の好悪でも，社会一般の習律でもなく，あくまで特定のメンバーシップによって明確な境界が定ま

第5章　"中範囲"のコミュニティー・キャピタルで捉え直す

るサプライヤー・コミュニティーの目的に奉仕し，そこに帰属する者同士のみ
で遵守される「均一化された信頼」関係が重要だからだ。

　そうした信頼関係がどれほど広く深く成員間に浸透し遵守されるかによって，
サプライチェーン全体における取引関係の安定的な営みとその成否が定まる。
つまり，この種のコミュニティーのメンバーは，完全に属人的でも汎社会的で
もない，第3のタイプの信頼である「同一尺度の信頼（commensurate trust）」
によって支えられている。

　なぜ「同一尺度」かというと，そこでは個人的な好悪や社会一般の習律では
なく，あくまで境界の明確なコミュニティーの全体目的に奉仕する成員間で維
持される「準紐帯」こそが重要であり，そうした等質性の高い集団的コミット
メントがいかに成員間に行き渡り踏襲されるかによって，集団としての安定的
な協業の営みと予測性，そして，成果が大きく左右されるからである。

　そうした「同一尺度の信頼」が存在しないと，たとえば，元請のバイヤーや
下請のセールスが代わった瞬間から，彼らは個人間の「特定化信頼」をゼロか
ら構築し直さなければならず，商売活動が成り立たない。同一尺度の信頼は，
そうした属人性を捨象した次元に生じ，ある意味，特定コミュニティー内だけ
で通用する「普遍化信頼のミニ版」である。

　このように，コミュニティー内部の信頼関係は，同一尺度の信頼によって捉
えることが可能なだけでなく，より適切であり，そうした限定的で，ある意味，
排外的な信頼に基づく関係性が強固であればあるほど，前述のようなコミュニ
ティーの機能が発揮されやすくなる。

　対照的に，コミュニティー内の成員間に「同一尺度の信頼」が不在で，属す
るコミュニティーへのアイデンティティーに欠け，各人が自己利益のみを優先
させる傾向が支配的な場合は，そのコミュニティーの長期的な成長と生存の可
能性は低く，早晩立ちゆかなくなる蓋然性が高い。

（3）準 紐 帯

　このような対照的な状況を比較考量すると，旧来の社会ネットワーク分析で
よく用いられたような，ミクロレベルで利用可能な内部データに基づいてノー
ド間の限定的なネットワーク図を描くアプローチは，あまり役に立たない。

95

第Ⅱ部　地域のネットワークがもたらす効果

　なぜなら，前述のように，コミュニティーの繁栄と衰退は，その一部成員間の明確な"配線図"が描ける範囲のネットワーク構造というよりも，各成員がどれほど同一尺度の信頼を共有し，たとえ当事者は強く意識していなくても，準紐帯によるつながりのなかに，より広く埋め込まれているかによって，大きく左右されるからである。

　つまり，コミュニティーを分析単位とする場合，各人とコミュニティー全体を，介在者なく直結する強いアイデンティティーの感覚，感情，認識の共有度が重要となる。

　この観点から，コミュニティー・キャピタルへの理解を深める「準紐帯」の概念を提唱したFrank（2009）は注目に値する。

　彼は必ずしも特定コミュニティーの全成員間の明確なネットワーク図が描けるわけではない，前述のような汎コミュニティー的な協力関係の基礎となるつながりのあり方を「準紐帯」と呼び，この概念を用いて，米国中西部と南西部の小学校，中学校，高校の計6校の教育現場で，教員の協力行動を分析した。

　具体的には，各校のコンピューター技術導入に際して，自然状態で予見されるデジタル・デバイドの弊害を未然に防ぐために，コンピューターの専門知識を備えた一部の教員が，必ずしも面識のない者を含む同じ学校コミュニティー仲間に対して，ボランティア訓練活動の一環として，個人的な時間とノウハウを積極的に供与したことを報告している。

　そこでは，面識の有無にかかわらず，属する共同目的コミュニティー内の他者と同一のアイデンティティーを共有する度合いが強いほど，個別の知己に対してではなく，そのコミュニティーの成員全体に対して，より均一的に資源配分をする傾向が認められた。つまり，仲間に対して協力と支援を惜しみなく分け与える"心理的な準備"が成員間に整っていた。

　要するに，そうした同一尺度のアイデンティティーが「準紐帯」として，個別の人間関係や社会ネットワーク図を超えて，汎コミュニティー的に機能することが確認されたのである。

　準紐帯は，よく機能する特定コミュニティーにおけるメンバー間の「刷り込み」体験と「同一尺度の信頼」がもたらす論理的帰結として，そこに付与される特徴的な属性であると想定される。これらの互いに連動する各概念は，本章

が注目するコミュニティー・キャピタルの生成と維持のプロセスをより深く理解する上で鍵となる。

6　コミュニティー・キャピタルの機能

　要点を繰り返すと，あるコミュニティーのパフォーマンスを決定づけるのは，たとえば，成員同士が，面識があるという限られた意味でつながっているかどうかにかかわらず，同一尺度の信頼で結ばれ，状況に応じて，ある成員に対して協力と支援を惜しみなく分け与える"心構え"のできた他の成員が，クリティカル・マスを構成するほどに多く存在するかどうかにかかっている。

　つまり，大多数の成員がくみする同一尺度の信頼に基づいて形成されるコミュニティー・キャピタルの多寡が，その集団的パフォーマンスの重要な一決定因子となる。

　以上のように，コミュニティー・キャピタルは，その母体となるコミュニティーとメンバーの経済活動に少なからぬ影響を及ぼし，その繁栄と成長を促進する機能をもつ。その理由の一つは，コミュニティー・キャピタルが情報の非対称性を補完する正の外部性を有するからである。

　たとえば，コミュニティー・キャピタルが蓄積されていない状況下の取引関係では，搾取や裏切り，不正等，考えうるあらゆる付帯状況を想定した厳格な契約を結び，それでも安心できない場合は，相手の行動を常時監視するといった防衛策を打たざるを得ない（Williamson 1985）。

　対照的に，コミュニティー・キャピタルが蓄積されている状況下では，そうした時間とコストの無駄が大幅に省け，取引者は，既存市場の排他的な維持や，新製品やサービスの開発，新市場の開拓等に力を傾注することが可能になる。

　たとえば，ニューヨーク市のダイヤモンド取引は，歴史的にロシアの特定地域出身のユダヤ人商人らが独占的に仕切っており，取扱商品の極端な高額性にもかかわらず，同業者の仲間内では，借用書なしの資金や在庫品の融通など，インフォーマルな相互援助が日常的に行われ，彼らの排外的な競争力を高めている（Coleman 1988）。

　コミュニティー・キャピタルが教育や退学率に与える影響もよく知られる。

第Ⅱ部　地域のネットワークがもたらす効果

Coleman (1988) は，全米の公立，カトリック系，その他の私立の高校のデータを比較分析し，カトリック系私立校では極端に中途退学率が低いことを示した上で，この種の学校にはキリスト教の中でも厳格とされる規律があり，先生や保護者，子どもたちが相互に頻繁に連絡を取り合って，緊密なコミュニティー・ネットワークを形成していることが影響していると指摘した。

　以上の考察に鑑み，強靱なコミュニティー意識の出所は，西口・辻田 (2016) が記述した温州人企業家がそうであるように，民族的なものや，上記のカトリック系私立校に見られる"非"血縁・同郷者間の宗教的コミュニティー，あるいは，ものづくりのサプライチェーン (西口 2007)，さらに，シリコンバレーの IT 起業家ネットワーク等，さまざまな変種がありうるが，それらすべての根底に存する共通項は，境界の明確なコミュニティー内の成員間で共有される「刷り込み→同一尺度の信頼→準紐帯」の循環であると想定される。

　この種の循環は，通常長い期間を経て醸成されるが，東日本大震災後，壊滅的な打撃を受けた基幹部品工場の復旧を，異業種あげての支援で迅速に達成した実例が示すように，優れた問題解決能力が，それまで全く面識のなかった参加者間で急速に共有され，成功体験が次々に刷り込まれると，例外的に短期間でも発生しうる (Nishiguchi 2018)。

　また，前述の事例と考察が示唆するように，企業の経済活動，地域社会の安定と発展，住民の福祉と健康 (Putnam 2000 ; Kawachi et al. 2008)，さらに，教育活動などで，コミュニティー・キャピタルはプラスの効果をもたらす可能性が高い。温州地域の経済発展やトヨタのサプライチェーンの傑出したパフォーマンスも，そうしたコミュニティー・キャピタルの正の影響による貢献が少なくないと考えられる。

7　"中範囲"のコミュニティー・キャピタルで捉え直す

　論点を要約しよう。よく機能するつながり構造をもつコミュニティーでは，過去から継承され，あるいは，新たに共有された成功体験が成員間に累積して「刷り込まれ」，そこから「同一尺度の信頼」が派生し，同じコミュニティーへの帰属意識が強化されると，面識のないメンバー間でさえ，積極的に協力し合

第 5 章　"中範囲"のコミュニティー・キャピタルで捉え直す

表 5-1　コミュニティー・キャピタルの概念的見取り図

資本（capital）	ヒューマン[1]	コミュニティー[2]	ソーシャル[3]
	human	community	social
分析単位（unit of analysis）	個人	コミュニティー	社会，国家
	individuals	communities	societies, states（society-wide）
信頼（trust）	特定化[4]	同一尺度（均一的）	普遍化
	particularistic	commensurate	universalistic（generalized）

注：(1)　没歴史的な経済学の概念で，「個人」に属する諸資源のみを扱う（Becker 1964）。
　　(2)　主に（経済）社会学の分野で，たとえば，米国カトリック系高校の低い中退率，ニューヨーク市のユダヤ系ダイヤモンド業者における排外的紐帯（Coleman 1988）；米国開拓期の清教徒，タウンミーティング開催のニューイングランド住民（Tocqueville 1961）；特定コミュニティーの「準紐帯」"quasi-tie"（Frank 2009）；トヨタのサプライチェーン（西口 2007）；温州人企業家ネットワーク（西口・辻田 2016）。なお，"social capital"の言葉を用いる Coleman（1988）の説明内容が，実質的には「コミュニティー・キャピタル」を指すことについては西口・辻田（2017）を参照。
　　(3)　政治学では，大地域や国家全体における一般習律・慣行（Putnam 2000）。ただし，伝統的な社会学の一部では，エゴ・セントリックで，自己に直結する直近のグループや集団のみを分析対象とする場合にも，同じソーシャル・キャピタルの名称を用い，その場合の分析単位は，個人，もしくは，特定集団であることに注意（Lin 2001 他多数）。
　　(4)　このうち特殊形態としては，本文で既述の中国のグアンシー，ロシアのブラット（Michailova & Worm 2003）等を含む。
出所：西口（2017：65）。

う「準紐帯」が醸成される。

　その結果，個人能力の総和とは異なり，そうした次元を超える形で，特定コミュニティーのみに顕著に見られる環境異変への耐性と成育力が担保され，しばしば長期的繁栄が伴うのである。

　表 5-1 は，そうしたコミュニティー・キャピタルの観点から，本章が提唱する"中範囲"の分析単位である「コミュニティー」を，「個人」あるいは「社会全体」から明確に区分し，再整理した概念的見取り図である。

　以上により，コミュニティー・キャピタルは，従来のソーシャル・キャピタル概念の両義性と適用上の諸問題を克服し，これまで必ずしも的確な分析がなされてこなかった中範囲の境界が明確なコミュニティー，しかも，特定の地域や血縁・同郷者に依拠するものから，より一般的な企業間関係等を含む，広範なアクターからなるコミュニティーの営為を，共通する概念的基盤の上で，分析するための有用な概念であると想定される。

　器物的な構造特性のみの叙述を超えて，現実に機能させる紐帯のメカニズムを論じた本章が示唆するように，よく機能するコミュニティーの成員は，たとえば，温州人コミュニティーの「ジャンプ型」がそうであるように，属するコ

第Ⅱ部　地域のネットワークがもたらす効果

ミュニティーから離反せず，利己主義と利他主義の混在した稀有な行動パターンを示す。

　彼らの営為によって，二元対立的な図式を超えて，一見，相矛盾する対照的な諸要素を同時に達成する異次元の活動領域が開拓される。そのことによって，自他を収合する弁証法的な共進化が促され，いわば集団的な自己超越に近づく。

　目に見えないが，手に届く範囲の関係資本によって駆動される性質のものであるからこそ，そうした実践的で"生きた"ネットワークの運用方式は，累積的進化を伴って，機敏に集団目的を果たすのである。

　注
(1)　本章は，東洋経済新報社の転載許諾を得て，西口敏宏（2017）「ネットワークは何のために？」『一橋ビジネスレビュー』64(4)，56-67頁，に若干の修正を加えてアップデートし，本書に所収したものである。
(2)　温州人の経済活動が著しく活性化し，世界の耳目を集めるようになったのは，1980年代以降，大量の離郷人が出現し，特に遠隔地のヨーロッパで，クリティカル・マスとして活発な商業活動を開始してからである。だが，2000年代後半の時点で，温州市の人口787万人に対して海外在住の温州人は43万人，国内の他地域の在住者は175万人であり，圧倒的多数を占めているわけではない（国内外の離郷者を合わせても温州人全体の約2割程度）。
　　むしろ，重要なことは，彼らの往来パターンがランダムウォークに似た「ジグザグ型」であり，さらに，遠隔の進出先でも，故郷や現地の同郷人コミュニティーから分断され，孤立することなく，常に緊密に結ばれ，同郷人社会に深く埋め込まれて，交流を続けているという事実である。
　　さらに，西口・辻田（2015；2016）のフィールド調査結果が明らかにしたように，彼らが形成するネットワークは，「近所づきあい」を大切にしながらも，「遠距離交際」にも励む少数の「ジャンプ型」が外部の世界からもたらす新鮮で冗長性のない情報が，近隣効果によって内部にも素早く浸透し，商売に活かされる特徴がある。そうした温州人特有の行動様式は，ある意味，スモールワールドの理念型に近い。
(3)　これに関連して，アメリカのエグゼクティブ・リクルート企業の社内メール交信のビッグデータを用いて，緩いネットワークの強みを実現するためには，一定以上の「帯域幅」（bandwidth）が必要であるとする実証研究（Aral & Van Alstyne 2011）や，アメリカのFacebookの130万人のユーザーによる新製品評価のビッグデータを用いて，オンライン上の社会的影響力が，どのような属性のユーザーの間

で，いかに形成され伝播するかを検証した社会的伝染（social contagion）の実証研究も，現実のオンライン社会におけるバイラル・マーケティング（viral marketing）研究の一環として注目される（Aral & Walker 2011；2012）。

(4) この種の特性をもつコミュニティーの営為を分析する際には，各人の当該コミュニティーへの「社会的埋め込み」（social embeddedness）状況が重要となる（Granovetter 1985）。このことは，前述した特定コミュニティーへのアイデンティティーの深さと程度に密接に関わっている。

つまり，継続的に優れたパフォーマンスを示すコミュニティーでは，その大多数の成員が，自身のメンバーシップを等しく真剣に捉え，同僚や仲間との個人的な面識の有無，さらには，その個別的な紐帯の強弱にかかわらず，同じ境界内のコミュニティー・メンバーが対象である限り，支援を惜しまない。仮に何らかの理由でコミュニティー全体が危機に陥っても，特に誰かに強制されなくても，皆が一致団結して問題解決に当たることが頻繁に起こる。

一般にこの種のコミュニティーは，一企業であろうが，複数の特定企業からなるサプライチェーンであろうが，地域共同体であろうが，凝集性も結束力も弱い他のコミュニティーに比べて，環境異変に対する耐性が強く，強い成育性があるため，長期にわたって成長し繁栄する傾向にある。

参考文献

西口敏宏（2007）『遠距離交際と近所づきあい――成功する組織ネットワーク戦略』NTT 出版。

西口敏宏（2017）「ネットワークは何のために？」『一橋ビジネスレビュー』64(4)，56-67頁。

西口敏宏・辻田素子（2015）「資本主義の牽引役，温州モデルは脱皮できるか――コミュニティー・キャピタルによる温州企業の繁栄と限界」『一橋ビジネスレビュー』63(3)，18-33頁。

西口敏宏・辻田素子（2016）『コミュニティー・キャピタル――中国・温州企業家ネットワークの繁栄と限界』有斐閣。

西口敏宏・辻田素子（2017）「コミュニティー・キャピタル序説――刷り込み，同一尺度の信頼，準紐帯の機能」『組織科学』50(3)，4-15頁。

Aral, S. & M. Van Alstyne（2011）"The Diversity-Bandwidth Trade-off." *American Journal of Sociology* 117(1), pp. 90-171.

Aral, S. & D. Walker（2011）"Creating Social Contagion through Viral Product Design: A Randomized Trial of Peer Influence in Networks." *Management Science* 57(9), pp. 1623-1639.

第Ⅱ部　地域のネットワークがもたらす効果

Aral, S. & D. Walker（2012）"Identifying Influential and Susceptible Members of Social Networks." *Science* 337(6092), pp. 337-341.

Barabási, A-L.（2002）*Linked: The New Science of Networks Science of Networks.* Cambridge, MA: Perseus Publishing.（＝2002, 青木薫訳『新ネットワーク思考──世界の仕組みを読み解く』NHK出版。）

Becker, G. S.（1964）*Human Capital: A Theoretical and Empirical Analysis, with Special Reference to Education.,* University of Chicago Press.

Coleman, J.（1988）"Social Capital in the Creation of Human Capital." *American Journal of Sociology Supplement* 94, pp. 95-120.

Frank, K. A.（2009）"Quasi-Ties: Directing Resources to Members of a Collective." *American Behavioral Scientist* 52(12), pp. 1613-1645.

Granovetter, M. S.（1973）"The Strength of Weak Ties." *American Journal of Sociology* 78(6), pp. 1360-1380.

Granovetter, M. S.（1985）"Economic Action and Social Structure: The Problem of Embeddedness." *American Journal of Sociology* 91(3), pp. 481-580.

Herrmann, H. J., C. M. Schneider, A. A. Moreira, J. S. Andrade, Jr., & S. Havlin（2011）"Onion-like Network Topology Enhances Robustness against Malicious Attacks." *Journal of Statistical Mechanics: Theory and Experiment* 2011(01), P01027.

Kawachi, I., S. V. Subramanian, & D. Kim (eds.)（2008）*Social Capital and Health,* Springer.（＝2008, 藤澤由和・高尾総司・濱野強訳『ソーシャル・キャピタルと健康』日本評論社。）

Lin, N.（2001）*Social Capital: A Theory of Social Structure and Action.,* Cambridge University Press.（＝2008, 筒井淳也・石田光規・桜井政成・三輪哲・土岐智賀子訳『ソーシャル・キャピタル──社会構造と行為の理論』ミネルヴァ書房。）

McEvily, B., J. Jaffee & M. Tortoriello（2012）"Not All Bridging Ties Are Equal: Network Imprinting and Firm Growth in the Nashville Legal Industry, 1933-1978." *Organization Science* 23(2), pp. 547-563.

Merton, R. K.（1968）"The Matthew Effect in Science." *Science* 159(3810), pp. 56-63.

Michailova, S. & V. Worm（2003）"Personal Networking in Russia and China: Blat and Guanxi." *European Management Journal* 21(4), pp. 509-519.

Milgram, S.（1967）"The Small-world Problem." *Psychology Today* 1(1), pp. 60-67.

Morone, F. & H. A. Makse（2015）"Influence Maximization in Complex Networks through Optimal Percolation." *Nature* 524, pp. 65-68.

Nishiguchi, T.（2018）"Risk Management and Recovery Under Stress: How Toytota and Other Japanse Automakers Helped a Key Electronics Supplier After the

第5章 "中範囲"のコミュニティー・キャピタルで捉え直す

Fukushima Diaster," WP#18-01, Hitotsubashi University's Institute of Innovation Research.

Putnam, R. D. (2000) *Bowling Alone: The Collapse and Renewal of American Community*, Simon and Schuster. (＝2006, 柴田康文訳『孤独なボウリング──米国コミュニティの崩壊と再生』柏書房。)

Tanizawa, T., S. Havlin & H. E. Stanley (2012) "Robustness of Onionlike Correlated Networks against Targeted Attacks." *Physical Review E* 85: 046109.

Tocqueville, Alexis de (1961) [1835, 1840]. *De la Democratie en Amerique I et II*. Gallimard. (＝2005・2008, 松本令二訳『アメリカのデモクラシー』第1巻上・下, 第2巻上・下, 岩波文庫。)

Uslaner, E. M. (2002) *The Moral Foundation of Trust.*, Cambridge University Press.

Watts, D. J. (2003) *Six Degrees: The Science of a Connected Age*, Norton. (＝2004, 辻竜平・友知政樹訳『スモールワールド・ネットワーク──世界を知るための新科学的思考法』阪急コミュニケーションズ。)

Watts, D. J. & S. Strogatz (1998) "Collective Dynamics of Small-world Networks," *Nature* 393, pp. 440-442.

Williamson, O. E. (1985) *The Economic Institutions of Capitalism: Firms, Markets, Relational Contracting*. Free Press.

Wu, Z-X. & P. Holme (2011) "Onion Structure and Network Robustness." *Physical Review E* 84(2): 026106.

(西口敏宏)

第6章	現代の非営利・協同組織はソーシャル・キャピタルを醸成しないのか[(1)] ——生活協同組合パルシステム千葉の事例から

1 ソーシャル・キャピタルが組合活動・政治への参加に及ぼす影響

　本章では，都市部での消費生活協同組合（以下，生協）の組合員におけるソーシャル・キャピタルが，組合活動への参加，ならびに政治参加に与えている影響を検討することにある。協同組合ならびに非営利組織研究においてソーシャル・キャピタル概念および議論は，経営学で一般的であるそれとはやや様相が異なる。そこで重要されるのは，第1にソーシャル・キャピタルとは組織内で醸成される信頼関係構築・ネットワーク形成のことで，それ自体が個人や地域のソーシャル・キャピタル＝信頼関係やネットワークを高めるという命題である。さらにその高まったソーシャル・キャピタルが，さらなる地域参加ならびに政治参加といった市民的態度を醸成する可能性への言及であることが多い（桜井 2007）。

　こうしたソーシャル・キャピタル概念の背景には Putnam の一連の研究と，そこからの教訓の影響が強い。彼は Putnam（1993＝2001）において，「何故，似たような制度的構造を持つにもかかわらず，地方行政府のパフォーマンスに顕著な違いが生じるのか」という問題意識に基づき，それを解明するため，1970年代のイタリアでの地方行政改革以降の，同国の地方行政府の比較検討を行った。その結果，制度パフォーマンスの違いは，2種類の投票への参加度，新聞購読率，スポーツ・文化団体数といった指標を合成した「市民共同体指数（Civic Community Index）」から測定される「市民度（civic-ness）」によって説明されると指摘した。そして彼は，このような「信頼，規範，ネットワークといった社会組織の特徴」（Putnam 1993＝2001：167・206-207）をソーシャル・キャピタルと名づけた。この Putnam の一連の研究に触発されて，集団的なレベルでのソーシャル・キャピタルが政治・経済・社会の諸側面にどのような有用で

第6章　現代の非営利・協同組織はソーシャル・キャピタルを醸成しないのか

あり，よい影響を与えているのかについての研究が盛んとなった。代表的なところでは，政策のパフォーマンス，経済発展，教育，健康，安全（犯罪防止），コミュニティ・ディベロップメントなどに関しての研究である。

　本書ではこのようなソーシャル・キャピタル概念を採用した上で，都市部での生協組織が，組合員内のソーシャル・キャピタルを十分に醸成できておらず，そのために社会運動的な組織活動へのコミットメントを高めることができていないのではないかという危惧を，研究の背景としている。そもそも日本の多くの都市部の生協は，高度経済成長期における消費生活問題に対応した，社会運動の一環，あるいはそれを意識した組織として誕生した経緯があり，またそうした生協は「市民型生協」とも呼ばれている（田中 1998など）。田中（1998；2000）は，湘南市民生協や北海道市民生協の調査や，日本生活協同組合連合会の全国生協組合員行動調査の結果から，かつては市民型生協の「班」が共同購入の受け皿だけでなく，新興住宅地域のコミュニティ形成の担い手であったことを指摘する。

　しかし同時に田中（1998；2000）は，近年では班組織が単なる配達の受け皿となり，協同が衰退している可能性に言及している。日本における都市型の生協においては近年，組合員の生活スタイルの変化に対応する形で，組合員の購入商品を共同購入による集団配送よりも，個別配送（個配）中心に切り替えてきている。中には班組織を持たない生協も現れてきている。このため，会員相互にフェイス・トゥ・フェイスで話す機会は一般的に減少していると考えられる。

　Putnam は，ソーシャル・キャピタルとはフェイス・トゥ・フェイスの関係性の中でしか生まれないものと想定していた。しかしアメリカで増えている新しいタイプの NPO で定期的な会員交流の機会を持たないため，Putnam は，（会費納入依頼の手紙やニュースレターを送る）レターヘッドの数は増えているが，草の根レベルでの参加の機会は減少していると述べ，アメリカのソーシャル・キャピタル衰退の一因であるとしていた。Putnam の想定に従えば，こうした都市型生協においては，ソーシャル・キャピタルは衰退していると考えられる。実際，西城戸・角（2007）や西城戸（2008）の生活クラブ生協北海道の組合員を対象とした調査結果では，個配中心である同組織においては，組合員の組織

105

第Ⅱ部　地域のネットワークがもたらす効果

コミットメントは低下しており，また組合員による環境運動や平和運動などの市民運動への参加が低迷しているとされている。

またこれまでの生協運動では，そのつながりの中で，多くのコミュニティビジネスや NPO をスピンアウトさせ，新たに起業させ，地域活性化に寄与してきた経緯がある。川口（2006）が述べるように，これまでは生協は日本の第三セクターの「ゴッドマザー」であったのだが，今後は機能しなくなる可能性がある。

他方，こうした生協の運動性の「衰退説」に対し，ソーシャル・キャピタル研究の知見からは全く異なる示唆ももたらされている。すなわち，非営利協同組織においては，必ずしも活動時間が長いボランティアや，活動熱心なボランティアがソーシャル・キャピタルを受け取っているわけではなく，むしろ「受け身の参加者（passive membership）」の方が，社会的信頼，社会的ネットワーク，市民的態度といったソーシャル・キャピタルの要素をより醸成していた結果が示されているのである（Wollebaek & Selle 2002；桜井 2007）[2]。また，Hooghe（2003）の調査でも，人々の民主主義的態度には，ボランティア組織参加経験が強い影響を与えていることが明らかになったが，そのボランティア組織への参加時間の長さや，どれだけ熱心に参加しているかは，ほとんど関係していないことがわかった。このため，ボランティア組織への参加と民主主義的態度の関係については，過去・現在問わず，また，参加しているすべての組織について，すなわち「参加経験全体」を問題にする必要があると述べている（Hooghe 2003：64）。これらの結論から演繹すれば，都市型の生協の組合員が個配中心の受け身的な参加であっても，参加していることによってソーシャル・キャピタルを醸成し，また享受している可能性は高い。都市住民は Wellman（1979＝2006）が示したように，多様な交際圏の連結ピンとして捉えられる。そうした1つの交際圏が生協のネットワークであると捉えることができよう。この立場はいわば，生協の運動性の「持続説」である。

このため本章においては，繰り返しになるが，都市型の生協において醸成されているソーシャル・キャピタルの分析を行い，それが組合員の生協活動，および地域参加，ならびに政治参加に与えている影響を明らかにしたいと考える。すなわち「衰退説」と「持続説」のどちらが正しく現状を説明しているのかを

第6章　現代の非営利・協同組織はソーシャル・キャピタルを醸成しないのか

証明する作業である。そのためには，組織（生協）や地域への参加がなされるにはソーシャル・キャピタルを含め，どのような要因が重要となるのか，多様な要因を検討する必要がある。

　なお，以下で分析する調査結果は，「地域活性化とソーシャル・キャピタル研究会」定量調査ワーキンググループ（研究代表：桜井政成）が生活協同組合パルシステム千葉の協力を得て行った「組合員の社会とのつながりや生活に関する調査」によって得たデータを用いている。やや古いデータを用いての分析となるため，生活協同組合が劇的に変換する中でのある一時期の状況として理解をしていただきたい。とはいえ，企業統治・企業理念のコンシューマーへの影響や，働き方改革に関連しての「生活者」が，生活協同組合の事業と運動にどう関係していくのか，という，本書のテーマに沿った現代的な研究テーマであることも付記しておきたい。以下は，調査概要である。

　　調査題目：「組合員の社会とのつながりや生活に関する調査」
　　調査主体：「地域活性化とソーシャル・キャピタル研究会」定量調査ワー
　　　　　　　キンググループ（研究代表：立命館大学政策科学部准教授　桜井政
　　　　　　　成）
　　調査協力：生活協同組合パルシステム千葉
　　調査対象：生活協同組合パルシステム千葉の組合員のうち，習志野，稲毛，
　　　　　　　千葉の配送センターがカバーする組合員のうち，1,000名
　　調査目的：都市の人々の消費生活に与える生協の影響
　　　　　　　個配中心型生協の組合員がどのような経緯で生協の活動に参加
　　　　　　　し，そしてその度合いを深めるのか
　　調査方法：質問紙式アンケート調査
　　　　　　　個配配達員による配布，郵送回収
　　調査時期：2008年6月
　　回収状況：配布数1,000に対して，回収数322（回収率32.2％）。
　　調査内容：個人属性，普段の関心事と社会関係，パルシステム千葉に対す
　　　　　　　る満足や参加状況，生活やパルシステム千葉，地域社会への意
　　　　　　　向，など

107

第Ⅱ部　地域のネットワークがもたらす効果

　生活協同組合パルシステム千葉（以下，パルシステム千葉）は，千葉県船橋市に本部をおく生協であり，パルシステム生活協同組合連合会に加盟している。その歴史は1947年，野田醤油（現・キッコーマン）生活協同組合（1993年「コープのだ生活協同組合」へ名称変更）が職域生協として発足したことにさかのぼる。1970年代半ばに共同購入を柱として設立された生協（「柏・市民生協」「花見川生協」「下総生協」——1992年に組織合同し「生活協同組合エル」）と，店舗を柱とした事業を行ってきたコープのだ生活協同組合とが，2002年度に組織合同することによって，現在の組織となった。現在，店舗はのだ中根店１店舗のみであるが，移動販売車が週６日，野田市内の買物困難地域をまわっている（野田市との協働事業）。他に共同購入，個人宅配の配達・受付を行うセンターが９カ所，組合員・地域活動施設が１カ所ある。2017年度末で組合員数は23万9,299人，職員667人，出資金84億8,013万円，供給高291億9,000万円となっている。供給高の内訳として，商品については１都８県の10生協が連携するパルシステム生活協同組合連合会の企画の下，ライフステージ別の４つのメインカタログと，アレルギーが気になる家庭向けや，ペット（イヌ・ネコ）のいる家庭向けなどの，オプションカタログを用意している。産直に力を入れており，組合員を対象とした産地見学イベントも定期的に開催している。2012年には農業生産法人パルグリーンファーム株式会社を設立し，直接農業事業にも乗り出している。またパルシステム千葉では，組合員を対象として地域活動の支援を目的に「自主的活動グループ」制度を設け，情報の発信や，活動の広がり，仲間づくりへの支援を行っている。さらに地域貢献の一環としてNPOを支援するために2001年度に「特定非営利活動法人NPO支援センターちば」を設立し，NPOが成長していくための環境づくりや，「パルシステム千葉NPO助成基金」を設置し，基盤づくりに必要な財政支援を行っている。2018年度現在，NPO助成額の総額は5,125万2,010円，交付団体は延べ224団体となっている。

　同調査ではサンプルを生活協同組合パルシステム千葉の組合員のうち，習志野，稲毛，千葉の配送センターがカバーする組合員の1,000名を抽出しており，質問紙式アンケート調査を個配配達員により配布し，郵送回収によって322の回答（回収率32.2％）を得ている。

　本調査回答者の基本属性は次のようになっている。

第6章　現代の非営利・協同組織はソーシャル・キャピタルを醸成しないのか

① 性別・年齢・職業・学歴

　回答者の性別は,「女性」が圧倒的に多い (96.3%)。年齢構成では,「30-39歳」が最も多く (30.7%),「40-49歳」(22.0%),「50-59歳」(18.3%) が次いでいる。度数分布から算出した平均年齢は, 47.96歳であり, 他の生協に比べても, 比較的若い年齢層によって組合員が構成されている。職業をみてみると,「主婦・主夫」が最も多く (71.7%),「派遣・契約社員」(11.2%) が次いでいる。最終学歴では,「高等専門学校・短期大学」が最も多く (38.8%),「高等学校」(32.3%),「4 年制大学」(23.3%) が次いでいる。度数分布から算出した推定される通学期間は13.68年であり, 都市的地域の特徴でもある高学歴者が比較的多いことがわかる。

② 家族・居住

　回答者の現住所での居住年数は,「5 -10年」が最も多く (21.1%),「1 - 3年」(17.1%),「10-15年」(15.2%) が次いでいる。平均居住年数は 8 - 9 年あたりであり, 比較的新しい住民が多い。同居家族では,「配偶者」が最も多く (89.8%),「未婚の子」(49.7%) が次いでいる。同居人数では,「3 人」が最も多く (33.9%),「4 人」(30.1%) が次いでいる。10年以内に当地に引っ越してきた夫婦と 1 - 2 人の子どもという家族構成が回答者の標準的なかたちであることがうかがえる。

③ テレビ・インターネット

　テレビの視聴については,「よくみる」が過半数を超えている (51.9%)。インターネットの利用については,「ときどきみる」が最も多く (37.0%),「よくみる」(25.2%) が次いでいる。6 割を超える回答者がインターネットを利用している。

④ パルシステム千葉との関係

　パルシステム千葉の組合員歴は,「5 -10年」が最も多く (23.0%),「1 - 3年」(21.1%) が次いでいる。組合員歴10年未満の会員が約47%を占めている。利用頻度は,「週 1 回」が約 8 割 (78.9%) を占めている。1 カ月当たり平均購買額は,「10,000-30,000 円」が最も多く (43.5%),「30,001-50,000 円」(27.0%) が次いでいる。これらの購買がすべて食品であったとすると, 約 3 分の 2 の回答者は, 日常的な食品購買のほとんどをパルシステム千葉に依存して

第Ⅱ部　地域のネットワークがもたらす効果

いると考えられる。

2　地域参加・政治参加をめぐる組合員の意向

（1）組合員の関心事

　組合員がふだん気になっていることを問うた項目（図6-1）では，「とても気になる」は，「食の問題」（65.5%），「家族や自分の健康・介護」（62.4%），「子育て」（51.6%）で過半数を超えている。「とても気になる」を4点，「やや気になる」を3点，「あまり気にならない」を2点，「全く気にならない」を1点とし，それぞれの回答選択肢に該当する回答者数を乗じたものの和を「無回答」を除いた回答総数で除したものを「関心度」とすると，「食の問題」（3.642），「家族や自分の健康・介護」（3.609），「防犯・防災」（3.420），「子育て」（3.408），「家計」（3.342），「地球環境問題」（3.339），「政治」（2.981）の順で高くなっている。

　これらのふだん気になっていることを相談する相手を問うた項目（図6-2）では，「よくできる」は，「一緒に住んでいる家族」（78.6%），「親しい友人」（52.5%），「離れて暮らしている家族」（48.1%）が高くなっている。「よくできる」を4点，「たぶんできる」を3点，「おそらくできない」を2点，「絶対できない」を1点とし，「当てはまる人との付き合いはない」と「無回答」を除いた回答総数で除したものを「密接度」とすると，「一緒に住んでいる家族」（3.813），「親しい友人」（3.493），「離れて暮らしている家族」（3.456），「職場や学校関係の人」（2.978），「趣味やボランティアなどのグループ・サークル活動の関係の人」（2.960），「問題事に関する専門機関の人」（2.859），「隣近所や町内会，地域活動の関係の人」（2.816），「パルシステム千葉関係（他の組合員や職員）の人」（2.571），「その他」（2.520），「インターネット経由の見ず知らずの人」（2.028）の順で高くなっている。比較的，家族や友人とは相談事を話ができる傾向にあるが，隣近所や地域の人とはそれほど相談事の話ができる関係にはない。また，パルシステム千葉関係の人と相談できる人はさらに限られている。

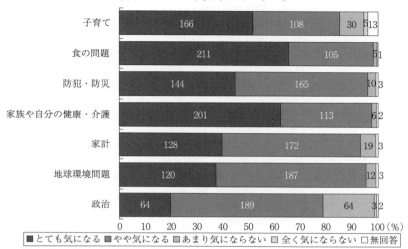

図6-1 ふだん気になっていること

注：図中の数字は回答者数。

（2）パルシステム千葉の利用と参加

　パルシステム千葉が組合員に提供しているサービス等が，組合員に受け入れられ彼らのくらしに役立っているという意識を問うている（図6-3）。「とても役立っている」が多いのは，「食品の購入」が最も多く（67.4％），「非食品の購入」（23.9％）が次いでいる。「とても役立っている」を4点，「ある程度役立っている」を3点，「あまり役立っていない」を2点，「まったく役立っていない」を1点とし，「無回答」「利用していない」を除いた回答総数で除したものを「役立ち度」とすれば，「食品の購入」（3.652），「非食品の購入」（3.173），「たすけあい共済への加入」（2.925），「ニューズレター・カタログ媒体」（2.765），「在宅での活動参加」（2.748），「サポーターとしての活動」（2.524），「組合員による自主活動，学習会，講座，ボランティアへの参加」（2.013）の順で高くなっている。

　パルシステム千葉の商品購買以外の活動に組合員がどの程度参加しているかを問うている（図6-4）。「パルシステム千葉を通じた募金・寄付」が最も多く（38.2％），「パルシステム千葉の関係の人から頼み事をされて引き受けたこと」

第Ⅱ部　地域のネットワークがもたらす効果

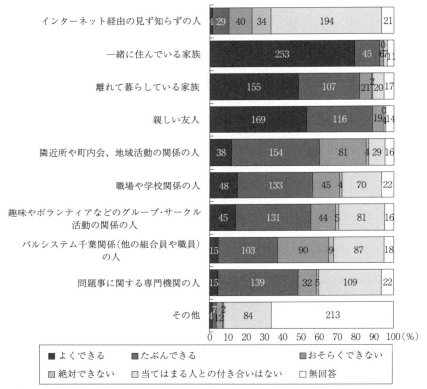

図6-2　ふだん気になっていることの相談相手

(13.7%),「パルシステム千葉を通じたクラブ活動, 自主活動, 学習会, 講座, ボランティア等」(11.2%) が次いでいる。それらへの参加のきっかけをみると,「総代会」と「パルシステム千葉の関係の人から頼み事をされて引き受けたこと」では,「配達員の勧誘」が最も多く (それぞれ63.6%, 65.9%), そのほかでは,「組合からの情報媒体」が最も多くなっている。特に,「パルシステム千葉を通じた募金・寄付」と「パルシステム千葉を通じたクラブ活動, 自主活動, 学習会, 講座, ボランティア等」では, 約7割を超えている (それぞれ85.4%, 72.2%)。「産地見学」では,「組合からの情報媒体」のほか「他の組合員の誘い」も多い (それぞれ50.0%, 37.5%)。

第6章　現代の非営利・協同組織はソーシャル・キャピタルを醸成しないのか

図6-3　パルシステム千葉の利用状況

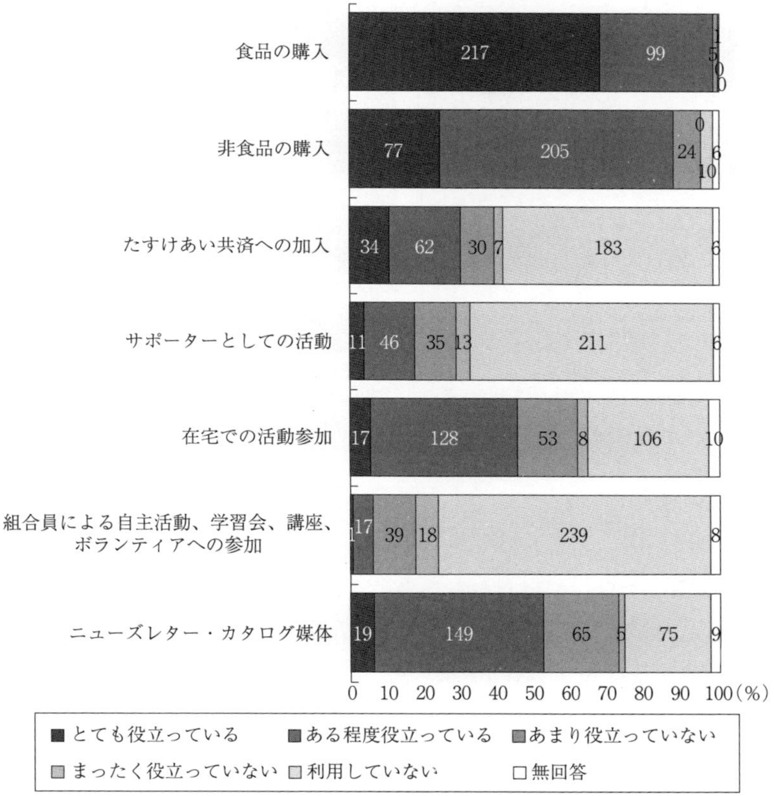

項目	とても役立っている	ある程度役立っている	あまり役立っていない	まったく役立っていない	利用していない	無回答
食品の購入	217	99		5	0	0
非食品の購入	77	205	0	24	6	10
たすけあい共済への加入	34	62	30	7	183	6
サポーターとしての活動	11	46	35	13	211	6
在宅での活動参加	17	128	53	8	106	10
組合員による自主活動、学習会、講座、ボランティアへの参加	17	39	18		239	8
ニューズレター・カタログ媒体	19	149	65	5	75	9

0 10 20 30 40 50 60 70 80 90 100(%)

■とても役立っている　■ある程度役立っている　■あまり役立っていない
■まったく役立っていない　■利用していない　□無回答

注：図中の数字は回答者数。

　組合員の多くは，組合からの情報媒体によって，組合の活動を知ることが多く，配達員による勧誘を通した組合活動へのコミットメントは，もう一歩踏み込んだ段階の組合員層であることが推察される。

（3）組合員の地域参加

　組合員がパルシステム千葉の組合活動に限らず，彼らが住む地域経済社会にどの程度コミットメントしているかの意識を問うている（図6-5）。「とてもそう思う」は，「あなたは，選挙があると，必ず投票に行きますか」が最も多く

第Ⅱ部　地域のネットワークがもたらす効果

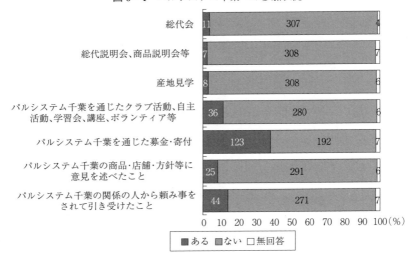

図 6-4　パルシステム千葉への参加状況

注：図中の数字は回答者数。

(62.4％），「あなたは，ご自身や家族の生活に満足しておられますか」(37.6％），「あなたは過去5年間に町内会・自治会の活動に参加しましたか」(37.6％) が次いでいる。「とてもそう思う」を4点，「ややそう思う」を3点，「あまりそう思わない」を2点，「まったくそう思わない」を1点とし，「無回答」を除いた回答総数で除したものを「参加・満足度」とすれば，「あなたは，選挙があると，必ず投票に行きますか」(3.394)，「あなたは，ご自身や家族の生活に満足しておられますか」(3.268)，「あなたは，パルシステム千葉の組織に対して信頼感を持っていますか」(3.248)，「あなたは，パルシステム千葉の組合員に対して信頼感を持っていますか」(3.114)，「あなたは，過去5年間に町内会・自治会の活動に参加しましたか」(2.842)，「あなたは，近隣の人々や地域自体に対して信頼感を持っていますか」(2.826)，「あなたは，近隣の人々や地域自体に対して安心感を持っていますか」(2.787)，「あなたは，ご自身がお住まいの地域社会に満足しておられますか」(2.782)，「あなたは，ご自身がお住まいの地域をよくする活動に参加したいとお考えですか」(2.575)，「あなたは，パルシステム千葉の活動に積極的に参画したいとお考えですか」(1.997)，「あな

第6章 現代の非営利・協同組織はソーシャル・キャピタルを醸成しないのか

図6-5 組合員の地域参加

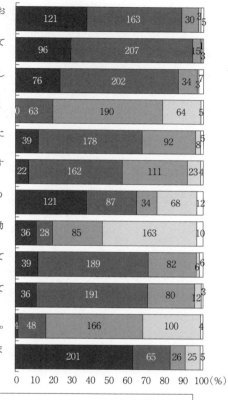

注：図中の数字は回答者数。

たは，政治への信頼を持っていますか」(1.862)，「あなたは，過去5年間に市民活動や住民運動に参加しましたか」(1.798) の順で高くなっている。

　これらの結果からは，およそ，家族，パルシステム千葉，近隣の地域経済社会の順に「参加・満足度」が高くなっていることが見てとれる。町内会自治会の活動への参加者は3人に1人程度と，極めて低い割合になっているが，これは都市部における一般的な傾向に加え，回答者の年齢が比較的若いことに依拠

115

第Ⅱ部　地域のネットワークがもたらす効果

すると考えられる。また市民活動や住民活動に参加している者はさらに少なく，パルシステム千葉の一般の組合員には市民活動等は縁が薄いものであることが理解できる。また，前述の「気になること」での「政治」に関心がないことを考え合わせると，「あなたは，政治への信頼を持っていますか」が低い反面，「あなたは，選挙があると，必ず投票に行きますか」が高くなっていることから，「政治」という言葉に，組合員は抽象度が高く総論的な国政には関心が低いが，くらしに身近な地方政治や投票行動には関心が高いと推察される。

3　生協活動，地域・政治への参加の決定要因

（1）活動参加の決定要因

次にパルシステム千葉の利用と参加についての決定要因の分析結果について述べたい（表6-1）。分析には重回帰分析という方法を用いた。回帰分析とは大まかに言ってしまえば，複数の変数（要因，独立変数）が一つの現象（従属変数）にどのように影響を与えているかを調べる分析方法であり，独立変数と従属変数との関係を一次関数（$y = a + bx$）の形で表現しようとする分析方法である。重回帰分析により，目的となる現象に影響を与えている要因と，その影響の重要さを明らかにすることができる。分析の従属変数（影響を受ける側の項目）には，商品購買以外の活動参加で比較的参加したことがある組合員が多かった「パルシステム千葉を通じた募金・寄付」「パルシステム千葉の関係の人から頼み事をされて引き受けたこと」「パルシステム千葉を通じたクラブ活動，自主活動，学習会，講座，ボランティア等への参加」を用いた。投入する独立変数には，それぞれの従属変数を除いた全変数を用いた。なおその際に，すべての変数を一斉に投入してしまうと，影響を理解するが複雑となってしまうおそれがある。そのため，あまり影響が少ないと思われる変数を自動的に排除するステップワイズ法（F値が一定数以下の変数を排除）を採用している。これにより影響を与えている変数が自動的に採用される。なお，この重回帰分析結果について詳しくは，表6-1に掲載している。影響の結果については以下の通りである。

第6章　現代の非営利・協同組織はソーシャル・キャピタルを醸成しないのか

表6-1　パルシステム千葉の活動参加の決定要因

パルシステム千葉の関係の人から頼み事をされて引き受けたこと

モデル	標準化係数 β	有意確率
パルシステム千葉の活動に参加したことがありますか。（総代説明会，商品説明会等）	.400	.000
1カ月平均購買額	−.190	.053
あなたは，パルシステム千葉の活動に積極的に参画したいとお考えですか。	.245	.005
あなたの年齢	−.291	.006
普段の生活の中で気にしていることがら（政治）	−.197	.038
回帰式の相関係数	.698	
回帰式の有意水準		.000

パルシステム千葉を通じたクラブ活動，自主活動，学習会，講座，ボランティア等への参加

モデル	標準化係数 β	有意確率
パルシステム千葉の活動に参加したことがありますか。（産地見学）	.297	.002
パルシステム千葉の活動に参加したことがありますか。（パルシステム千葉の商品・店舗・方針等に意見を述べたこ	.355	.000
利用状況	.243	.010
あなたは，パルシステム千葉の活動に積極的に参画したいとお考えですか。	.229	.017
回帰式の相関係数	.638	
回帰式の有意水準		.000

パルシステム千葉を通じた募金・寄付

モデル	標準化係数 β	有意確率
組合員歴，カテゴライズ値	−.353	.000
商品や情報はあなたの生活にどれだけ役立っていますか。（食品の購入）	.312	.001
あなたと同居している家族はいらっしゃいますか。（父母）	.281	.002
商品や情報はあなたの生活にどれだけ役立っていますか。（組合員による自主活動，学習会，講座，ボランティアへの参加	.241	.010
普段の生活の中で気にしていることがら（政治）	.192	.045
回帰式の相関係数	.644	
回帰式の有意水準		.000

第Ⅱ部　地域のネットワークがもたらす効果

① パルシステム千葉関係者からの頼まれ事に影響している要因
　　・総代説明会や商品説明会等への参加経験
　　・年齢の高さ
　　・生協活動への積極的参加意向
　　・政治への関心の低さ
② パルシステム千葉を通じたクラブ活動，自主活動，学習会，講座，ボランティア等への参加に影響している要因
　　・生協の商品・店舗・方針に意見を述べた経験
　　・産地見学に参加した経験
　　・生協活動への積極的参加意向
③ パルシステム千葉を通じた募金・寄付経験に影響している要因
　　・組合員歴の長さ
　　・購入食品の役立ち感
　　・組合員活動の役立ち感
　　・父母との同居
　　・政治への関心の高さ

　分析の結果から，パルシステム千葉の活動参加経験には年齢や組合員歴といった関わりの長さも影響するが，それ以外には商品の役立ち感や，様々な活動への参加が相互に影響していることがわかる。すなわち，単純に商品を購入しているだけの組合員は，生協の活動にはあまり参加していないのである。
　また，募金・寄付への参加において特徴的に見られたのが，購入食品や組合員活動が役立っているという意識である。前者についてはパルシステム千葉が，商品購入に用いるマークシートに寄付の欄を設けていたり，商品購入に際して付与されるポイントを寄付にも使えるようにしていたりといった工夫をしていることが少なからず影響していると思われる。組合員は自宅にいながら商品購入を行うついでとして寄付も気軽に行うことができるのである。また，組合員活動については，パルシステム千葉がNPO活動を支援する基金を設けており，その恩恵を受けている組合員がいるからかもしれないが，実際のところはわからない。

118

第6章　現代の非営利・協同組織はソーシャル・キャピタルを醸成しないのか

（2）生協への信頼感・活動参加意向の決定要因

　組合員のパルシステム千葉に対する信頼感，および活動への参加意向の決定
要因について調べた。分析方法は，従属変数（結果となる要因）に活動参加の質
問項目を用いた以外は前節と同じである。なお関連項目として，生活への満足
についても同様に分析している（なお，重回帰分析結果については表6-2参照）。
影響の結果については，以下の通りである。

　①　パルシステム千葉の組合員への信頼感に影響している要因
　　　・生協組織への信頼感
　　　・最終学歴の低さ
　②　パルシステム千葉の組織への信頼感に影響している要因
　　　・組合員への信頼感
　　　・生活への満足
　　　・生協活動への積極的参加意向
　　　・購入食品の役立ち感
　③　パルシステム千葉の活動への積極的参加意向に影響している要因
　　　・地域をよくする活動への積極的参加意向
　　　・生協を通じたクラブ活動等に参加した経験
　　　・生協関係者への相談のし易さ
　　　・生協組織への信頼感
　　　・商品・店舗・方針に意見を述べた経験の少なさ
　④　生活満足に影響している要因
　　　・近隣関係・地域社会への信頼感
　　　・ニューズレター・カタログ媒体の役立ち感
　　　・地域をよくする活動への積極的参加意向の低さ

　この結果，組織への信頼と，組合員への信頼と，活動参加意向とは，相互に
影響し合っていることが確認された。また，組織への信頼感は生活への満足か
ら形成されているが，その生活への満足には地域社会への信頼感が影響してい
る事が分かった。また，活動参加意向においても，地域活動への参加意向が影

第Ⅱ部　地域のネットワークがもたらす効果

表6-2　生協への信頼感や活動参加意欲の決定要因

あなたは，ご自身や家族の生活に満足しておられますか。

モデル	標準化係数 β	有意確率
あなたは，近隣の人々や地域自体に対して信頼感を持っていますか。	.413	.000
商品や情報はあなたの生活にどれだけ役立っていますか。（ニューズレター・カタログ媒体）	.360	.001
あなたは，ご自身がお住まいの地域をよくする活動に参加したいとお考えですか。	−.279	.011
回帰式の相関係数	.529	
回帰式の有意水準		.000

あなたは，パルシステム千葉の組織に対して信頼感を持っていますか。

モデル	標準化係数 β	有意確率
あなたは，パルシステム千葉の組合員に対して信頼感を持っていますか。	.526	.000
あなたは，ご自身や家族の生活に満足しておられますか。	.283	.001
あなたは，パルシステム千葉の活動に積極的に参画したいとお考えですか。	.181	.034
商品や情報はあなたの生活にどれだけ役立っていますか。（食品の購入）	.177	.043
回帰式の相関係数	.720	
回帰式の有意水準		.000

あなたは，パルシステム千葉の組合員に対して信頼感を持っていますか。

モデル	標準化係数 β	有意確率
あなたは，パルシステム千葉の組織に対して信頼感を持っていますか。	.566	.000
あなたの最終学歴	.288	.001
回帰式の相関係数	.655	
回帰式の有意水準		.000

あなたは，パルシステム千葉の活動に積極的に参画したいとお考えですか。

モデル	標準化係数 β	有意確率
あなたは，ご自身がお住まいの地域をよくする活動に参加したいとお考えですか。	.451	.000
話ができる相手（パルシステム千葉関係（他の組合員や職員）の人）	.251	.005
あなたは，パルシステム千葉の組織に対して信頼感を持っていますか。	.236	.005
パルシステム千葉の活動に参加したことがありますか。（パルシステム千葉を通じたクラブ活動，自主活動，学習会，講座，ボランティア等）	.294	.002
パルシステム千葉の活動に参加したことがありますか。（パルシステム千葉の商品・店舗・方針等に意見を述べたこと）	−.246	.008
回帰式の相関係数	.713	
回帰式の有意水準		.000

響していたことから，生協の信頼や活動参加意向には地域社会との関係にも大きく関わっていることが明らかとなった。さらに，活動参加意欲には既に活動に参加した経験や，関係者との接点も重要であることが明らかになった。

（3）地域参加・政治参加の決定要因

　組合員の地域活動への参加，ならびに政治参加の決定要因について分析を行う。分析方法は，従属変数に地域参加・政治参加の質問項目を用いた以外は，これまで同様である。なお関連項目として，生活への満足についても同様に分析している（重回帰分析結果については表6-3参照）。影響の結果については，以下の通りである。

① 町内会・自治会活動への参加経験に影響している要因
　・市民活動・住民活動への参加経験
　・地域の防犯・防災を気にかけていること
　・生活への満足
② 市民活動・住民活動への参加経験に影響している要因
　・利用頻度の少なさ
　・職場や学校関係の人との相談のしやすさ
　・その他の人との相談のしやすさ
　・産地見学への参加経験
　・組合員歴の長さ
　・組合員への信頼感
　・町内会・自治会活動への参加経験
　・購入食品の役立ち感の低さ
　・兄弟姉妹との同居
　・テレビの視聴の少なさ
③ 地域をよくする活動への積極的参加意向に影響している要因
　・生協活動への積極的参加意向
　・近隣住民との相談のしやすさ
　・テレビの視聴の多さ

第Ⅱ部　地域のネットワークがもたらす効果

表6-3　地域参加や政治参加の決定要因

あなたは，過去5年間に町内会・自治会の活動に参加しましたか。

モデル	標準化係数 β	有意確率
あなたは，過去5年間に市民活動や住民活動に参加しましたか。	.449	.000
普段の生活の中で気にしていることがら（防犯・防災）	.261	.007
あなたは，ご自身や家族の生活に満足しておられますか。	.258	.007
回帰式の相関係数	.584	
回帰式の有意水準		.000

あなたは，過去5年間に市民活動や住民活動に参加しましたか。

モデル	標準化係数 β	有意確率
あなたは，過去5年間に町内会・自治会の活動に参加しましたか。	.231	.007
話ができる相手（その他）	.353	.000
利用状況	.360	.000
組合員歴，カテゴライズ値	−.216	.008
話ができる相手（職場や学校関係の人）	.309	.000
商品や情報はあなたの生活にどれだけ役立っていますか。（食品の購入）	−.205	.008
パルシステム千葉の活動に参加したことがありますか。（産地見学）	.212	.005
あなたと同居している家族はいらっしゃいますか。（兄弟姉妹）	.196	.015
あなたは，パルシステム千葉の組合員に対して信頼感を持っていますか。	.217	.007
商品や情報はあなたの生活にどれだけ役立っていますか。（たすけあい共済への加入）	−.190	.019
あなたは，テレビやパソコンによるインターネットをご覧になりますか。（テレビ）	−.155	.048
回帰式の相関係数	.818	
回帰式の有意水準		.000

あなたは，ご自身がお住まいの地域をよくする活動に参加したいとお考えですか。

モデル	標準化係数 β	有意確率
あなたは，パルシステム千葉の活動に積極的に参画したいとお考えですか。	.436	.000
話ができる相手（隣近所や町内会，地域活動の関係の人）	.271	.005
あなたは，テレビやパソコンによるインターネットをご覧になりますか。（テレビ）	.211	.023
話ができる相手（問題事に関する専門機関の人）	.190	.042
回帰式の相関係数	.641	
回帰式の有意水準		.000

あなたは，政治への信頼を持っていますか。

モデル	標準化係数 β	有意確率
あなたと同居している家族はいらっしゃいますか。（配偶者）	−.255	.019
あなたは，ご自身がお住まいの地域社会に満足しておられますか。	.247	.023
回帰式の相関係数	.382	
回帰式の有意水準		.000

あなたは，選挙があると，必ず投票に行きますか。

モデル	標準化係数 β	有意確率
普段の生活の中で気にしていることがら（政治）	.367	.000
パルシステム千葉の活動に参加したことがありますか。（パルシステム千葉の関係の人から頼み事をされて引き受けたこと）	.243	.017
あなたの最終学歴	−.210	.037
利用状況	−.209	.039
回帰式の相関係数	.525	
回帰式の有意水準		.000

第6章　現代の非営利・協同組織はソーシャル・キャピタルを醸成しないのか

　　　・専門機関の人との相談のしやすさ
　④　政治への信頼に影響している要因
　　　・配偶者がいること
　　　・生活への満足
　⑤　投票に影響している要因
　　　・政治への関心の高さ
　　　・生協関係者からの頼まれ事
　　　・学歴の高さ
　　　・利用頻度の高さ

　分析の結果をまとめると，「地域活動への参加経験」には市民活動・住民活動への参加経験，地域の防犯・防災意識，生活への満足が影響している。さらに市民活動・住民運動への参加経験には多様な変数が影響していたが，明らかに生協への態度や参加経験（組合員歴の長さや産地見学への参加経験，組合員への信頼感）の影響があるという構造がみられる。このことから生協への態度や参加経験が市民活動・住民活動への参加経験に影響し，それがさらに地域活動への参加経験を生んでいるという構造が予想される。ただし，市民活動・住民運動への参加経験に影響している要因には，生協の利用頻度の低さや，購入食品の役立ち感の低さといった要因も関連していたことには，注意が必要である。

　「地域活動への今後の積極的参加意向」に影響している要因からは，これらのことを補足する結果が見てとれる。まず，近隣住民との相談のしやすさという地域社会との関係性が影響していることは当然であるが，それ以外にも生協活動への参加態度の影響は明らかであり，さらにいえばそれは最も強く影響している要因でもある。すなわち，人々は生協への活動に積極的に参加することによって，地域活動にも積極的に参加している姿が見てとれる。

　また政治参加にも，生協への参加態度が多少関わっている。「あなたは，政治への信頼を持っていますか」の要因には，1％水準で有意な変数がみられなかったが，5％有意水準では，配偶者がおり，現在の生活に満足していることが影響しているとみられる。「あなたは，選挙があると，必ず投票に行きますか」の要因には，政治的関心を持っていることが影響しているとみられる。5

123

第Ⅱ部　地域のネットワークがもたらす効果

％有意水準までみると，パルシステム千葉の関係の人から頼み事を引き受けたことがあり，利用状況も比較的密であり，比較的高学歴であることが影響しているとみられる。興味深いのは，政治の信頼には何も生協関係の要因が影響していないのだが，投票には生協への参加態度（頼まれ事，利用頻度）が影響している点である。

4　生協活動，地域・政治への参加要因間の全体構造

　ここまでで因果関係が認められた変数を用いて，全体の関係を説明するために，パス・モデルによる解析と，その考察を行った（図6-6）。解析には，パス解析パッケージ IBM SPSS Amos 19を用い，前節までの検討を踏まえ，パス・モデルを設計し，すべてのパスが5％水準で有意となるまで，探索的にモデルを修正した。得られたモデル全体の χ^2 検定は0.1％水準で有意[4]となった。採択されたモデルをみていく。

　家族や家庭への関心は，パルシステム千葉の商品の利用を通して，パルシステム千葉への信頼感に影響を与え（標準化パス係数0.53），それが地域社会への信頼感（同0.38）や，地域社会への参加（同0.21）に影響を与えている。地域社会への信頼感は，地域社会への参加だけでなく，パルシステム千葉への参加にも影響を与えている。ただし，パルシステム千葉への信頼感，地域社会への信頼感の標準化推計値 R^2 は，それぞれ0.28と0.15であり，他の要因からの影響が小さくないと考えられる。

　また，商品の利用は，共同体としての利用に影響を与え（同0.79），それが，パルシステム千葉への参加に影響を与えている（同0.64）ことがうかがえる。いわゆる「グッド・カスタマー」が生協活動に参加する可能性を示唆するものである。

　さらに，パルシステム千葉への参加は，過去5年間の市民活動・住民活動への参加にも影響を与えており（同0.29），過去5年間の市民活動・住民活動への参加は，地域社会への参加とも相互に影響しあっている（同0.32，0.34）。ただし，過去5年間の市民活動・住民活動への参加は R^2 は0.40であり，他の要因の影響も小さくはないので留保が必要である。しかしそれは，地域社会への参

第6章　現代の非営利・協同組織はソーシャル・キャピタルを醸成しないのか

図6-6　パス・モデルによる全体構造

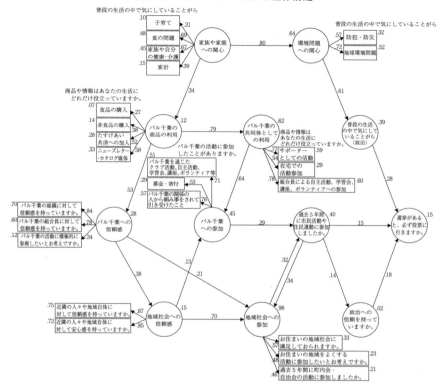

加との相補性がありつつ，パルシステム千葉への参加からの影響も，標準化パス係数では拮抗しているので，生協活動を通して市民活動・住民運動にいざなわれることを否定するものではないとみられる。

　他方で，家族や家庭への関心は，環境問題への関心にも影響を与えており（同0.80），それが，政治への関心（普段の生活の中で気にしていることがら〔政治〕）にも影響を与えている（同0.61）。それぞれの R^2 が，0.64と0.39である。環境問題への関心は，身近な家族や家庭への関心の影響が大きいとみられる。ただし，政治への関心は，他の要因からも影響が大きいとみられる。

　最後に，市民活動・住民活動への参加は，政治への信頼や，投票行動（選挙があると，必ず投票に行きますか）への影響がみられる。政治への信頼も投票行

125

第Ⅱ部　地域のネットワークがもたらす効果

動への影響がみられる。ただし，いずれの標準化パス係数も0.1と小さい。政治への信頼は，R^2も0.02と小さく，他の要因の影響が大きいとみられる。また，政治への関心は投票行動に影響を与えている（同0.28）。

5　都市部の生活協同組合員のソーシャル・キャピタルとその影響

　本章では非営利・協同組織としての生協において，都市部の現代的な状況でソーシャル・キャピタルがいかに醸成され，そしてそれがどの程度，地域活動，市民活動への参加や，政治参加へ結びついているのかを検討してきた。調査対象とした組合員は首都圏近郊の住民であり，10年未満の居住歴，高学歴といった特徴をもっていた。本章での調査結果から，組合員の社会関係は，地縁近隣関係と組合員相互のネットワーク，市民活動や住民活動のネットワークとが，相互作用しながら彼らの行動を規定していることがうかがえた。そして生協の組合員は地域社会への信頼感を，商品の役立ち感やさまざまな活動への参加を通じて醸成していることが明らかとなった。さらに，市民活動・住民活動・地域活動への参加には，直接的・間接的に生協活動への参加態度・経験が何らか影響していることも明らかとなった。これは，個配中心の現在の都市部の生協においても，さまざまな組合員の活動参加が，地域社会へのさまざまな形での参加につながっていることを示唆するものである。

　この結果は，Putnam（2000＝2006）が示唆していたマネジメントが重視される現代の非営利・協同組織では，ソーシャル・キャピタルは醸成されないという仮説を覆すものである。すなわち，個配中心の現在の都市部の生協においても，地域内での信頼感の醸成に一定貢献をしており，さらにはさまざまな組合員の活動参加が，地域社会の活性化につながっていることを示唆していたといえる。

　また，先行研究においては，都市部の個配中心の生協において運動性が見られなくなっているという「衰退説」が語られていた。しかしながら本研究結果からは，単純にそうは言いがたいことが明らかとなった。重回帰分析の結果，市民活動・住民活動への参加経験に影響している要因には，生協の利用頻度の低さや，購入食品の役立ち感の低さといった要因が関連していたが，しかしパ

第6章　現代の非営利・協同組織はソーシャル・キャピタルを醸成しないのか

ス解析の結果では，商品の利用は共同体としての生協利用に影響を与え，それが生協への参加に影響を与えていた。商品の購買が中心である生協の「グッド・カスタマー」は，間接的に市民活動・住民活動に関わる経路になり得ているといえる。

　結論として，現代の非営利・協同組織でもソーシャル・キャピタルは一定，組織内で醸成されてきており，そしてそれが，ある程度，市民参加や地域の活性化に寄与していることが明らかとなった。これは日本の生協組織では現在でも，『生活の協同』（大澤 2007）とも呼ぶべき，生活者重視の参加型民主主義を重視している組織が多いことが，多分に影響していると考えられる。ただしその際に，組合員活動に積極的に参加していない層をどう活動参加につなげるかが課題といえる。この時のヒントが，パス・モデルの分析から，生協商品・サービスの「役立ち感」が強い人は生協活動の役立ち感も強く，そしてそれが活動参加率の高さにもつながっている点である。その役立ち感をどう活動参加につなげることができるかではないだろうか。いずれにしても本研究では充分に明らかにできなかった点も多く，またこの結果を市民型生協一般のものとして結論づけるには，さらなる研究が必要と考える。

　最後になるが，お忙しいところ調査にご協力いただいたパルシステム千葉の職員・組合員の皆様に感謝の言葉を申し上げておきたい。

注
(1)　本章は「生活協同組合員の社会関係と生活」（財団法人 協同組合経営研究所〔2009〕『協同組合と地域社会の連携――ソーシャル・キャピタルアプローチによる研究』）に加筆修正を行ったものである。なお調査は，生協総合研究所　第5回研究奨励「非営利・協同組織によるソーシャル・キャピタルの醸成・活用に関する研究」（研究代表：桜井政成）の助成を受けて行った。
(2)　Wollebaek & Selle は，たとえ消極的な参加（passive participation）であってもソーシャル・キャピタルが形成されている理由について，次の4つのキーワードから説明している（Wollebaek & Selle 2002：55-59）。第1に「社会システム」である。NPO などは社会システムの一部であり，消極的なボランティアも，社会ネットワークの中で存在している。ボランティア組織への加入は，ダイレクト・マーケティング，すなわち直接的な勧誘によって促されることが多い。すなわち消極的な

第Ⅱ部　地域のネットワークがもたらす効果

ボランティアであっても積極的なボランティアと何らかつながっているために，そのボランティア組織に居続けており，それがソーシャル・キャピタルを育んでいると考えられるのである。

　第2に「想像上のコミュニティ」である。この概念によれば，すべての社会システムはフェイス・トゥー・フェイスの関係性を築くには大きすぎるのだが，それでも人々はあるコミュニティの中で，感情的な結びつきを共有しているという。NPOなどは何らかの理念的な共通した価値を表明している。このため，NPO等で活動していれば，その参加の度合いにかかわらず，参加者の間には共通目的のための連帯や，政治的効用，そして何か重要なものへの所属意識を共有することにつながるのである。

　第3に情報システムである。組織がニュースレターやインターネットを使って，こんにち起きている問題や，そしてそれに対する団体の姿勢を伝えることによって，消極的参加者も積極的参加者と同じように，市民的態度を高めていると考えられる。

　第4に政治的影響のネットワークである。消極的参加者は周辺的なので組織の意志決定には関与していないし，脱退しても組織には何ら影響を与えない。しかし，もしも消極的参加者が複数の組織に同時に参加していたら，多方面の組織に一度に影響を与えることができる。そうした消極的参加者たちの代理的な参加とも言うべき姿は，積極的参加者に比べて民主主義的に何ら遜色ない意義を持つと考えられる。

(3)　重回帰分析の場合は，独立変数 x（b は係数）が複数ある多項式として表現される。

(4)　適合度の指標は，RMR ＝ .061，GFI ＝ .855，AGFI ＝ .826であり，RMSEA ＝ .061であった。

参考文献

大澤真理（2007）『生活の協同――排除を超えてともに生きる社会へ』日本評論社。

川口清史（2006）「社会的経済論と生協」現代生協論編集委員会編『現代生協論の探求　理論編』コープ出版，261-275頁。

桜井政成（2007）「ボランティア・NPOとソーシャル・キャピタル」『立命館人間科学研究』14，41-52頁。

西城戸誠（2008）「生活クラブ生協北海道における社会運動の成果と連帯のゆくえ――動員構造と運動文化の観点から」『大原社会問題研究所雑誌』592，18-41頁。

西城戸誠・角一典（2007）『2006年度生活クラブ生協北海道組合員に関する調査報告書』。

田中秀樹（1998）『消費者の生協からの転換』日本経済評論社。

田中秀樹（2000）「生協における協同の変化と可能性」21世紀生協理論研究会編『現

代生協改革の展望』大月書店。

Hooghe, M.（2003）"Participation in voluntary associations and value indicators: The effect of current and previous participation experiences." *Nonprofit and Voluntary Sector Quarterly* 32(1), pp. 47-69.

Putnam, R. D.（1993）*Making Democracy Work: Civic Traditions in Modern Italy*, Princeton University Press.（＝2001, 河田潤一訳『哲学する民主主義——伝統と改革の市民的構造』NHK 出版。）

Putnam, R. D.（2000）*Bowling alone*, Simon & Schuster.（＝2006, 柴内康文訳『孤独なボウリング——米国コミュニティの崩壊と再生』柏書房。）

Wellman, B.（1979）"The community question: The intimate networks of east yorkers." *American journal of Sociology* 84, pp. 1201-1231.（＝2006, 野沢慎司・立山徳子訳「コミュニティ問題」野沢慎司編・監訳『リーディングス　ネットワーク論』勁草書房, 159-200頁。）

Wollebaek, D. & Selle, P.（2002）"Does participation in voluntary associations contribute to social capital? The impact of intensity, scope, and type." *Nonprofit and Voluntary Sector Quarterly* 31(1), pp. 32-61.

（桜井政成・山田一隆）

|第7章|産業クラスターの進化を促進する社会ネットワーク——バイオクラスターの事例から|

1 地域のイノベーションと経済を発展させる動脈

　1976年にベンチャー・キャピタリストのリチャード・スワンソンは，カリフォルニア大学サンフランシスコ校教授でノーベル医学・生理学賞受賞者ハーバート・ボイヤーとサンフランシスコのバーで会い，2杯のビールを飲む間に，ボイヤーらのノーベル賞受賞研究に基づく遺伝子組み換え特許の市場での価値を議論し，世界初のバイオテクノロジーベンチャー企業 Genentech 社を創立することを決めた (Goeddel & Levinson 2000；図7-1)。アメリカ西海岸のサンフランシスコやシリコンバレーでは，研究者，技術者，起業家，ベンチャー・キャピタリストたちが毎日，職場，カフェ，レストラン等で交流し，技術開発や起業，新たなビジネスの創出につながる人的ネットワークを形成している (Saxenian 1994)。産業クラスターは，このような次世代の技術革新，それを使ったビジネスモデル，そしてそれを事業化した企業が日々生まれ，新たな産業になる地域と捉えられている。産業クラスター論では，こうした社会ネットワークが，情報，知識，資金，人材等の経営資源の地域内移動を促進する動脈すなわち具体的な経路となると考えられている。その結びつきと働きが，地域でのイノベーションと経済発展に大きく影響すると地理学，地域経済論，起業論，経営学，社会学等で認識されている。

　特に，特別な構造や関係の特性を持つ社会ネットワークは産業クラスターの発展と進化を促進するネットワーク資源すなわち「ソーシャル・キャピタル」と考えられている。本章では，主として，バイオテクノロジーの研究開発を中心とする産業クラスターである「バイオクラスター」における個人間，組織間のネットワークとその作用に関する研究を基に，どのような社会ネットワークが産業クラスターの発展にどのように影響するかについてわかってきたかを議

第7章　産業クラスターの進化を促進する社会ネットワーク

図7-1　サンフランシスコのクラスターでバイオベンチャー起業構想を語り合う研究者とキャピタリストの銅像

出所：http://www.gene.com/about-us/leadership（2016.6.15.）

論したい。そして，海外の主要なバイオクラスターと日本の代表的な関西バイオクラスターを事例としながら，どのような特性を持つネットワークがその発展を促進しているかを概観する。そして，技術の商業化を促進するネットワーク特性の探求を中心として今後の研究課題について見ていきたい。

2　地域のイノベーション能力の発展と社会ネットワーク

（1）地域の持つイノベーション能力

　産業クラスターにおけるイノベーションの促進は，ある技術領域に関する研究者とビジネスパーソンや産学連携の地域的な社会ネットワークの発展と働きによると考えられるようになってきた。つまり，社会ネットワークを媒介にして，ある技術領域に関して，地域内部で個人や企業・団体の間の活発な交流や

第Ⅱ部　地域のネットワークがもたらす効果

協力が進み，地域に存在する知識や資源を広く活用できるだけでなく，その新規結合を数多く生み出しやすくなる。産業クラスターは，ある技術を開発する企業やビジネスが生きていく環境となる生態系とみると，社会ネットワークは，イノベーションを進める地域な生態系の重要な要素とみることが可能だろう。こうした社会ネットワークが活発に機能する産業クラスターは，地域としてイノベーションを展開できる能力すなわち「地域的イノベーション能力（Regional Innovation Capabilities）」を持つと考えられる（Cooke 2006）。そしてそうした地域としての能力の違いが，技術革新の進み方の違いにもつながり，地域の競争能力の違いに現れると議論されている。

（2）産業クラスター進化の見方

　社会ネットワークは，このように産業クラスターにおけるイノベーションの生態系の有力な部分を構成する。ネットワークの発展の有り様は，産業クラスターの進化に対して大きな影響を与えると考えられる。ただ，産業クラスターの進化は，従来の見方から変わってきた。従来は個々のクラスターの環境適応と生存を重視してきたが，現代では，むしろある①進化の経路依存の問題や，②複数の組織や個人が相互に影響し合う共同の進化をして，むしろ多様な技術やビジネスの増殖が起きる要因を重視する。

　第1に，進化の経路依存問題である。これは，個々の産業クラスターの発展は，自らの過去のあった技術，経済，歴史，社会の状況に制約されながら実際には展開するという見方である。同じ技術革新が起こっても，それぞれの産業クラスターでは違う経済発展につながるという視点である。Casper & Whiteley（2004）は，英独を比較しながら，経済的な制度や環境が異なるので，バイオクラスターにおける技術者たちや産学の間のネットワークが異なっており，その発展メカニズムが異なることを指摘した。英国の経済環境は，市場経済的であり，労働力や資本の移動がかなり流動的である。研究者の大学と企業，企業間での転職は頻繁であり，個人間や組織間のネットワークは発達し，知識移転が起こりやすい。それに対して，ドイツは，社会的経済システムであり，労働者や資本の移動を制約する慣行や制度が多く，転職や起業の程度も低く，社会ネットワークも比較的固定的である。

132

第7章　産業クラスターの進化を促進する社会ネットワーク

他方で，技術者，ビジネスパーソン，ベンチャー・キャピタリストなどの実際の技術革新に関わるネットワークにおける日常の相互作用で，ブレークスルー技術が生まれ，産業が変わることがある。すなわち，スワンソン達のベンチャリングのように，社会ネットワークが新たな技術発展の進化経路を生み出すこと，「経路創造（path creation）」を進めることもある（Garud, Kumaraswamy & Karnøe 2010）。

第2に，進化の見方が，個体適応から，生態系での共同進化へと転換している。Volberda & Lewin（2003）は，突然変異が個々の企業や事業で起こるが，市場や産業，地域で有力なビジネスモデルとして広く受容選択されて初めてビジネスとして進化するという「共進化（coevolution）」の視点を提唱している。そうした共進化においても，個人や組織の間のネットワークが新興の産業や市場において，実際にこうした新しく，多様な技術の移転や革新を進める役割を果たすことが注目されている。

（3）社会ネットワークが生み出すクラスター開発効果

産業クラスターの近年の研究においても，技術の移転や革新を進める個人や組織のネットワークの持つ実際の開発促進効果が確認されている。4つの代表的な効果が広く認められている。

1）技術の革新と商業化に関わる知識，資源の移転の促進

技術者，ビジネスパーソンが活発に複数の企業や研究機関の間で頻繁に転職する状況は，産業クラスターの内部に知識や資源，そして人材そのものを移転するネットワークが発達する。

2）地域における学習とイノベーション

現代の国際競争力のある産業クラスターは，企業や労働者が集積し，ネットワークしているので，地域のソフトな経営資源（文化，歴史，価値等）を活用して，新たな技術や需要についての学習を行い，知識を創造できる。経済地理学者Florida（1995）は，こうした先進的地域を「学習地域」と名づけた。そして，知識やアイディアの貯蔵されている場所であり，その流通と活用の過程を促進する地域の環境やインフラがあるところと特徴づけた（友澤 2002）。

3）新技術のベンチャー起業と新興産業の創造

Saxenian（1994）をはじめ，数多くの研究で，産業クラスター内部では，そこが得意とする技術領域での開発，事業化，そして普及による新産業の発展に関して，個人間，組織間ネットワークが促進していることを示されている。前述のスワンソンとボイヤーのベンチャー起業創業が典型である。

4）経路依存と経路創造

産業クラスター内部における新技術に関わる個人や組織のネットワークは，技術開発に関わる実際の知識や資源の流通と分布の状況に対して大きな影響を与える。つまり，ネットワークに入っていないと，十分な技術知識も資源も入手できずに開発がしづらい。その意味では，産業や技術が発展する歴史的展開すなわち発展経路の実際のあり方，すなわち，進化の経路のあり方に対して，大きな影響を与える（Staber 2007）。

3　クラスター開発における社会ネットワークの効果

（1）社会的交換による経済取引と地域的イノベーションの促進

社会的ネットワークは，産業クラスターにおける経済的な発展と技術革新に対して影響する。そして，現在，どのような社会ネットワークが，どのような効果を発揮するかが検討されている。ある社会ネットワークが，企業組織の経済活動に良い効果を与えるならば，それは企業にとって，ネットワーク的な経営資源である。この考え方に従って，Adler & Kwon（2002）は，経済的な業績を上げるのに効果的な社会ネットワークは企業やビジネスの重要な経営資源すなわち「組織の社会関係資本（organizational social capital）」という見方を提示し，幅広く組織理論に導入されてきた。現在の研究では，産業クラスターの発展に寄与するソーシャル・キャピタルの特性を解明することが一つの焦点となっている。

第1に，社会ネットワークは，産業クラスターの発展において，経済取引と技術革新のあり方に影響する。まず，社会ネットワークは，クラスター内部での経済取引に具体的に影響する。経済社会学者 Granovetter（1985）は，新しい経済社会学の視点から，社会ネットワークを通じて，経済活動は社会・文化

の影響を受けるとする「経済の社会的埋め込み（embeddedness）」の効果を指摘する。産業クラスターの場合には，社会ネットワークでの相互作用を通じて，地域産業独自の経済取引の規範やモデルの形成，取引相手との実際の関係形成が行われる。たとえば，ベンチャー投資の有力モデルは，シリコンバレーで作られた。

　第2に，産業クラスター内部での，企業，大学，研究機関等の組織の間で，特定技術分野に関わる研究者，ビジネスパーソン，キャピタリストの社会ネットワークが十分に発達していると，知識移転もしくは相互学習が進みやすくなる（Inkpen & Tsang 2005）。こうしたネットワークの働きは，「知識移転ネットワーク」として重視されている。知識移転とは，ネットワークを通じてある組織が別の組織の経験に影響され，保有する知識や行動パターンに変化を生ずることを意味する。産業クラスターにおいて，社会ネットワークを通じて，①労働や資本の移動，②組織間の相互作用，③スピンオフが活発に行われると，地域での活発な知識移転を行いやすい（Inkpen & Tsang 2005）。

（2）ソーシャル・キャピタルがもたらす経済成果

　社会ネットワークが産業クラスター等の地域的な産業集積において，経済的な成果を与えるメカニズムはどのようなものだろうか。これについては，新しい経済社会学の観点から3点の説明がなされている（Inkpen & Tsang 2005）。

1）長期で特別な分業や取引を促進する仕組：ネットワーク・ガバナンス

　企業や個人の間の取引が，長期的なものだったり，特別な仕様を求めるものだったりする場合には，取引担当者の間に社会ネットワークがあると，調整がうまくいきやすい。長期的もしくはカスタム性の高い商品やサービスの取引は，一般的なものと違い，取引時点で取引条件を完全に事前に明確化することができないので，取引条件が不完備になる。こうした不完備契約では，事後的に，当事者間で，取引の問題が起きたときに調整する関係について合意する「関係的契約」を結ぶ（Milgrom & Roberts 1992＝1997：140）。こうした関係的契約を調整するのは社会ネットワークである。そこで，経済取引のネットワーク・ガバナンスといわれる。

第Ⅱ部　地域のネットワークがもたらす効果

２）信頼と評判による取引促進

　産業クラスター内部で発達した，企業や個人の間の社会ネットワークの働き
を見ると，企業や個人の評判情報の流通を行ったり，信頼関係を作ったりして，
分業や取引，共同開発の関係を促進している面がある。ある個人や企業の持つ
研究開発や事業化に関する高い能力や過去の実績に関するプラスとマイナスの
評価が，評判情報として社会ネットワーク内で流通して実際の取引や協力を左
右する。また，社会ネットワークが継続していると，その中で相互にやりとり
をするうちに，取引や協力関係に関する共通の規範やルールが共有されていく。
またお互いに助け合う互酬的な関係も生まれやすい（Coleman 1990）。これが経
済取引に信頼関係を作り出す。

３）新しい技術や知識の獲得と新規結合

　社会ネットワークは，経済取引の促進だけではなく，知識移転ネットワーク
といわれる働きに見られるように，産業クラスターの内部や外部にある新たな
技術や知識を普及させたり，それを他の技術や知識と新たに結びつけたりする
機会を提供する働きをする。「学習する地域」の議論で見られたように，ある
領域の知識や技術に関して活発な学習活動が行われる。そして，これまで無か
った技術や知識の結合を通じて，イノベーションを起こやすくする。

（3）クラスター開発に効果的なソーシャル・キャピタル

　社会ネットワークが産業クラスターの発展を促進する効果を持つことは，い
くつかの研究で明らかになってきた。その代表的な効果の５つについて，代表
的な研究例を含めてみていきたい。

１）地域的なネットワーク成長と知識・資源の移動と獲得

　まず，産業クラスター内部において，ある技術や知識の領域に関する企業，
研究機関，個人の地域的なネットワークが成長すると，資源，知識そして技術
の移動が活発に進むことがわかってきた。たとえば，Owen-Smith & Powell
（2004）によると，アメリカのマサチューセッツ州ボストンとその周辺にある
バイオテクノロジー産業のハイテククラスターにおける研究機関と企業の提携
ネットワークの発展を見ると，有数の研究機関や研究大学と共同研究に関わる
関係を持つベンチャー企業の生存率が高いことがわかってきた（図7-2）。こ

136

第7章　産業クラスターの進化を促進する社会ネットワーク

図7-2　ボストン地域の産学連携ネットワーク

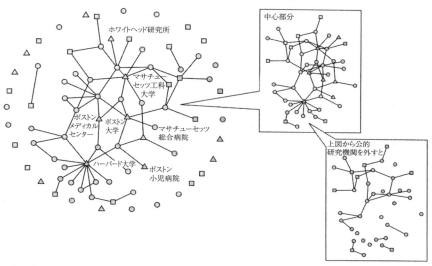

注：●はバイオテクノロジー企業，▲は公的研究機関，■はベンチャー・キャピタル。
出所：Owen-Smith and Powell (2004：14) fig. 4を筆者改変。

れは，バイオベンチャー企業が，最先端の技術や知識をこうした研究機関から導入することが，その高い開発と事業の成果につながりやすいと考えられる。

2) 新規事業の持続的起業

次に，シリコンバレーのような産業クラスターの地域では，特定の技術領域に関して，高い技術開発が進むとともに，その商業化のノウハウや資源，人材が存在するので，継続的にベンチャー起業の創業が展開することが知られている。典型的なのは，特定の研究機関や企業からのベンチャー企業の連続的なスピンオフである。たとえば，イギリスのケンブリッジ地域は，有名なバイオテクノロジーの研究大学・機関を持つクラスターであるが，1980年から2005年までに112のベンチャー企業を輩出している (Gransey & Heffernan 2005)。そのうち，ケンブリッジ大学からは，バイオテクノロジー関連の研究ベンチャー企業が，42社スピンアウトして創業し，産学連携を発展させている。

3) 新しい知識の探索と活用

産業クラスターにおいて，地域的に知識移転のネットワークが発達している

と，イノベーションが活発になることがわかってきた。そして，知識の利用に関して，①幅広く知識を探索して，新たなアイディアを作るのか，②深く知識を共有して活用をするのかによって有効なネットワーク構造が異なることがわかってきた（Rowley et al. 2000）。いわゆる，知識の探索（exploration）と活用（exploitation）の問題である（Lazer & Friedman 2007）。

　第1に，知識の探索は，未知の知識について幅広く探し求めるので，余り関係の強くない企業や組織も含めてできるだけ幅広い範囲で行う方が効果的とされる。そのために，ブリッジ紐帯のように，多くの異なるグループにいたり，結びつきの無かったりする企業や研究者の間を結びつける構造の紐帯があると効果的とされる。たとえば，Burt（2004）の「構造的空隙（structural holes）」の形態のように，分断されたグループを結合するネットワークを持つ組織や個人はそうした探索において高い成果を挙げやすい。スモールワールド性が高いものそうである。

　第2に，それとは異なり，実際の企業活動において，実際のその知識を活用して，実際に製品やサービスを開発して事業展開する場合には，それを行う複数の組織や個人の間には暗黙知レベルまで深く共有して綿密な実施手順の策定と緊密な調整を行い，事業活動を行う必要があるので，「強い紐帯」や「凝集的紐帯」がよい。

4）ネットワークと産業の発展

　経済取引や知識移転の地域的ネットワークの発達が効果を持つとわかってくると，次に，そうしたネットワークの発展の仕方が地域産業の発展に大きく影響することがわかってきた。まず，ハイテク産業のクラスターが高成長していると，そこでの社会ネットワークが幅広く発達しやすい。たとえば，Casper（2009）の研究では，アメリカのカリフォルニア州の同じバイオテクノロジー領域のクラスターで，サンフランシスコ湾岸地域とロスアンジェルスとの2つの地域を比べて，経営者，ビジネスパーソンの人的ネットワークが発達している地域が，経済的にも技術的にも高い成果を挙げていることを明らかとなった。具体的には，サンフランシスコ湾岸地域の方が，ロスアンジェルス地域よりもネットワークも発達し，高い成果を上げていることを示した。また，Powell et al.（2012）は，全米の20のバイオクラスターの1980年代から20年間の組織間

第7章 産業クラスターの進化を促進する社会ネットワーク

ネットワークの成長を比較分析して，高い成長をしているボストン，サンフランシスコ湾岸地域，サンディエゴの3つは，組織間の社会ネットワークが発達していることを示した。

5）国際化の促進

バイオテクノロジーや情報技術をはじめとした技術領域での先端産業クラスターを見ると，それぞれの地域内部に研究開発や生産に関わるビジネス・ネットワークをとどめず，むしろ外に向かって国際化を進めつつある。Al-Laham & Souitaris（2008）は，ドイツの産学ネットワークの効果を調べ，国際的に有数の活動をしている研究機関や研究大学と産学連携しているベンチャー企業が海外の提携相手を得やすいことを見出し，その国際化推進効果を指摘した。

4 代表的な国際バイオクラスターにおける社会ネットワークの効果

（1）クラスター間の国際的な競争と協力

アメリカのシリコンバレーのように，情報技術などのエリアで高い技術イノベーション能力と事業化能力を持つ産業クラスターは，地域的イノベーション能力が高いとされる。それは，この地域に立地すると，イノベーションやそれに関する商業化に関して，他の地域よりも有利に進められる利点を持つことを意味する。ただ，情報技術やバイオテクノロジーなどのハイテク技術は，国際的な規模での研究開発の競争と協力が行われている。その意味では，地域の持つ意味が，グローバル化の中で変わってきている。

たとえば，さまざまな地域のバイオクラスターは，その優位性について，新たな技術の研究開発の活発さだけでは無く，その事業化に結びついた成果に関して，実際の企業数や雇用の増加の面を中心にしつつ，国際比較されている。バイオテクノロジーとは，「生物の機能を利用あるいは模倣することにより，工業的に応用することを目指す技術」を指す（小田切ら 2003：304）。幅広い領域を含み，医療バイオテクノロジー，食品バイオテクノロジー，バイオケミカル，バイオメカニクス，バイオインフォマティックス（バイオ向けの情報技術）等を含む。特に，医療や製薬分野が国際的にも注目されている。医療分野を中心とした国際的なバイオクラスターにおいて，欧米において高い事業化成果を

139

第Ⅱ部　地域のネットワークがもたらす効果

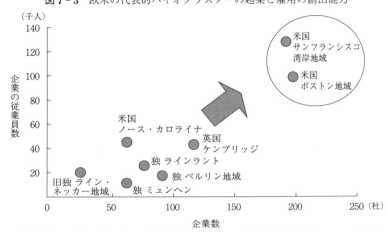

図7-3　欧米の代表的バイオクラスターの起業と雇用の創出能力

出所：Boston Consulting Group 調査についての Casper, S.（2008）"Creating successful biotechnlogy clusters" Presentation for "The Shape of Things to Come" Conference, Stanford University, Jan 17-18より引用。

示す地域は，図7-3に示すようになっている。この中で，アメリカのサンフランシスコ湾岸地域（Bay Area）とアメリカのボストンが，研究開発成果だけではなく，企業数，雇用者数で高い事業化成果を示しており，トップランクに位置づけられている。こうした評価は，現代の産業クラスターが，地域的イノベーション能力の国際的な競争力の面で格付けされるようになってきたことを表す。

他方で，産業クラスターの研究開発と事業化活動もグローバル化し，国際競争だけでは無く，国際的な分業も行っている。典型的なのは，情報技術で有名なアメリカのシリコンバレーとインドのバンガロールのソフトウェア開発での国際分業の関係であり，シリコンバレーでのアイディアを，インドのバンガロールで製品化することが技術者の国際的ネットワークで行われている。国際的に特定の技術や製品の領域に特化することは，グローバル・ニッチ市場への特化といわれる。有力ないくつかの産業クラスターも現在，それぞれの強みとする特定の製品・技術領域に絞り込み，グローバルに他の産業クラスターをネットワークして，そこで，グローバルなトップの拠点として展開することを目指している（Schüßler, Decker & Lerch 2013）。

たとえば，アメリカのサンディエゴのバイオクラスター開発機関 Global

第7章　産業クラスターの進化を促進する社会ネットワーク

Connect は，積極的にサンディエゴのクラスターと技術的に関係の深い世界の他の有数バイオクラスター（神戸等）との国際的な共同研究開発ネットワークの構築を進める。サンディエゴが得意とする糖尿病治療薬などの特定の技術領域に絞り込んで，国際的なクラスター間ネットワークを形成し，国際的に有数の拠点との共同研究開発を進めることで，むしろ，サンディエゴにその領域の先端的な研究情報が集まり，その領域での主導性を高めることを狙っている。その際に，重要なのは，やはり国際的に展開する研究者の人的ネットワークと，企業や研究機関の組織間ネットワークである。この2つが，実際にあるバイオクラスターを，世界のトップクラスの研究拠点として位置づけさせる。

（2）欧米の代表的なバイオクラスター

　地域的なイノベーション能力において，国際競争力があるバイオクラスターでは，経済取引や知識移転に関して，効果的な社会ネットワークが発達している。次に，代表的なバイオクラスターにおいて，どのように社会ネットワークが，研究開発活動や事業化活動の重要な資源，すなわち，ソーシャル・キャピタルとして機能しているかについてみてみたい。

1）ボストンでの研究機関との産学連携ネットワークの生存効果

　アメリカのボストン地域は，世界有数のバイオクラスターである。ハーバード大学やマサチューセッツ工科大学等の研究大学やホワイトヘッド研究所等の研究機関，マサチューセッツ総合病院等の高度医療機関を中心として，数多くの製薬企業研究所や，医療機械メーカー，バイオベンチャー企業が立地する。Owen-Smith & Powell（2004）は，前述したように，この地域の産学連携の組織間ネットワークについて，共同研究，共同特許，事業化，資金提供の4つの面から全体構造とその発展過程を分析した。そして，バイオベンチャー企業が生き残る上で，研究機関との共同関係を持っていることが大きく影響していることを明らかにした。

2）アメリカのサンフランシスコ湾岸地域での VC とのネットワーク

　アメリカのサンフランシスコ湾岸地域（ベイエリア）は，アメリカの2大バイオクラスターの一つで，カリフォルニア大学バークレー校やスタンフォード大学等の有数な研究機関の集積の他，バイオ企業も数多く集積している。こと

141

第Ⅱ部 地域のネットワークがもたらす効果

に，シリコンバレーが近いせいもあり，ベンチャー・キャピタル（ベンチャー企業専門の投資企業）も数多く存在している。冒頭のスワンソンとボイヤーのベンチャー企業創設の事例もその影響である。Powell et al.（2012）も，この地域のバイオテクノロジー関連の研究機関，企業，支援機関などの組織間ネットワークの成長を分析して，他の全米19のバイオクラスターに比べて，ベンチャー・キャピタルなどの投資企業との結びつきが強いエリアであると特徴づけている。

3）アメリカのサンディエゴでの連続的創業を促進するネットワーク

アメリカのサンディエゴ市周辺地域もこの20年間で急成長したバイオクラスターである。生命科学関連の有数の研究機関であるソーク研究所，アメリカ国立衛生研究所サンディエゴ研究所やカリフォルニア大学サンディエゴ校などの立地に加えて，現在では，600を超えるバイオ企業の創業と集積が見られる。Casper（2007）が明らかにしているように，伝説的なバイオベンチャー企業Hybritech 社が，米国大手製薬企業イーライリリー社に1985年に買収された後，多くの研究者や事業担当者がスピンオフして，それが数多くの創業につながっている。Hybritech 社を中心とした事業担当者の人的ネットワークが広がり，バイオベンチャー企業創業と発展の経営ルーティンが拡散し，創業の連鎖につながったという興味深いクラスター成長事例である。

4）ミュンヘンでの国際研究所を中核とした産学連携

ミュンヘン地域も，ミュンヘン大学，ミュンヘン工科大学，マックスプランク研究所などの有数の研究機関や大学病院や，バイエルンなどの世界的製薬企業が集積しているバイオクラスターである。191のバイオテクノロジー関連の企業が立地し，1万3,000人余りが従事している。ドイツは，日本と同じく産学での人材流動が低い方であり，ベンチャー創業が停滞している方であるが，ドイツ独特の産学連携政策で，マックスプランク研究所やフラウホーファー研究所などの国際的なコア研究機関が次々と産学を組織した研究プロジェクトを展開している。Casper & Murray（2005：64）によるミュンヘン地域での産学での研究者ネットワークの分析によると，マックスプランク研究所が形成したプロジェクトでの大手企業，大学・研究機関の間の研究者のネットワークが中心となっている。

第7章 産業クラスターの進化を促進する社会ネットワーク

（3）関西バイオクラスターの特徴

最後に，日本のバイオクラスターにおける社会ネットワークの発展を見るために，若林（2013a・b）の成果によりながら，バイオテクノロジー分野での産業，大学・研究所が集積している日本有数の地域である関西バイオクラスターにおける2000年代の産学連携の社会ネットワークの構造と特性を検討したい。ここでは2001年からの経済産業省の産業クラスター政策の指定を受けて，関西バイオクラスターの開発組織である近畿バイオインダストリー振興会議を中心にその開発が進められてきた（近畿経済産業局 2010）。このクラスターは，関西地方の9つのサブクラスターを含み，医療分野，医療および解析機器，食品・環境等の各分野での大学・研究所，関連起業が集積している。約460の企業，51の大学，14の研究機関，12のインキュベーターが集積した（Ibata-Arens 2005）。主要な主体としては，武田薬品工業，サントリー等の製薬，化学，食品・繊維の有力企業があり，京都大学，大阪大学，理化学研究所等の有力研究機関等がある。[1]

主に，2000-2007年の医薬品分野の特許（A61K）での共同開発での産学官の組織間ネットワークの時間的な変動を対象にして，日本のバイオクラスターにおけるネットワークの特徴を概観したい。2004年の国立大学法人化を境にして，関西地方での共同特許申請をした企業・団体418団体のネットワークを対象に，第1期（2000-2003年）と第2期（2004-2007年）の対比をしたい（若林 2013b）。[2]

1）ネットワークの成長

2000年代における国立大学法人化に伴う改革のために，研究大学を中心としながら，産学連携の共同特許開発のネットワークは急成長している。国立大学法人化に伴い，特許所有が大学に移るとともに，特許取得を目指す産学協同研究を推進する政策が展開したために，大学を中心に共同特許申請のネットワークは急成長している。第2期の紐帯数1528で，第1期の948に比べると約1.5倍となっている。ことに，大学・研究所39機関の紐帯数が8.11倍となっており急拡大している。

2）産学連携政策と地域ハブの形成

産学連携政策の展開とともに，主要研究大学が地域のネットワークのハブになってきたのがよくわかる。平均の約2倍以上の高頻度特許出願組織（8年間

143

第Ⅱ部　地域のネットワークがもたらす効果

図7-4　関西バイオクラスターで地域ハブ化する有力国立研究大学

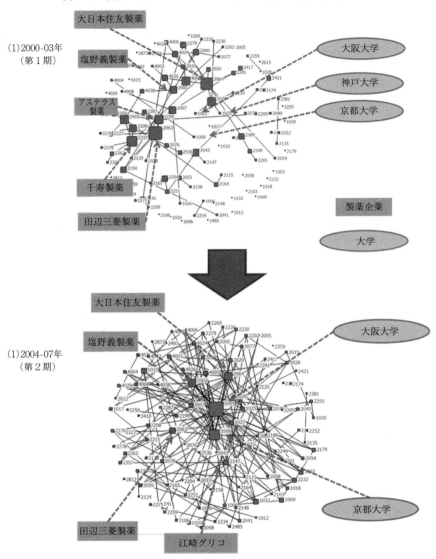

第7章　産業クラスターの進化を促進する社会ネットワーク

図7-5　関西バイオクラスターでの共同特許ネットワークに見る2つのグループ

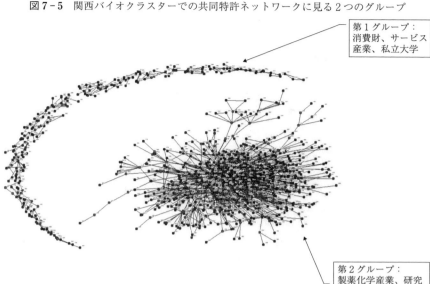

注：ネットワークの無い企業を省略したので第1グループは実際より少ない。

に6件以上）の109企業・団体・機関に絞ると，第1期では田辺三菱，大日本住友の両製薬会社が地域的なハブであったが，第2期には，大阪大学，京都大学が中心となってきた（図7-4）。

3）大手企業＝国立研究大学の連携促進

　日本の産学連携は，政府・自治体，大手企業と有力研究大学との間での長期的，固定的関係となっており，そのダイナミズムは弱い（山下・亀山 2008）。図7-5を見ると全体418社の共同特許申請の組織間ネットワークを見ると，大きく2つの部分に分かれていることが理解できる。中心的な第2グループの特徴を見ると，大手の製薬企業，化学メーカー，電機メーカー，有力国立研究大学（大阪大学，京都大学，神戸大学，東京大学等），研究機関が主なメンバーとなっている。特に，大企業が35.43％を占めている。中小企業や非化学産業は別のグループを形成しており，大手企業＝有力研究大学との産学連携と，中小企業は別のネットワークを形成していることがわかる（表7-1）。

145

第Ⅱ部　地域のネットワークがもたらす効果

表7-1　関西バイオクラスターでの2つのネットワークとその特性

	指　標	グループ	単　位	度数	平均値	t検定
規　　模	①資本金	第1グループ 第2グループ	万円	95 249	1093101.62 672178.89	
	②従業員数	第1グループ 第2グループ	人	102 310	1739.25 693.18	**
	③売上高	第1グループ 第2グループ	万円	100 303	16855064.19 5062263.85	*
	④操業年数	第1グループ 第2グループ	年	119 349	40.98 47.40	*
	⑤科研費受入額	第1グループ 第2グループ	万円	2 27	4650.00 23412.41	
ネットワーク変数	⑥紐帯数	第1グループ 第2グループ	本	133 370	1.90 3.32	**
	⑦固有ベクトル中心性	第1グループ 第2グループ		133 370	0.00 0.01	**
	⑧構造的空隙	第1グループ 第2グループ		133 370	−0.92 −0.74	
産業特性	⑨産業	第1グループ		152	食品・繊維（25.6%），商業，サービス（36.0%）	
		第2グループ		357	製薬・化学（42.8%），研究機関（10.9%）	

注：(1)　*p＜.05，**P＜.01。
　　(2)　2つのグループの平均値の差のt検定を行った。

4）東京圏とのリンケージの強さと国際化の停滞

　特に2000年代を通じて顕著だったのは，関西バイオクラスターでの研究であるが，東京圏に立地する企業や研究機関（東京大学・慶應義塾大学等）との共同開発ネットワークの比重が高い点である。他方で，海外の企業や大学との共同特許申請は少なく，国際的なリンケージが弱い（若林 2013b）。

5　産学連携ネットワークの発展とベンチャー創出の推進

　今日，産業クラスターは，ある地域での技術イノベーションの生態系として

第7章 産業クラスターの進化を促進する社会ネットワーク

みられており，地域の持つイノベーション能力を高度化するメカニズムが研究されている。こうした点で，技術者やビジネスパーソン，企業や団体等の社会ネットワークは，重要な役割を果たすネットワーク資源すなわちソーシャル・キャピタルであることが理解されてきた。まず，地域内での企業，団体や個人の間での経済取引の秩序を形成し，域内分業の基盤として働く。特定技術に関する最新もしくは高度な知識の移転を促進する効果が見られ，地域における学習を促進する。そして，ベンチャー起業や新興産業の形成を促進している。地域における産業進化の経路に影響し，その新たな方向の舵取りに影響する。また国際化のチャンネル作りにもつながっていた。

　しかし社会ネットワークを用いた研究では，共同論文，共同特許，スピンオフ，共同事業，資金提供等の関係の分析が行われているが，どういうタイプの社会ネットワークが，ある技術シーズと経営人材，経営資源，提携企業，顧客を結びつけて事業化を促進するかはよくわかっていない。Powell et al.（2012）は，全米20のバイオクラスターのネットワーク成長を分析して，アメリカのサンフランシスコ湾岸地域のクラスターでは，ベンチャー・キャピタルとの投資ネットワークがバイオベンチャーの群生をもたらした点は明らかにしたが，そのマッチングの研究はアメリカでも始まったばかりである。

　また，同時に日本の独自のクラスター開発課題への貢献をする研究も，今後求められている。日本の産業クラスターにおけるベンチャー企業創業に関しては，事業化能力の弱さ，リスクマネーの流動性不足，産学官での技術・経営面での人材流動の少なさ，大手企業＝有力大学の結合問題が指摘されている。こうした面で地域の中小ベンチャー企業を含めた産学連携ネットワークを創出し，ベンチャー起業を進めるソーシャル・キャピタルの研究が，政策基盤として求められている。

　注
(1)　2011年9月より創薬や医療機器開発を中心に関西イノベーション国際戦略総合特区の指定を内閣府より受け，関西国際戦略総合特別区域地域協議会を中心に再展開している。
(2)　ただし，関西地方で共同申請しているが，関西地方に立地している大学，企業も

第Ⅱ部　地域のネットワークがもたらす効果

含まれる。

参考文献

小田切宏之・古賀款久・中村吉明（2003）「バイオテクノロジー関連産業——企業，産業，政策」後藤晃・小田切宏之編『サイエンス産業』（日本の産業システム③）NTT出版，302-351頁。

近畿経済産業局（2010）『近畿地域における産業クラスター計画の総括編　報告書』（http://www.meti.go.jp/meti_lib/report/2010fy01/0020111.pdf，2012年9月1日アクセス）。

友澤和夫（2002）「学習・知識とクラスター」山崎朗編『クラスター戦略』有斐閣，31-52頁。

山下彰一・亀山嘉大（2008）「アジアの産業クラスターと日本の課題」『産学官連携ジャーナル』4(6)，52-55頁。

若林直樹（2013a）「2000年代における関西バイオクラスターにおける共同特許ネットワークの構造と効果——組織間ネットワーク分析による構造分析」『京都大学経済論叢』186(2)，23-41頁。

若林直樹（2013b）「バイオクラスターにおける産学連携政策と組織間ネットワークの成長——2000年代の関西バイオクラスターにおける共同特許開発関係の継時的分析」『京都大学経済論叢』186(4)，19-39頁。

Adler, P. S. & S. Kwon (2002) "Social Capital: Prospects for a New Concept." *Academy of Management Review* 27(1), pp. 17-40.

Al-Laham, A. & V. Souitaris (2008) "Network embeddedness and new-venture internationalization: Analyzing international linkages in the German biotech industry." *Journal of Business Venturing* 23, pp. 567-586.

Burt, R. S. (2004) "Structural Holes and Good Idea." *American Journal of Sociology* 110, pp. 349-399.

Casper, S. (2007) "How do Technology Clusters Emerge and Become Sustainable? Social Network. Formation and Inter-firm Mobility within San Diego Biotechnology Cluster," *Research Policy* 36, pp. 438-455.

Casper, S. (2009) *The Marketplace for Ideas: Can Los Angeles Build a Successful Biotechnology Cluster?* (http://www.kgi.edu/Documents/In_the_news/Casper%20Biotech%20Report%20Final.pdf, 2015.4.1.)

Casper, S. & F. Murray (2005) "Careers and Clusters: Analyzing the Career Network Dynamic of Biotechnology Clusters." *Journal of Engineering and Technology Management* 22, pp. 51-74.

第7章　産業クラスターの進化を促進する社会ネットワーク

Casper, S. & R. Whiteley (2004) "Managing competences in entrepreneurial technology firms: A comparative institutional analysis of Germany, Sweden and the UK." *Research Policy* 33, pp. 89-106.

Cooke, P. (2006) "Global Bioregions: Knowledge Domains, Capabilities and Innovation System Networks." *Industry and Innovation* 13(4), pp. 437-458.

Coleman, J. S. (1990) *Foundation of Social Theory*, The Belknap Press of Harvard University Press.

Florida, R. (1995) "Toward the learning region." *Futures* 27(5), pp. 527-536.

Garud, R., A. Kumaraswamy & P. Karnøe (2010) "Path Dependence or Path Creation?" *Journal of Management Studies* 47(4), pp. 760-774.

Goeddel, V. G. & A. D. Levinson (2000) "Levinson Obituary: Robert A. Swanson (1947-99)." *Nature* 403, p. 264.

Granovetter, M. S. (1985) "Economic Action and Social Structure." *American Journal of Sociology* 91, pp. 481-510.

Gransey, E. & P. Heffernan (2005) "High-technology clustering through spin-out and attraction: The Cambridge case." *Regional Studies* 39, pp. 1127-1144.

Henk, W. V. & A. Y. Lewin (2003) "Co-evolutionary Dynamics Within & Between Firms: From Evolution to Co-evolution." *Journal of Management Studies* 40(8), pp. 2111-2136.

Ibata-Arens, K. (2005) *Innovation and Entrepreneurship in Japan: Politics, Organizations, and High Technology Firms*, Cambridge University Press.

Inkpen, A. C. & E. W. K. Tsang (2005) "Social Capital, Networks, and Knowledge Transfer." *Academy of Management Review* 30(1), pp. 146-165.

Lazer, D. & A. Friedman (2007) "The Network Structure of Exploration and Exploitation." *Administrative Science Quarterly* 52, pp. 667-694.

Milgrom, P. & J. Roberts (1992) *Economics, Organization and Management*, New York: Prentice Hall. (＝1997, 奥野正寛ら編『組織の経済学』NTT 出版。)

Owen-Smith, J. & W. W. Powell (2004) "Knowledge Networks as Channels and Conduits." *Organization Science* 15(1), pp. 5-21.

Powell, W. W., K. Packlen & K. Whittington (2012) "Organizational and Institutional Genesis: The Emergence of High-Tech Clusters in the Life Sciences." in John, F., J. F. Padgett & W. W. Powell (eds.) *The Emergence of Organizations and Markets*, Princeton University Press, pp. 435-457.

Rowley, T., B. Dean & D. Krackhardt (2000) "Redundant Governance Structures: An Analysis of Structural and Relational Embeddedness in the Steel and

第Ⅱ部 地域のネットワークがもたらす効果

Semiconductor Industries." *Strategic Management Journal* 21, pp. 369-386.

Saxenian, A. (1994) *Regional Advantage: Culture and Competition in Silicon Valley and Route 128*, Harvard University Press.

Staber, U. (2007) "The Competitive Advantage of Regional Clusters: An Organizational-Evolutionary Perspective." *Competition & Change* 11(1), pp. 3-18.

Schüßler, E., C. Decker & F. Lerch (2013) "Networks of Clusters: A Governance Perspective." *Industry and Innovation* 20(4), pp. 357-377.

Volberda, H. W. & Lewin, A. Y. (2003) "Co-evolutionary Dynamics Within and Between Firms: From Evolution to Co-evolution," *Journal of Management Studies* 40(8), pp. 2111-2136.

（若林直樹）

第Ⅲ部　企業／組織と社会の関わり

第8章	企業による評判のマネジメントは可能か[(1)]

1　企業資本の基盤となる社会資本

　ソーシャル・キャピタル（社会関係資本）の定義は実にさまざまなものがあるが，信頼（trust），規範（normative），ネットワーク（network）が，どの定義でも社会関係資本の基本的な中核概念となっている。本章では，まずは資本概念を中心に社会関係資本と企業資本の関係を議論し，次に，社会関係資本を念頭に企業における評判（レピュテーション）が持つ意味について議論したい。

　資本概念は研究者によりさまざまな捉え方が存在し，社会関係資本という場合に，資本という言葉が使用されることに違和感を持つ研究者もいる。

　しかし，そもそも資本は所得を生み出す源であると解釈することができる。資本主義社会では，私有財産である資本を，交換経済の中で最大化することが求められる。分業経済の中では，交換の見返りを最大化し，犠牲を最小化することで利潤が生み出される。資本はコストを削減し，リターンを増加させる生産手段である。つまり，将来の利益（効用）を生み出すことができれば，それは有形資産であろうと，非物質的な無形資産（人間の資質，職業上の能力等も含む）も資本として捉えることが可能である。

　社会的な資本を考える場合に，有形資本のみならず，無形資本も対象にすべきであろう。前者は，一般的な社会資本（道路，港等の社会インフラ）であり，後者は信頼，規範，ネットワークを中核概念とする社会関係資本である。

　いずれも，私的資本として特定することのできない資本であるが，将来に収益（効用）をもたらすことが期待される。また，直ちに消費しないために資本として認識することもできる。

　道路や港等の社会インフラは，それがあることにより物理的に交換経済を効率化させ，社会的な利益をもたらす社会資本である。企業においても，その有

第8章　企業による評判のマネジメントは可能か

形の社会資本の一部を活用することで利潤を得ることができる。地方自治体が社会インフラを整備し，企業を誘致するケース等は，公共財であるはずの社会資本を，企業がその効用を織り込んで自社の企業資本の一部として利用するのである。企業自身が自社商品の流通のために，自分たちで私的財として道路を工事していたのでは，コストに見合った大きな利潤は見込めない。

　このような例は，有形の社会資本ばかりではなく，前述してきたように，目に見えない信頼，規範，ネットワークといった社会関係資本も，取引相手との関係性を強化することによって交換経済を効率化させ，利益をもたらすことが可能であるという意味で，企業資本にも影響を与える。

　資本は通常，何かしら現在の犠牲があって，将来の収益に結びつくのが一般的であり，現在の犠牲は投資ということになる。しかし，本来的に，資本は将来の収益が期待できれば，現在の犠牲がなくとも価値を持つ。資本が意味を持つのは，現在の我慢を強いることではなく，将来の収益が期待できることなのである。それだけでも社会関係資本は，十分に資本としての価値を備えているといえよう。

　当然，何もしないで信頼や絆が生まれるわけではない。たとえば，社会的規範を教える道徳教育や社会的なネットワークを創出する機会である交流会やイベント等の開催・参加には，金銭面・時間面・労力を含め，何らかの一定のコストが必要である。

　企業が社会一般との間で信頼やつながりを得るためにも，さまざまなプロモーション活動やPR活動によって企業の情報を発信し，対話を図り，エンゲージメントを強化する。また，顧客創造のために実施されるプロモーション活動や広告宣伝活動も，そのためには当然ながらコストをかけており，それらの活動は一種の投資である。

　社会資本は，過去からの物的な投資によって蓄積された社会全体としての有形ストックであり，社会関係資本も，過去からの持続的な関係性の積み重ね，取引の積み重ねによって蓄積された無形ストックと捉えることができる。

　社会的な資本は市場機能を支援するのである。有形の社会資本は，物流や情報網等を含めて交換経済を支援する。同様に無形の社会関係資本として形成された信頼関係等がなければ，私有財産の交換（売買）には相当のコスト（取引

153

第Ⅲ部　企業／組織と社会の関わり

コスト）が必要になる。企業の商品を考えてみても，商品の中身が表示と異なるかどうか等は，信頼関係が有るか無いかで大きく変化するであろう。

　Putnam（1993）の議論する社会関係資本は，主に地域やコミュニティのあり方に関係するマクロ的な資本であったが，それは資本である限り，企業資本との関連でも，援用して考えることも可能である。

2　有形・無形資本に基づく企業評価のフレームワーク

（1）社会資本も含めた企業評価

　社会関係資本を資本と位置づけるならば，市場の参加者が，企業評価を行う際のフレームワークの中で，有形の社会資本と同様に，無形の社会関係資本を含めて考えることができる。

　そこで，企業資本に関して図8-1のように社会関係資本を位置づけて，市場の参加者が企業を評価するためのフレームワークを示した。

　「信頼」「規範」「ネットワーク」に関連する部分を抜き出して，社会関係資本を明確化する。その特徴として，知的資本は，製品・サービスの属性情報に影響を与えるものであり，社会関係資本は組織の行動情報に影響を与えるものとして分類することが可能であろう。

　企業を評価する際には，大きく分類すると，有形資産と無形資産に分類することができる。市場の参加者が評価する有形資本の中には「有形資産／金融資産」と「社会資本」が含まれる。「有形資産／金融資産」は，企業が経済活動を行っていく上で基本となる資本であり，企業の所有する機械，不動産等の有形固定資産，財務上の金融資産，製品を製造するための原料や部品などの仕掛品等も含まれる。また，「社会資本」は道路や橋等のインフラストラクチャーを意味する有形の資本であるが，この「社会資本」が企業の有形資産の評価に影響を与えることは十分にありうる。

　前述したように，本来公共財である有形の「社会資本」が，企業の「有形資本」の価値を高める場合も考えられる。たとえば，自社の工場周辺の交通アクセスが非常に悪く非効率的であったが，国や地方自治体による社会資本インフラの整備が進展することにより，工場の物流の効率性を高め，その企業の優位

第8章　企業による評判のマネジメントは可能か

図8-1　企業評価のフレームワーク

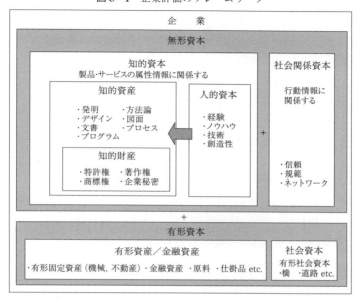

性を向上させることが考えられる。その際には，市場の参加者は，工場の設備・生産能力だけではなく，工場周辺の社会資本を含めて企業の有形資本を評価することになるのである。

(2) 企業評価を高める知識変換

「無形資本」は，「知的資本」と「社会関係資本」を包含した概念として位置づけられる。その中でも「知的資本」は，人的資本と知的財産を含む知的資産に分類した。知的資産は発明，デザイン，図面，文書，プログラム等のように成分化されたものであり，何かに書き留めたり，コンピューターに入力されたりした知識は，知的資産として見える化される。

また，知的資産のうち，法律で保護されたものが知的財産である。特許権，著作権，商標権，企業秘密等は，法律によってその権利が保護されているものである。知的資産や知的財産には人的資本が影響を与えていると考えられる。

人的資本は，企業のすべての人間の総合的な能力，経験，ノウハウ，技能等

155

第Ⅲ部　企業／組織と社会の関わり

の集合体である。能力，経験，ノウハウ，技能等の成文化されていない暗黙知的な人的資本は，組織内で成文化され，形式知的な知的資産に変換されるのである。つまり，人的資本によって知的資産は産み出される。企業にとって知的な価値を創造するのは人的資本なのである。

　たとえば，弁護士は，弁護士が持つ能力や経験やノウハウといったものが，弁護士事務所の収益を創造する。また，プログラマーは，ソフトウエア企業に雇われ，新しいソフトウエアプログラムを生産し，企業はそれをコピーして量産し，販売することによって収益を創造する。ソフトウエアプログラムを産み出す個人の能力，経験，ノウハウが，プログラムとして成文化されて知的資産となり，製造・販売されて価値を創造するのである。

　知的資本がその製品やサービスの特徴づけを行い，競合他社では真似のできない競争優位をもたらすのである。このように知的資本は，製品やサービスの属性情報に影響を与え，競争優位をもたらし，企業の将来のキャッシュフローを創出させる源泉となる。

　しかし，新しい知識を産み出し，その知識を成文化するのは容易ではない。企業内にはさまざまな能力や経験をもった人的資本が存在するが，個人の能力やノウハウの拡張には限界があるからである。野中・竹内（1996）[2]が論じるように，組織の知識創造には暗黙知と形式知の間での共同化，表出化，連結化，内面化といった知識変換が必要であり，個人によって得られた知識を，グループや組織レベルの知識に変換するためには，まずは暗黙知の共有が無ければ始まらない。

　そこで重要な資本となるのが社会関係資本である。組織の行動情報に関係する資本である。社会関係資本は，信頼，規範，ネットワークを中核とした資本概念であるが，組織内においては構成員同士を相互に結びける結束型のネットワークにより，組織への知識変換がスムーズに行われ，新たな知識の創造につなげることが可能となる。

　構成員相互が信頼に満ち溢れ，意思疎通が容易な組織と，不信が蓄積され，構成員の意見を阻害するような組織とでは，知識創造のプロセスにおいて，その違いは明白であろう。企業の創業期は組織も小さいので，組織内の情報は流通し，新しい知識を得ることは比較的容易である。

156

しかし，企業が成長して構成員が増えて，組織が複雑化してくると，情報の共有がなされることは少なくなり，企業としての活力が失われていく。企業規模が大きくなるにつれて，知識とノウハウを成文化することを動機づけ，社内の構成員間で共有化し，組織知として定着化させる必要がある。そのためには，社会関係資本の充実が欠かせないのである。

（3） ステークホルダーとの関係構築

社会関係資本は，企業が顧客やステークホルダーとの良好な関係構築を図ることに役立つ資本である。社外のステークホルダーから信頼を獲得することで，取引コストを減少させ，その企業の取引を効率化させることが可能となる。外部ステークホルダーとのネットワークには，顧客を広げていくようなネットワークと，取引先との系列関係を強めるようなネットワークがあるが，いずれのネットワークにせよ，企業にとって取引の効率化という効用をもたらす資本となる。

社会関係資本は，組織の行動様式の中に埋め込まれた資本であり，組織内での価値を創出するような風通しの良い企業風土や営業活動の繰り返し等の労働サービスの費消により蓄積されるストックとして評価することができる。

製品・サービスから利潤を得ようと思えば，顧客を開拓することが必要である。そのためには製品やサービスそのものの品質という属性情報が評価されるべきものであることは当然ではあるが，製品やサービスといった属性情報以外にも，価格，流通，プロモーション等の対策を施さなければキャッシュフローの創出はできないであろう。

また，競争が激化する市場の中で顧客を獲得するためのプロモーション戦略として，宣伝・広告活動はもちろんのこと，営業マンによる日々の営業活動の繰り返し等で，顧客との持続的関係性を構築することで，製品・サービスを販売し，利潤を獲得することが可能となる。

顧客との持続的関係性の観点から考察すれば，顧客は，製品やサービスの品質に関する属性情報だけではなく，その企業の行動情報を評価して製品やサービスを購入していると考えられる。いくら属性情報が良さそうに見えても，企業の行動がいい加減であれば，その行動情報により製品やサービスの購入を見

第Ⅲ部　企業／組織と社会の関わり

送るであろう。インターネットオークション等の商取引の経験を考えれば，そのことは十分に理解できるはずである。

　消費者は商品の属性情報だけではなく，出展者の過去の行動情報を含めて評価している。消費者の授受する情報の中身は，製品やサービスの品質に関する属性情報だけではなく，その企業の信頼性に関わる情報，つまり行動情報を合わせて評価しているのである。

　これらの属性情報および行動情報という2種類の情報が正確に消費者に伝わることによって，企業と消費者の間に介在する「情報の非対称性」が解消され，購買が促されるのである（高岡編 2007：16）。

　また，Porter（1985）が指摘するように，企業の活動は価値連鎖しており，製品の市場導入とサービスが最終段階で価値に統合されなければ，顧客から利潤を得ることはできない。

　マーケティング活動においては近年，ホリスティックマーケティング[3]が提唱されるように，4P（Price，Place，Product，Promotion）における価値を管理するだけではなく，共創的に顧客との関係性を探索・構築し，関係性を管理することが必要になってきている（Kotler & Keller 2006）。顧客との関係性を適切に構築・維持し，顧客の生涯価値の総和を最大化するという概念であり，カスタマーエクイティと呼ばれることもある（和田 1998；Rust et al. 2001）。

　顧客との良好な関係性により社会関係資本が構築され，その商品やサービスを提供する組織の行動情報が，商品・サービス等の属性情報に付加されることで相乗効果をもたらし，売上も上昇する。結果として，暖簾やブランドが形成されれば，企業価値はさらに向上するのである。

　その意味でも，市場の参加者は，そのような財やサービスの属性に関する企業の知的資本だけを評価するのではなく，暖簾やブランドの構成に欠かせない社会関係資本を含めて無形資本を評価していると考える方が自然であろう。市場の参加者が企業をどのように評価しているのかというフレームワークの中に，社会との信頼関係の構築といったことにつながる資本を，社会関係資本として位置づける。

第8章　企業による評判のマネジメントは可能か

3　企業評価と評判

（1）評判の重要性

　近年，コーポレート・レピュテーション（企業の評判[4]）が重要になってきている。企業の不祥事が頻発し，企業価値が低下する事態を受けて，無形資本との関連で評判（レピュテーション）概念に注目が集まるようになってきた。企業評判の定義についてはさまざまな説があり，特に定まったものはないが，次に挙げるような定義がある。「その企業が価値ある成果を生み出す能力を持っているかどうかに関して，その企業の活動に利害関係を持つ人々が抱いているパーセプションの集積」（Fombrun & Van Riel 2004：12），「経営者および従業員による過去の行為の結果をもとに，企業を取り巻く様々なステークホルダーから導かれる持続可能な競争優位」（櫻井 2005：27），「ある企業についての認識を形成するために，その企業についてステークホルダーが問いかけた質問に対する反応である」（Hannington 2004＝2005：52）などである。

　すべての定義で取り上げられているのは，企業と何らかの利害関係を所有するステークホルダー（利害関係者）であり，それぞれの定義からもわかるとおり，企業評判は，ステークホルダーとの持続的関係性から生じるのである。

　社会心理学者の山岸（1998：98）によれば，レピュテーションには，「評判の統制的役割」と「評判の情報提供的役割」の2つの役割があると説明している。

　「評判の統制的役割」は，評判を立てられる側にとっての役割であり，評判は罰として，あるいは報酬として働くことによって，評判を立てられる人の行動をコントロールする役割を持つ。悪い評判が周囲に伝わることは，評判を立てられる人にとっては罰であり，反対に，良い評判が周囲に伝わることは，評判を立てられる人にとっては報酬である。評判に「評判の統制的役割」が存在することで，なるべく悪い評判を周囲に立てられないように行動が制御されるのである。

　「評判の情報提供的役割」は，評判を情報として受け取る側にとっての役割であり，評判を伝え聞く人にとっては，評判を立てられた相手の人間性を判断するための情報としての役割を果たす。企業評判において「評判の統制的役

159

第Ⅲ部　企業／組織と社会の関わり

割」と「評判の情報提供的役割」は対をなすものである。

　レピュテーションはある行動において法的な強制力が無くとも，将来における行動が確信できる状況であり，当然，レピュテーションの高い企業と取引を行う方が，自己防衛策としての契約を締結するなどの取引コストを節約することができる。また，新規顧客を獲得する場合でも，レピュテーションの高い企業の方が，信頼感があり新規顧客にとっても安心して取引を進めることができるようにマーケティング費用やプロモーション費用などの取引コストを節約することができるのである。レピュテーションそのものは，第三者から発信される評価情報であるため，直接的には企業が費用を特別にかけるものではなく，第三者がその費用を負担している。いわば顧客やステークホルダーに費用を負担させる情報がレピュテーションなのである。だからこそ，いったん高い評価を得れば少ない費用で取引を成功させることができ，極めて効率的である。つまり，レピュテーションの「評判の情報提供的役割」によって取引を効率化できるのである。

　このようにレピュテーションには，取引が効率化され，取引費用が削減されるというインセンティブが働く。だからこそ，企業は何とかしてレピュテーションを獲得しようと努力するのである。それが「評判の統制的役割」である。評判を落とすような不祥事が発覚すれば，多額の時間と費用や労力をかけてまで，失われたレピュテーションを回復しようとするのはそのためである。

（2）顧客・ステークホルダーとの関係性

　経済学においては，ストックとフローという概念が用いられるが，ブランドはストック概念であり，レピュテーションはフロー概念として説明することができる。ブランドは，企業の日々の活動が顧客の評価として蓄積されたブランドとしての無形資産（ストック）である。ブランドという無形資産は，企業の発信する情報の真偽が精査され，製品やサービスの品質や価格等さまざまな情報を顧客の消費活動や使用経験等により評価し，顧客や第三者（ステークホルダー）が発信する情報となった時に意味を持つ（蓄積される）。企業側の一方的な情報発信だけでは，ブランドは形成されないのである。顧客や第三者という企業の外部から情報が伝達されることが，フローとしてのレピュテーションで

第8章　企業による評判のマネジメントは可能か

ある。レピュテーションにステークホルダーとの関係構築が伴うのは，企業の外からの情報が伝達される必要があるためである。Fombrun & Van Riel (2004) は，レピュテーションをレピュテーション資本としてストック概念で評価しているが，筆者は，レピュテーションはフロー概念で捉えるべきであると主張する。日々のフローとしてのレピュテーションの蓄積が，ブランドというストック資本になるのである。顧客やステークホルダーとの関係を前提として生まれるものが，レピュテーションであると考えればよりわかりやすいであろう。ブランドを確立するためには，顧客やステークホルダーとの関係性から生まれるレピュテーションが必要なのである。レピュテーションを連想させないブランドは，ただの"しるし"でしかない。全くブランド価値を持たないのである。

　ブランドはストック資本であり，レピュテーションというフローの蓄積されたものである。企業は，自らの所有する有形資本と人的資本を中心とした無形知的資本を結合させて，将来のキャッシュフローを生み出す製品・サービスを生産する経済主体である。市場は，企業の製品やサービスの品質に関する属性情報だけを評価するのではなく，その製品やサービスを提供する企業のマーケティング活動のほか，コンプライアンスやCSRを含めたあらゆる組織の行動情報をも評価する。組織の行動情報が付加されることで相乗効果をもたらし，その企業が提供する商品の信頼性や顧客との関係性を構築するプロセスを市場は評価するのである。

　企業が販売取引等の労働サービス（営業活動の繰り返し）や情報のやり取り（PR活動）を繰り返し，組織の行動情報を積み重ねることで，顧客やステークホルダーとの関係が構築され，社会関係資本が蓄積される。顧客は，組織の行動情報と製品・サービスの属性情報を併せて評価し，その評価情報を別の第三者に対し情報発信することになる。この第三者による評価情報の伝達がレピュテーションである。このレピュテーションが蓄積されることで，ブランド資本が形成され，企業に超過利潤をもたらすのである。

　ブランドは顧客にも蓄積されるものであるが，企業内でも知的資本と同様に管理されることがある。ブランド資本はそのブランド価値を向上させることで，さらに無形資本に影響を与え，その価値を増幅させるのである。それがいわゆ

第Ⅲ部　企業／組織と社会の関わり

図 8-2　企業資本とブランド資本

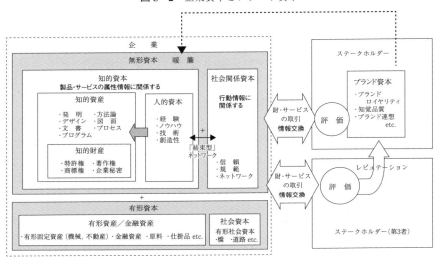

る暖簾である。一度ブランドが構築されれば，ブランドを拡張して容易に市場参入を果たし，競争優位を発揮することができるように，無形資本の価値を向上させるのである。企業資本とブランド資本の関係を整理すると図 8-2 のフレームワークのようになる。

　レピュテーションを獲得するためには，まずは企業のことを知ってもらい，理解してもらうために企業情報を発信することが必要である。しかし，企業から発信する情報だけでは，ブランドを確立するようなものにはならない。ブランド資本には，フローとしてのレピュテーションが必要であり，顧客や第三者からの口コミ等の評価情報が欠かせないのである。

　レピュテーションは，企業の発信する属性情報や行動情報の真偽が顧客やステークホルダーに確認され，製品の質や価格等のさまざまな情報を顧客の消費活動や取引経験により評価された評価情報である。ブランド資本は評価されたレピュテーションとしての情報が蓄積されて初めて意味を持つ（ストックされる）のである。

　顧客の消費活動や取引経験により適切に評価されるためには，顧客やステークホルダーとの関係が良好であることが必要最低条件であろう。顧客やステー

クホルダーと企業の間での相互の行動情報のやり取りが，評価情報に反映されるのである。つまり，社会関係資本がその情報発信のあり方に影響を与える。社会関係資本の役割は，顧客やステークホルダーとの持続的関係性を円滑にし，良好なブランドを創出しやすくすることにある。

　もちろん，行動情報はプラスの面ばかりではなく，マイナスの行動情報も評価の対象となる。企業が何らか反社会的行動をとれば，刑罰や罰金等の法的制裁の他に，負のレピュテーションという社会的制裁を受けることになる。これまでの組織としての行動情報にも疑義を生じかねない。蓄積してきた社会関係資本を毀損させ，信用や信頼が低下し，その企業の製品やサービスといった属性情報にまで疑念を抱くことになる。そのことがさらに悪い風評を生み，顧客の買い控え，売り上げの減少等につながり，株式資本市場では株価の下落等あらゆる経済取引に困難が生じる可能性がある。その結果，これまでに築き上げたブランド資本も崩壊する。反社会的行動による負のレピュテーションは，これまで築き上げてきた顧客やステークホルダーとの関係性を破壊し，信頼や絆等を破壊するのである。

　負のレピュテーションが拡がることにより，社会関係資本は毀損し，通常の経済取引が不可能になる。取引費用の視点で考えれば，レピュテーションに係る直接的な費用は，外部のステークホルダーが負担していることになる。しかし，社会関係資本が毀損し，ステークホルダーとの関係が良好でなくなるとすれば，正のレピュテーションを得ることはできず，経済取引を成立させることに困難が生じる。仮に正のレピュテーションを得ようとすれば，これまでは顧客やステークホルダーが負担していた費用を，自らが負担する必要がある。社会関係資本が元通りにストックされるレベルに回復するまでには，膨大な費用や長い時間と労力がかかり，短期間で回復することは極めて難しい。

　このような状態になった場合，取引を通常通り再開するためには，組織が反社会的行為を行わないような組織構造やガバナンスの変革が必要である。また，組織構造やガバナンスの変革の妥当性について，第三者の認証を受けることも必要になるであろう。

　組織の行動を正常化させ，その変革が社会的に認められることが極めて重要となる。社会との関係性を修復するためには，組織構造やガバナンスの変革も

第Ⅲ部　企業／組織と社会の関わり

必要であるが，適切な情報が，顧客やステークホルダーに対して明確に伝達されない限り，つまり，情報開示がなされない限り，企業の諸活動は評価されない。情報を開示し，適切なコミュニケーションを図りながら評価を得て，社会関係資本を蓄積することで，企業価値が回復されていくのである。

　組織の行動を正常化させ，その変革が社会的に認められるように情報を開示し，その透明性を高めることで，企業の行動情報をステークホルダーに伝達し，正しい評価を得ることが可能になるのである。その意味でも情報は重要な役割を果たす。

4　市場と情報の関係

（1）交換取引の場としての市場

　社会関係資本を充実させるためには，情報が重要な役割を果たすのであるが，市場において情報は重要である。まずは情報と市場の関係を考察する。

　新古典派経済学では，市場は資源の配分を可能にする生産財および生産要素の交換取引の場であるとされる。また，市場は需要と供給のメカニズムにより，取引に関するあらゆる情報が織り込まれ，価格に反映される資源配分の場である。このように市場を均衡理論的なフレームワークで議論する場合には，市場は完全市場であるという仮定が置かれる場合が多い。

　完全市場とは，情報がすべての市場参加者にコストなしで一様に行き渡り，取引費用や取引制限，税金がなく，商品は同質なものであるという仮定が置かれた市場である。しかしながら，実際の市場にはそのような都合のよい市場は存在しない。市場という見えざる手で全てが解決されないのは周知の事実である。市場は万能ではなく，市場の失敗が生じる原因がこの情報問題である。

　仮に先程のような完全市場が存在するならば，各経済主体は一義的に，一様に意思決定がなされることになる。また，取引される財・サービスに関して情報の不完全性や非対称性が存在する場合には，取引当事者は，価格情報だけでは取引を行うことはできない。取引に値する財・サービスの内容や品質を吟味する必要があり，財・サービスの内容や品質を評価するためにも情報が必要なのである。取引を円滑に行わせるためにも情報に注目せざるを得なくなってく

第8章　企業による評判のマネジメントは可能か

る。効率的な取引には情報が欠かせないのである。

　市場にはさまざまな膨大な量の情報が存在するが，そのような膨大な情報の中でも必要な情報を収集・取捨選択して，各経済主体はその行動の意思決定を行わなければならない。Coase（1937）やWilliamson（1973）らが提示した取引コスト理論による企業の存在意義の議論も同様の視点によるものである。

　取引コストは，市場を利用して交換取引を行うために必要なあらゆるコストである。取引した財を輸送することの他にも，財・サービスの品質を検証するコストや，取引を交渉するコスト，取引を明文化し契約するコスト等の，財・サービスの情報の入手や情報内容の精査に関するコストが取引コストである。このようなコストは，情報が不確実であればあるほど必要になってくる。各経済主体は，能動的に情報を収集し，交換の取引コストを最小にするために情報交換を行っている。市場は交換の場であるばかりではなく，情報探索の場でもある。

（2）市場評価と市場の参加者の関係

　市場では財・サービスを交換するためにさまざまな情報が交換されるが，市場を出し抜く情報を獲得した経済主体が利潤を得ることにつながる。そして，その情報が，市場に浸透し普及するまでの間，情報取得の差異が利潤を提供しつづけるのである。既に浸透しているような類の情報からは何も生み出さないであろう。市場で交換されていない情報や新しい情報が価値を生み出すのである。亀川（1993）が指摘するように，市場の参加者は常に新しい情報を探索し続けており，情報が市場に浸透してしまえば均衡が成立し，利潤は得られなくなる。情報交換プロセスは価格形成過程なのである。

　Hayek（1945）が，価格システムの真の機能を情報伝達のための機構であるとして市場を捉え，市場に散在している個々の知識（情報）を市場での交換を通じて普及させるものであると論じたように，市場は財・サービスを交換するばかりではなく，情報を交換する場なのである。情報を交換し，知識を成長させることで競争のための優位性を見出そうとする試みがそこに存在する。

　情報を交換する場として機能するのは，株式市場も同様である。上場企業では所有と経営が分離し，経営者と株主・投資家の間には情報の非対称性が存在

第Ⅲ部　企業／組織と社会の関わり

する。市場にもその情報の非対称性が反映されるのである。株式市場は，情報
や情報の解析が不十分であり，偏在していることを前提に成立している。仮に
株式市場が完全市場だとすれば，株式市場は成立しなくなる。つまり，利潤を
得る経済主体が全く存在しなくなるのである。だからこそ，市場の参加者は，
市場を出し抜くためにあらゆる情報を収集し，そして情報を評価し将来に渡る
キャッシュフローを期待（予測）するのである。

　情報が確実なものでなければ，情報に基づく行動は期待行動である。すべて
の情報を収集できない場合や，膨大な情報を十分に解析できない場合も実際に
は存在する。市場の参加者は，ある情報を基に一定の期待を形成するのである。
だからこそ，市場における価格（株価）の決定は，市場の参加者による期待と
情報が反映された情報交換過程の結果とみることができよう。

　市場における情報の探索と交換のプロセスは価格形成過程であり，市場にと
って情報は重要な役割を果たしている。株式市場における株価は将来のキャッ
シュフローに関する情報を中心にしながらも，企業に関するあらゆる情報が織
り込まれ評価された結果であろう。社会関係資本は資本である以上，ストック
として評価されなければならない。市場の参加者も個別企業に付随する何らか
の社会関係資本に関する情報を織り込んで，その企業を評価しているのである。

5　企業不祥事分析から評判を考える

（1）企業不祥事の分類と行動情報

　企業不祥事について分析することにより，実際に市場の参加者は，社会との
信頼関係が崩壊したことの影響，つまり社会関係資本の毀損の影響を分析する
ことができる。

　不祥事の定義は，研究者によってさまざまな定義が存在するが，ここでは，
「社会的信頼を崩壊させる事柄・事件で，マス・メディアで報道されたもの」
という程度にして議論を進めよう。

　企業不祥事には，数多くの多様な不祥事が存在するが，ある軸をもって企業
不祥事を分類し，不祥事を捉えることにしたい。不祥事の分析において，筆者
は組織の行動情報に注目している。つまり，その企業は社会的に信頼が置ける

第8章　企業による評判のマネジメントは可能か

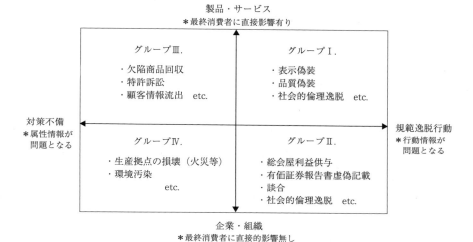

図8-3　企業不祥事の分類

企業であるのか，社会的規範に沿った企業であるのかといった組織の行動情報である。嘘をつかない，騙さないといった組織の行動特性が極めて重要なのである。反対に，嘘をつく，騙す等の行為は，法規範，社会的規範を逸脱し，社会的信頼を崩壊させる規範逸脱行動である。このような組織の行動情報に関する考察をベースに，図8-3のようなマトリクスを構築した。

　横軸は，不祥事の要因による分類を表しており，「規範逸脱行動」と「対策不備」の2つのタイプの不祥事に分類した。規範逸脱行動は，社会的規範やルールを逸脱した行動であり，その経営者および組織構成員自身が悪意を持って不作為・不正を働く場合の不祥事である。社会関係資本の毀損に関係がありそうである。

　一方，対策不備は，従前から対策を講じておけば防ぐことが可能であったと思われる不祥事であり，製品やサービスに関する属性情報が問題となる。設計ミスや品質チェックミスなど主に知的資本・人的資本の欠陥に依拠するものである。特に社会的規範を逸脱した行動があったわけではない。

　縦軸は，最終消費者に直接的に影響を与えることにつながるか否かで「製品・サービス」と「企業・組織」の2つの不祥事を分類している。「製品・サ

第Ⅲ部　企業／組織と社会の関わり

ービス」に類する不祥事は，その製品やサービスが最終消費者に直接大きな影響を与える類の不祥事である。反対に，「企業・組織」に分類される不祥事は，直接的に消費者には影響を与えない不祥事であり，企業・組織としての生産体制，販売体制やコーポレート・ガバナンス等のコーポレートレベルでの取り組みが問題になるケースである。これらの2軸でマトリクスを形成すると，4つのグループに不祥事を分類することができる。

　グループⅠ．は製品・サービスの品質や産地等に関する表示偽装や，データ偽装等である。また，社会的倫理に逸脱する行為を伴って消費者に被害を拡大させるような場合の不祥事もこのグループに分類できる。

　グループⅡ．は総会屋への利益供与や談合，有価証券報告書の虚偽記載等である。法律や法令等の社会的ルールに明らかに違反している場合等，企業・組織としてのコンプライアンスが問題になっているケースが多い。

　グループⅢ．は欠陥商品の回収，特許訴訟，顧客情報の流出等がその例である。いずれも製品・サービスの属性に関して事前に対策を十分に施していれば防ぐことが可能である。

　最後のグループⅣ．は消費者には直接的な影響はないが，工場再建や環境対策等コーポレートレベルで影響を与えるような不祥事である。たとえば，生産拠点の火災や環境汚染等のように地域住民に悪影響を与えるケース等である。

（2）企業不祥事と株価パフォーマンス

　このような分類に基づき，不祥事と株価パフォーマンスの変動について検証を行う。

　株式市場の評価は，市場の参加者による企業の評価情報である。そう考えれば，やや強引であるかもしれないが，株価パフォーマンスの変動は，コーポレート・レピュテーションの代理変数と考えることもできる。

　当然，市場の参加者によるコーポレート・レピュテーションの高い企業は株価パフォーマンスも向上するし，コーポレート・レピュテーションの低い企業は株価パフォーマンスも低下する。コーポレート・レピュテーションと財務的パフォーマンスの相関関係については，Fombrun & Van Riel（2004）らも指摘しているところである。

168

第8章　企業による評判のマネジメントは可能か

　筆者は，1992年から2007年までの15年間に新聞掲載され，株価データが取得できる70件の不祥事をサンプルとし，イベントスタディ法を用いて検証を行った。
(6)

　イベントスタディ法は簡単に説明すると次のようなものである。①イベント（ここでは不祥事）が発生しない場合を想定し，イベントが発生する以前の株価データから市場のマクロ的な変動を調整した上で，理論的に正常リターンを推定する。ここでのリターンとは日次の株価変化率である。②そして，この正常リターンからイベントの発生に伴う実際のリターンを差し引いた値を計算する。この値は正常でいないという意味で異常リターン（AR：Abnormal Return）と呼ばれる。③イベント前後の一定期間を設定し，AR を累積させて，イベント日前後のリターンの変動を考察する。たとえば，仮にイベントが発生しなければ異常リターンは０％となり，不祥事などの負のイベントが発生する場合には，理論的な正常リターンよりもマイナスの異常リターンとなる。つまり，イベントの情報が株価にどのように影響をもたらしたのかを判断することが可能となる。

　図8-3の４つのグループごとに，平均した AR を累積した異常リターン（CAR：Cumulative Abnormal Return）の推計をグラフにしたものが図8-4である。平均 CAR によって計測されるリターンは，コーポレート・レピュテーションの代理変数ということができよう。図中の t は不祥事が最初に新聞掲載された日（イベント日）であり，データはすべて株価を基に計算されるため，図中の日付は株式市場の営業日である。

　グループⅠ. は４つのグループの中でも株価に最も大きな負の影響を与えた不祥事である。平均 CAR もイベント日の５日後に－27.7％という最大の負の数値を示している。６営業日後以降にはプラスに転じるものの，持続的ではないために回復するには長い時間が必要であろう。グループⅠ. のような行動情報に問題があり，最終消費者に影響を与える不祥事は，最も大きな負の影響を与えることが確認された。社会関係資本が毀損され，レピュテーションが毀損された（負のレピュテーションが拡大する）可能性が大きい。

　グループⅡ. は，イベント日より前にプラスの値を示していたが，イベント日以降，持続的にマイナスの値を示しており，プラスに転じることは全くなか

169

第Ⅲ部　企業／組織と社会の関わり

図 8-4　平均 CAR の変化

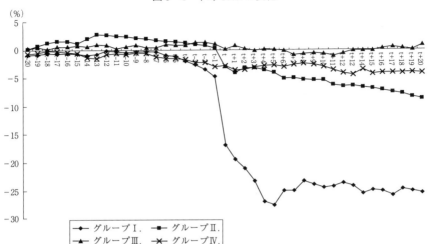

った。長期的に負の影響が続いていく。このタイプの不祥事は，不正行為による業績効果のプレミアムが消滅しただけではなく，企業として信頼されずに投資家は売却に廻ることが強く現れたと解釈できよう。

　グループⅢ．は，イベント日でも正の値を示しており，不祥事の直接的な負の影響は小さい。また，イベント日から6営業日後にはマイナスの値を示すが，16営業日後にはプラスに転じており，マイナス時の数値も−0.1%から−1.1%台と負の影響は小さい。このことは，製品・サービスの欠陥や設計ミス等の対策不備に起因する不祥事の負の影響は，市場参加者には既に織り込み済みであると考えることができる。むしろ，不祥事が発生した際に，謝罪，原因究明，再発防止策等の不祥事対応が滞りなくスムーズに対応したことが市場参加者に評価されている可能性もある。

　グループⅣ．はイベント日当日も負の影響はその前後と比較しても大きな変化は少ないが，持続的に僅かながら負の影響を受けている。火災・事故等の生産設備の復旧や，環境汚染された事業所の処理等には多くの時間と費用がかかることから，持続的に僅かながら負の影響が見られるのであろう。

　これらの結果から特に指摘したい点は，グループⅢ．のような対策不備型の

第8章　企業による評判のマネジメントは可能か

不祥事は，不祥事後において適切な対応を行えば，市場参加者は大きな負の評価を下すことはないということである。

　製品・サービスの欠陥やミス等はあってはならないことであるが，対策不備による失敗は市場参加者の許容範囲内であり，適切に対応すれば負の影響が大きくなる可能性は少ない。むしろ問題は，嘘や偽装等の不法・不正による規範逸脱行動を伴う場合に，負の影響が大きくなるのである。

　つまり，対策不備型の不祥事では，適切なその対応を心掛けさえすれば，レピュテーションが大幅に毀損する拡大する可能性は小さいのである。

6　企業内外のバランスの良い関係性の構築
──評判のマネジメントに必要な対応

　本章では，企業資本概念における社会関係資本の位置づけを検討し，不祥事企業群の株価パフォーマンスによる分析を行うことにより，レピュテーションの毀損，および社会関係資本の毀損についての分析を行った。分析からの示唆を以下にまとめておく。

① 市場は社会関係資本を含めて，企業を評価している。
② 対策不備型不祥事では，レピュテーションを毀損する可能性は小さい。
③ 規範逸脱型不祥事は，レピュテーションの毀損を拡大させる。

　社会関係資本を毀損しないためには，社会の信頼にこたえる社会規範に沿った行動が求められるのである。

　さらに付け加えて，指摘したいのは，対策不備型の不祥事が発生した場合に，その不祥事の対応如何では，市場は規範逸脱行動を伴った不祥事であるとの評価に移行し，社会関係資本を毀損し，レピュテーションの毀損を拡大させる可能性があるということである。

　たとえば，欠陥商品が発見されたにもかかわらず，その事実を隠蔽したり，虚偽の報告をしたり，誠実な対応を取らなかったり，責任を逃れようとしたり，長い時間放置したり等，社会的倫理の観点からも社会的規範を逸脱している場合には，規範逸脱行動を伴う不祥事として評価を受け，レピュテーションの大

171

第Ⅲ部　企業／組織と社会の関わり

幅な毀損につながることになる。

　危機が発生した場合には，通常よりも社会的注目が高まるために，経営者は
これまで経験したことのないメディア対応に迫られる。メディア対応は眼の前
の記者だけではなく，そのメディアが届ける先の読者・視聴者となりうる被害
者の心情をも考慮したものでなければならないのは常識であろう。不祥事後の
行動情報によって，「信頼」「規範」「ネットワーク」を中心とする社会関係資
本は大きく影響するのである。

　組織内部で是認されていることが，社会的には規範を逸脱している場合が
往々にしてある。社会的規範を逸脱しているか否かの最終判断は経営者しかで
きない。自社の経営理念に照らし，暗黙的規範を含めて，社会的規範に沿った
組織行動を指揮するのは経営者の役割なのである。社会関係資本には，ボンデ
ィング型（結束型）とブリッジ型（橋渡し型）の2つのタイプが存在するが，ボ
ンディング型の社会関係資本だけでは不十分である。組織内部だけの結束を強
固にしすぎるために，社会的規範に沿った常識ある行動が何なのか見失うこと
がある。概して，経営者は企業内だけで通用する非常識に流されがちになるが，
常に社会（消費者）の常識を認識・理解することが求められている。その意味
で，ボンディング型とブリッジ型のバランスのとれた社会関係資本が必要であ
る。

　注
(1)　本章は，北見幸一（2009）「企業における社会関係資本とパブリックリレーショ
　　ンズ——社会との関係構築による資本蓄積とパブリックリレーションズ定義の再
　　考」『メディア・コミュニケーション研究』（56号，135-179頁），北見幸一（2010）
　　『企業社会関係資本と市場評価——不祥事企業分析アプローチ』（学文社），北見幸
　　一（2010）「メディア・コミュニケーションとレピュテーション」『SAFETY EYE
　　No.43』（2010年12月号，NKSJリスクマネジメント）の原稿を基に，一部抜粋，加
　　筆修正を加えたものである。
(2)　野中・竹内（1996）は知識創造のモデルとしてSECIモデルを提唱した。企業に
　　競争優位をもたらす新しい知識の創造は，共同化（Socialization），表出化
　　（Externalization），連結化（Combination），内面化（Internalization）という4つ
　　の知識変換モードを通じて行われる。

（3） Kotler & Keller（2006）では，ホリスティックマーケティングを重要なステークホルダーとの間に長期的に満足できる関係を築いてともに繁栄することを目的に，価値を探求し，創造し，提供する活動を統合するものと紹介されている。

（4） 大柳（2006）が「コーポレート・レピュテーションは単に企業の評判やうわさに限定されるわけではない」と指摘するように，単純に言い換えることはできないが，本章では便宜的に「レピュテーション」を「評判」と訳語を用いている。

（5） 暖簾は，無形資産の中で識別不可能な分離・識別できない残ったものの総体である。外部からの取得の場合は「買入れ暖簾」であり，企業内部であれば「自己創設暖簾」となる。自己創設暖簾は，その評価が困難なこともあり制度会計上は計上されることがないことが多いが，ここでの暖簾はブランド資本を元とした自己創設暖簾である。

（6） 詳細は北見（2010）を参照。

参考文献

伊吹勇亮・川北眞紀子・北見幸一・関谷直也・薗部靖史（2014）『広報・PR 論——パブリック・リレーションズの理論と実際』有斐閣。

大柳康司（2006）「コーポレート・レピュテーションの重要性とその効果」『企業会計』58(8)，44-52頁。

亀川雅人（1993）『企業資本と利潤——企業理論の財務的接近』中央経済社。

北見幸一（2009）「企業における社会関係資本とパブリックリレーションズ——社会との関係構築による資本蓄積とパブリックリレーションズ定義の再考」『メディア・コミュニケーション研究』56，135-179頁。

北見幸一（2010）『企業社会関係資本と市場評価——不祥事企業分析アプローチ』学文社。

櫻井通晴（2005）『コーポレート・レピュテーション——「会社の評判」をマネジメントする』中央経済社。

櫻井道晴（2008）『レピュテーション・マネジメント——内部統制・管理会計・監査による評判の管理』中央経済社。

高岡美佳編著（2007）『サスティナブル・ライフスタイルナビゲーション——ユビキタス技術による持続可能消費の最前線』日科技連出版社。

野中郁次郎・竹内弘高（1996）『知識創造企業』東洋経済新報社。

山岸俊男（1998）『信頼の構造——こころと社会の進化ゲーム』東京大学出版会。

和田充夫（1998）『関係性マーケティングの構図——マーケティング・アズ・コミュニケーション』有斐閣。

Coase, R. H.（1937）"The Nature of the firm." *Economica* 4, pp. 386-405.

第Ⅲ部　企業／組織と社会の関わり

Fombrun, C. J. & C. B. M. Van Riel (2004) *FAME & FORTUNE: How Successful Companies Build Winning Reputations*, Financial Times Pretic Hall.（= 2005, 花堂靖仁監訳『コーポレート・レピュテーション』東洋経済新報社。）

Hannington, T. (2004) *How to Measure and Manage Your Corporate Reputation*, Gower Publishing Limited.（= 2005, 櫻井道晴・伊藤和憲・大柳康司監訳『コーポレート・レピュテーション　測定と管理』ダイヤモンド社。）

Hayek, F. A. (1945) "The Use of Knowledge in Society." *The American Economic Review, XXXV*, 4, pp. 519-530.（= 1986, 田中真晴・田中秀夫編訳「社会における知識の利用」『市場・知識・自由──自由主義の経済思想』ミネルヴァ書房, 52-76頁。）

Kotler, P. & K. L. Keller (2006) *Marketing Management* (12th Edition), Prentice Hall.（= 2008, 恩蔵直人監修, 月谷真紀訳『コトラー＆ケラーのマーケティング・マネジメント』ピアソン・エデュケーション。）

Porter, M. E. (1985) *Competitive Advantage*, The Free Press.（= 1985, 土岐坤・中辻萬治・小野寺武夫訳『競争優位の戦略』ダイヤモンド社。）

Putnam, R. D. (1993) *Making Democracy Work; Civic Tradition in Modern Italy*, Princeton University Press.（= 2001, 河田潤一訳『哲学する民主主義──伝統と改革の市民構造』NTT 出版。）

Putnam, R. D. (2000) *Bowling Alone: The Collapse and Revival of American Community*, Simon & schuster.（= 2006, 柴内康文訳『孤独なボウリング──米国コミュニティの崩壊と再生』柏書房。）

Rust, R. T., V. A. Zeithaml & K. N. Lemon (2001) *Driving Customer Equity: How Customer Lifetime Value Is Reshaping Corporate Strategy*, Simon & Schuster.

Williamson, O. E. (1973) *Markets and Hierarchies: Analysis and Antitrust Implications.*

（北見幸一）

	社会イノベーションは持続するのか
第9章	——地域の多様なステークホルダーとの協働

1 社会イノベーションとは何か

社会問題を解決する手法として注目を集めるのが，社会イノベーション（social innovation）である。社会イノベーションは，他の手法では対応できないニーズを満たすことを可能とする（Phills et al. 2008 : 39)。近年は，コミュニティにおける社会関係が希薄になったことで引き起こされる社会問題が目立つ。その筆頭として挙げられる深刻な社会問題が，認知症高齢者の増加であろう。2025年には65歳以上高齢者の約5人に1人が認知症になると推計されている[1]。認知症高齢者は，事故の被害者となるだけではなく，自動車の運転等で加害者となることも多く，認知症高齢者を抱える家族の負担は大きい。このような中，コミュニティとして認知症高齢者を支えるシステム[2]を構築することに加え，効果的に機能させていくことが大きな課題となっている。厚生労働省は認知症の啓発活動として，認知症サポーター研修[3]の受講者へオレンジリングを授与し，地域で認知症高齢者をサポートする意識づけを行っているが，高齢者の認知症予防や認知症高齢者のケアという観点で現状を変えるような社会イノベーションが求められている。

社会イノベーションには固定された境界はなく，公的セクター，非営利セクター，営利セクター等あらゆるセクターで生み出すことが期待される（Mulgan et al. 2007 ; Phills et al. 2008 ; Murray et al. 2010)。そのため，社会問題の解決が目的だからといって，行政やNPOのみが取り組むものではない。営利企業が，CSR（企業の社会的責任）として社会へ貢献することに加え，事業として社会イノベーションを生み出し，社会変革に取り組むことが現代においては求められている。しかし，どのようなセクターに属する組織であっても，社会問題は多様化かつ複雑化しているため，単独で社会イノベーションに取り組むことは難

175

第Ⅲ部　企業／組織と社会の関わり

しく，セクターを横断した多様なステークホルダーと協働して取り組むことが望ましい（Selsky & Parker 2005；Wei-Skillern et al. 2007；Sloan & Oliver 2013）。社会イノベーションに取り組む組織が持つ既存のネットワーク，あるいは新しく構築するネットワークによって，ネットワーク上で信頼関係を強化し，それがネットワークの発展へとつながる。ネットワークの発展は，新たな組織や個人との関係性を構築することにもつながることから，この連鎖を創出することによって社会イノベーションは促進されると考える。特にコミュニティに関わる社会問題へ対応するためには，ネットワークを含むソーシャル・キャピタルを活用した社会イノベーションが，求められる（Murray et al. 2010）。

　本章では，コミュニティにおける社会問題に焦点を当て，社会イノベーションを持続させていくために必要となるソーシャル・キャピタルについて考える。これまでの社会イノベーション研究は，主に社会イノベーションのプロセスを対象として議論され，Mulgan（2006）やMulgan et al.（2007）は社会イノベーションの創出プロセスと普及プロセスの2つの側面に焦点を当てた。この議論を発展させたのがMurray et al.（2010）で，社会イノベーションのプロセスを6段階に分けて議論した。ここでは，創出と普及の間に社会イノベーションの持続という段階を入れ，普及へとつなぐ重要なステージを新たに設けた。多くの社会イノベーションは，生み出されても持続することが少ないのであろう。持続しなければ普及することはなく，社会問題の解決には至らない。そのため，本章では社会問題を根本から解決する重要なステージと考えられる社会イノベーションの持続に焦点を当てることとする。

　第2節以降の構成は，下記のとおりである。第2節は，社会イノベーションの定義，社会イノベーション・プロセスに関して研究動向をまとめ，社会イノベーションにとってどのようにソーシャル・キャピタルが必要となるのかを述べる。第3節は，実際にソーシャル・キャピタルを活用して数多くの社会イノベーションを生み出し，地域の変革を実現している北海道芦別市の社会福祉法人芦別慈恵園の事例を紹介する。最後，第4節で事例分析を基にした本章のまとめを述べる。

2 社会イノベーションに必要なソーシャル・キャピタル

（1）新しい社会的関係・協働を生み出す社会イノベーション

　日本で社会イノベーションが注目されるようになったのは，2006年頃からである。社会イノベーションやそれに関連する社会企業家活動（social entrepreneurship），社会的企業（social enterprise）に関する研究は，概念の提示や事例の紹介が主であった。しかし，Mair & Marti（2006）や Short et al.（2009）がソーシャル・キャピタルや制度理論，社会運動論等，多様な理論的パースペクティブから社会イノベーションや社会企業家活動に関する理論の強化・精緻化を図ることの必要性を指摘したことがきっかけで，急速に学術研究が進んだ。近年では，*Academy of Management Journal* や *Organization Science* 等，経営学の海外トップジャーナルにも研究成果が掲載されるまでに研究が発展している。

　このような研究蓄積の一方，社会イノベーションの定義はさまざまである。社会イノベーションについて言及する研究者や実践家，文脈によってさまざまな捉え方がなされている。ここでは，社会イノベーションを代表する 4 つの文献で使用された定義を紹介する。Mulgan（2006：146）は「社会的ニーズを満たすことを目標に動機づけられ，主な目的が社会的である組織をとおして普及する革新的な活動とサービス」と定義し，Mulgan et al.（2007：8）は「社会的ニーズを満たすことを目標に動機づけられ，主な目的が社会的である組織をとおして開発され普及する革新的な活動とサービス」と定義した。Phills et al.（2008：38）は「社会問題に対して，より効果的かつ持続的で，主として個人ではなく社会全体に価値を創造するための既存の解決策よりも望ましい斬新な解決策」と定義している。本章では，近年の学術研究において頻繁に引用される Murray et al.（2010）の定義を基盤として議論を進める。Murray et al.（2010：3）は，社会イノベーションを「社会的ニーズを満たすと同時に，新しい社会的関係や協働を生み出す新しいアイデア（製品，サービス，モデル）」と定義した。

　社会イノベーションは，持続的な社会変革を理解するための最も適した概念

第Ⅲ部　企業／組織と社会の関わり

表9-1　世界を変えた10の社会イノベーション

通信制大学（The Open University）	世界中で教育を受けることが可能となった遠隔教育のモデル。
フェアトレード（Fair trade）	1940年代から1980年代にかけてイギリスとアメリカで始まった公正取引。現在はグローバルに展開されている。
グリーンピース（Greenpeace）	環境保護のために活動する国際的なNGOで，日本ではグリーンピース・ジャパンとして活動している（http://www.greenpeace.org/japan/ja/）。
グラミン銀行（Grameen bank）	貧困層向けの少額融資で，ムハマド・ユヌス氏によってバングラデシュに創設された。ソーシャル・ビジネスの先駆けといえる。
アムネスティ・インターナショナル（Amnesty International）	世界最大規模で人権運動を行う国際NGOで，日本では公益社団法人として東京に本部を置いて活動している（http://www.amnesty.or.jp/）。
オックスファム（Oxfam）	貧困を生み出す状況を変えるために活動する国際協力団体で，イギリスのオックスフォードで始まった活動である。オックスファム・ジャパンとしての活動もある（http://www.oxfam.jp/）。
ウィメンズ・インスティテュート（The Women's Institute）	カナダで設立された女性のためのコミュニティに基づいた組織で，フェミニズムを主流としたイノベーションである。
リナックス・ソフトウェア（Linux software）	Wikipedia等と同様，オープンソースを手段としたソフトウェア。
NHSダイレクト（NHS Direct）	イギリスの国民保健サービス（National Health Service）で，一般人に向けて健康に関するアドバイスや情報を提供する。
参加型予算編成モデル（Participatory budgeting models）	ブラジルのポルト・アレグレが先駆けとなり，現在は世界中に広がっている。

出所：Mulgan et al.（2007：47）を参考に筆者作成。

であるといわれており（Phills et al. 2008：36），社会イノベーションの鍵は既存要素の新結合であること，実践が組織やセクターを横断していること（Mulgan et al. 2007：5）とされる。人間の平均寿命が延びたことに起因する課題や，豊かさがもたらす課題，たとえば肥満やアルコール中毒，過剰なダイエット等，糖尿病や心臓疾患のような慢性疾患を抱えた患者の増加に起因する課題等において社会イノベーションは必要となる（Mulgan et al. 2007：9）。多くの研究が社会イノベーションの典型的な事例を挙げているが（Mulgan 2006；Mulgan et al. 2007；Phills et al. 2008；Murray et al. 2010），その多くは共通している。表9-1は，世界を変えた10の社会イノベーションとして挙げられる成功事例である。

178

（2）関係性資本の重要性

　社会イノベーション研究の主流の一つが，プロセスに焦点を当てた研究である。この代表的な研究が，Mulgan（2006）である。図9-1は，Mulgan（2006）によって提示された社会イノベーション・プロセスの4段階モデルである。第1段階の「アイデアの生成」と第2段階の「アイデアの発展，試作」が社会イノベーションの創出プロセスで，第3段階の「アイデアの評価・拡大，普及」と第4段階の「学習・進化」が普及プロセスとなっている。Mulgan（2006）のモデルを発展させたものが，Murray et al.（2010）のプロセス・モデル（図9-2）といえる。Murray et al.（2010）のモデルは，より詳細にプロセスのステージを表しており，モデルとしては直線的であるが，必ずしも直線的に社会イノベーションが進むとは限らず，ステージ間でフィードバック・ループが生じることもあるとされる。第1段階から第3段階までが社会イノベーションの創出プロセスで，第5・6段階が普及プロセスと考えることができる。Mulgan（2006）のモデルとMurray et al.（2010）のモデルの最も大きな違いは，創出プロセスと普及プロセスの間に，社会イノベーションの持続性の第4段階が入ったことである。社会イノベーションは，実践家のネットワークや強力な市民組織，慈善家のサポートによって促進されるといわれる（Mulgan 2006：155）。多様なステークホルダーと協働し，ステークホルダー間で社会イノベーションを持続させることが，普及への橋渡しになると考えられる。

　このように，社会イノベーションの持続をはじめ，社会イノベーションを促進するためには，信頼やネットワークを要素とするソーシャル・キャピタルが必要になる。Murray et al.（2010：74）は，社会イノベーションの持続において，関係性資本（relational capital）の重要性を指摘する。この関係性資本は，社会イノベーションの主体と，社会イノベーションのユーザーやサプライヤーとの間の信頼，あるいは社会イノベーションの主体とそのスタッフ，ボランティアとの関係性である。関係性資本の中でも，特に関係性の質は持続性の鍵となる。次は，実際にソーシャル・キャピタルが社会イノベーションにどのように機能するのかについて見ていく。

図９－１　Mulgan（2006）のモデル

第１段階
アイデアの生成
第２段階
アイデアの発展，
試作
第３段階
アイデアの評価，
拡大，普及
第４段階
学習と進化

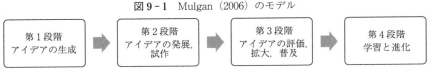

出所：Mulgan（2006）を参考に筆者作成。

図９－２　Murray et al.（2010）のモデル

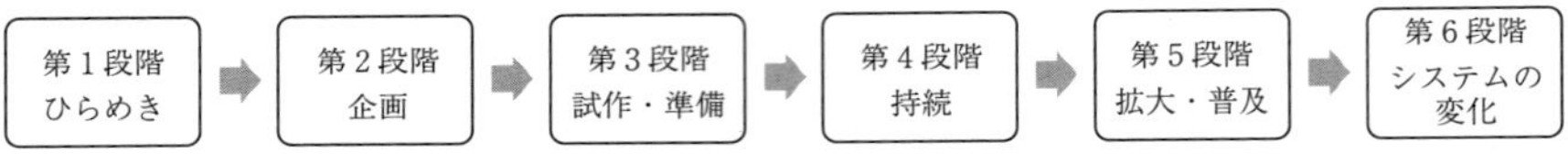

第１段階
ひらめき
第２段階
企画
第３段階
試作・準備
第４段階
持続
第５段階
拡大・普及
第６段階
システムの
変化

出所：Murray et al.（2010）を参考に筆者作成。

（３）社会イノベーションを促進する信頼・ネットワーク

１）ネットワークとソーシャル・キャピタル

ソーシャル・キャピタルもまた，多様な意味を持つ概念である。経済学や社会学，政治学等を中心に研究が進み，経営学においてもソーシャル・キャピタルに関連した研究は活発化している。ソーシャル・キャピタルの代表的な研究者としては，経済学的な観点を基盤として議論したリン（N. Lin），階級の文化的再生産を基盤とするブルデュー（P. Bourdieu），資本蓄積を機能的な観点から考えたコールマン（J. S. Coleman），ソーシャル・キャピタルを私財かつ公共財として議論したパットナム（R. D. Putnam）らが挙げられる。本章では，ソーシャル・キャピタルを「信頼，互酬性の規範，ネットワークであり，人々の間の協調的な行動を促すもの」（稲葉 2011：1）と定義する。

豊かなソーシャル・キャピタルは，献身的な行為を生み出すことができ，社会やコミュニティに帰属する（稲葉ほか 2011：25）。ここから，社会問題を解決する社会イノベーションの促進にはソーシャル・キャピタルが必要になることが理解できる。特にコミュニティの再生においては，ソーシャル・キャピタルの果たす役割は大きいといわれる（稲葉ほか 2011：12）。また，ソーシャル・キャピタルの構成要素の一つであるネットワークは，社会イノベーションが多様なステークホルダーとの協働によって促進されることから考えると，議論の中で外すことができない視点といえる。実際，ソーシャル・キャピタルは，ネットワークが人々の行動や規範に対してどのような働きをするかに焦点を当てるもので（三隅 2013：30），ネットワークはソーシャル・キャピタルの蓄積に必

第9章　社会イノベーションは持続するのか

要不可欠な要素となっている（三隅 2013：121）。

2）社会イノベーション研究におけるソーシャル・キャピタル

　社会イノベーションに取り組む組織の多くは，組織規模が小さく，必ずしも経営資源に恵まれているわけではない。そのため，社会イノベーションの促進には，経営資源を獲得することが必要となる。経営資源の獲得は，既存のソーシャル・キャピタルの活用，あるいは新しくソーシャル・キャピタルを構築することで実現する。ソーシャル・キャピタルの構築や有効活用には，社会問題に直面する当事者やボランティアなど多様なステークホルダーとの関わりが必要となる（藤井・原田・大高 2013：5）。特に，コミュニティの社会問題を解決するために生み出された社会イノベーションの場合，いかにコミュニティ内外でソーシャル・キャピタルを構築して，それを有効活用するかが課題解決を図る上では重要となる。たとえば，ある地域の交通渋滞という社会問題を緩和するために橋をかけようとした場合，それに必要な資金は行政が用意する等，容易に対応することは可能である。しかし，コミュニティの課題は，認知症の予防や認知症高齢者のサポート等，資金があれば解決できるというものではなく，地域住民やその地域に根づく組織からの協力が必要となる。そのため，まずはステークホルダーと協調関係を構築することに注力するのではなく，協力者として協働が可能なステークホルダーとのつながりを醸成することが社会イノベーションを促進する最初のステップとなる（Myers & Nelson 2010）。

　協調相手となるステークホルダーとつながる際に必要となるのが，信頼であろう。Mair & Marti（2006）は，社会イノベーションの成功事例として多くの学術文献で取り上げられるグラミン銀行の事例を用いて，ソーシャル・キャピタルの中でも信頼の重要性を指摘する。グラミン銀行は，1983年にノーベル平和賞を受賞したムハマド・ユヌス氏によってバングラデシュで設立された。グラミン銀行の目的は，貧困問題を小額低金利融資によって解決することである。グラミン銀行から融資を受けた借り手は，小規模な同質的グループに所属し，グループメンバーと各人の返済に対して責任を共有する。グラミン銀行と借り手との間の信頼関係だけではなく，借り手グループのメンバー間における信頼関係が協調的な行動を促すのである。この結果，借金を返済できないという借り手は少なくなり，多額の借金を抱えていた住民はより豊かな生活を送ること

第Ⅲ部　企業／組織と社会の関わり

表9-2　社会イノベーションにおけるソーシャル・キャピタル研究の概略

Mair & Marti（2006）	ソーシャル・キャピタルのネットワーク構造の側面と関係性の側面に焦点を当てた。ネットワーク構造の側面では，どの程度，社会問題を解決できるかはソーシャル・キャピタルをいかに構築し，拡大させ，維持できるかに依存するというものである。ソーシャル・キャピタルの関係性の側面について，関係性の質として挙げられるのは信頼で，当事者間で信頼が構築されると，さらなる信頼の形成を通してより協調的な活動につながることを指摘した。
Myers & Nelson（2010）	社会問題の解決のためには，多様な組織とのパートナーシップが必要で，そこで効率的にソーシャル・キャピタルを構築・維持・拡大させていくことがポイントとなる。ソーシャル・キャピタルは，積極的に活用することによって活性化するもので，個人や組織の優位性を生み出す。協力者と効果的に協働するためにはどうすればよいのかを議論する前に，いかに協力者とつながるかが課題となる。
Praszkier & Nowak（2012）	ソーシャル・キャピタルの中でも信頼を最も重要視する。社会変革を成し遂げるためにはボトムアップの変革メカニズムが必要となり，このメカニズムを維持するのに必要となるのがソーシャル・キャピタルである。信頼によって連帯が強化され，協調的行動を促す。強いソーシャル・キャピタルを持つコミュニティは，社会問題の解決を可能とし，新しい機会を見つける際にも目標を達成しやすい。また，ソーシャル・キャピタルを創出し，強化・拡大するための基盤となるのが社会ネットワークである。

が可能となる。また，グラミン銀行も返済が滞ることなく，回収することができるため，継続して自立した活動を続けることができる。表9-2は，社会イノベーションにおけるソーシャル・キャピタル研究として，Mair & Marti（2006），Myers & Nelson（2010），Praszkier & Nowak（2012）の研究の概略をまとめたものである。ここから，社会イノベーションを促進するために必要となるソーシャル・キャピタルの要素は，信頼とネットワークであり，創出したソーシャル・キャピタルを維持・拡大させていくことが社会問題の解決につながることがわかる。

3）ソーシャル・キャピタルの信頼の効果

　信頼は，ソーシャル・キャピタルの重要な要素である（三隅 2013）。ステークホルダー間等で協調関係を効果的に構築し，関係性を強化するための鍵を握るのが信頼となる（Selsky & Parker 2005；Tomlinson 2005；若林 2006）。信頼とは，Rousseau et al.（1998）によると「相手の意図や行動への期待に基づいて

脆弱さ（vulnerability）を受け入れようとすること」である。信頼は，心理学や社会学，経済学等，学際的に研究されている領域のため，さまざまな定義がなされている。

　信頼は，複雑性の縮減（Luhmann 1979＝1990）やオープンな情報交換の促進，協調の促進（Coleman 1990；真鍋 2002；若林 2006）等，企業活動への効果が高い。経営学における信頼研究は，自動車業界の取引関係（真鍋 2002；Dyer & Chu 2003），電気機器製造業界の取引関係（若林 2006）といった製造業を中心に発展してきた。Sloan & Oliver（2013）は，多国籍企業と行政，現地の人々といったマルチ・ステークホルダー間における信頼関係の構築プロセスについて研究する等，協調関係を対象とした信頼研究は活発である。

3　社会福祉法人による社会イノベーション──芦別慈恵園の事例から

（1）地域の住民・企業・行政から信頼される社会福祉法人

　社会福祉法人芦別慈恵園（以下，慈恵園）は，1970年2月に北海道芦別市に設立され，法人として特別養護老人ホーム，ショートステイ，配食サービス，デイーサービスセンター，訪問介護サービス，ケアプラン相談センター，もみじの家（認知症対応型デイサービス），かざぐるま（地域密着型サテライト型居住施設）を運営する（表9-3）。2018年8月現在，職員数は114名である。法人の理念は，「和顔愛語」で，「地域・家族・利用者」のニーズに応えられる事業展開と，「人材・介護力・環境」を整備しながら安定した経営を目指すことを経営理念に掲げる。[4]

　芦別市は，三菱鉱業，高根沢鉱業，三井鉱業，明治鉱業，油谷炭鉱の5つの炭鉱で栄えた町である。炭鉱によって，市外から多くの労働者が芦別市へ移り住み，最盛期は人口が約8,000人から約8万人にまでなったという。ガタタンという中華料理が町の名物で，炭鉱労働者に好まれた。1965年前後に炭鉱が閉鎖されると，人口減少が進み，2017年12月末現在の人口は約1万4,000人となっている。[5] 広大な面積のうち，約88％が森林という芦別市は，高齢化率44.9％[6]と全国平均約28％を大幅に上回る。まさに高齢化の先進地域といえ，広大な土地ならではの生活の不自由さや，若手労働者の不足，認知症高齢者の増加など

第Ⅲ部　企業／組織と社会の関わり

が，コミュニティにおける社会問題として存在する。

　このような中，慈恵園は中期経営ビジョンと中期経営方針を明確に掲げ，目標を達成するために，組織・幹部体制・意思決定機能の整備，地域活動・経営力の強化，介護サービス・人材の強化を目指す。慈恵園のビジョンとして特に重点を置くのが，地域の中核となる事業展開を行うことである。慈恵園の施設長である川邊弘美氏（以下，川邊氏）は，新しいことに取り組むチャレンジ精神の持ち主である。社会福祉法人といえば，不確実性の高い新しいものには手を出さず，保守的なところが多い。しかし，川邊氏は先見性を大事にし，イノベーティブな考えを実現する企業家といえる。職員から新規事業の提案があれば，川邊氏の判断ですぐに実行に移す。もちろん，職員にはどのくらいの成果を出す必要があるかをしっかりと伝え，投資に対する成果を求める。川邊氏は，「社会福祉法人には使命感がある。地域に根づく必要があり，必ず存続していかなければならない」と話す。川邊氏は，社会貢献とともに事業を継続するための利益を重視する。これが，慈恵園を発展させ，コミュニティの社会問題解決につながる。補助金を獲得できるのも，慈恵園の活動が正当に評価された結果であると新たな活動の原動力にする。

　川邊氏が施設長になってからは，積極的に慈恵園として地域と関わるようになったため，ソーシャル・キャピタルの醸成と拡大が進み，地域住民や地元の多様な企業との結びつきが強くなっている。川邊氏は，「地域へ出て行くことと施設内を良くすること，この両方を同時にやっていく必要がある。これを同時にやってきた結果が現在の慈恵園」と話す。慈恵園の運営は順風満帆だったわけではない。人材育成が効果的に機能せず，多くの人材流出があった時期や，利用者に対して理想とするサービスの提供ができなかった時期など多くの困難に直面してきた。このような状態で，施設内の組織基盤も整っていないのに地域へ向けた事業を展開することは無理という反発が多くの職員からあがったという。これらを乗り越え，現在の慈恵園は多くの地域住民や地元企業，行政から信頼され，芦別市での存在感は大きい。慈恵園の発展の一つは，コミュニティにおけるソーシャル・キャピタルの創出と拡大をとおした社会イノベーションの持続であると考えられる。ここでは，社会イノベーションを持続することによって地域が変化するプロセスを詳細に分析する。

第9章　社会イノベーションは持続するのか

表9-3　社会福祉法人芦別慈恵園の沿革（概略）

1968年4月	社会福祉法人芦別慈恵園発起人会 開催
1969年11月	社会福祉法人芦別慈恵園 設立認可
1970年2月	特別養護老人ホームの設置認可
1974年4月	天皇陛下より優良施設として御下賜金を賜る
1986年8月	利用者・ご家族等との第1回「ふれあい会」開催
1987年11月	給食優良施設として北海道知事より表彰される
1993年10月	優良集団給食施設として厚生大臣より表彰される
1995年4月	広報誌「慈恵園だより創刊号」発刊
2002年4月	デイサービスセンター，在宅介護支援センター開設
2006年3月	訪問介護事業開始
2006年12月	学習療法の取り組み開始
2007年9月	サテライト型居住施設かざぐるま開設
2009年4月	6代目施設長 川邊弘美氏による新体制発足
2009年8月	認知症対応型通所介護 もみじの家 開設
2009年10月	川邊弘美氏 北海道社会貢献賞受賞
2009年12月	介護技術委員会発足
2010年2月	地域交流事業 第1回ミニバレー芦別慈恵園杯開催
2010年4月	かざぐるま地域食堂オープン
2010年6月	ハンド・フットケア推進委員会（もみ塾）立ち上げ
2011年2月	地域交流事業 第1回雪灯りを歩く会開催
2011年4月	東日本大震災支援活動開始
	「みんなで介護を考える会」発足（市内11事業所，代表者を決定）
	※前身は「芦別介護ネットワーク会議」（2010年5月開始）である。
2012年9月	栄養関係功労者 厚生労働大臣表彰受賞 川邊弘美氏
2016年11月	映画「僕がジョンと呼ばれるまで」自主上映会

出所：社会福祉法人芦別慈恵園HPを参考に筆者作成。

（2）地域への敬意に基づいたまちづくり事業

　社会福祉法人は，地域活動の中核的な役割を担う立場でありながら，その多くは地域と関わろうとしてこなかった。しかし，2016年の改正社会福祉法によって，社会福祉法人に「地域における公益的な取組」の実施が義務づけられた[10]。これは，社会福祉法人が地域と関わりを持ち，地域のニーズを満たすことで地域へ貢献していかなければならないことを意味する。高齢化が著しい地方においては，高齢化率の高まりとともに，行政サービスでは満たされない高齢者やその家族が抱える生活者ニーズが存在する。このような社会的ニーズに応えるために，社会福祉法人だからこそ実現可能な社会イノベーションを生み出し，

185

第Ⅲ部　企業／組織と社会の関わり

課題解決を図ることが求められている。地域と関わるといっても，容易なことではなく，地域との接点が希薄な社会福祉法人はどうすればよいかわからずに困惑する。何らかの活動を始めても，それに協力するステークホルダーが少なければ活動を持続させることはできない。慈恵園は，年間予算の1割を地域貢献活動のために活用することで，約10年前から少しずつ地域との関わりを持ち，地道にソーシャル・キャピタルの醸成と拡大に取り組んできた。

　慈恵園は，コミュニティに存在する社会問題を解決し，地域を活性化させるための「まちづくり事業」と，利用者の生活の質を高めるといった慈恵園内部の質の向上を目指した「くらし事業」の2つの事業を強化する。前者の舵取り役は小野省吾氏，後者は和田直樹氏が担う。慈恵園のまちづくり事業は，職員の自主性を尊重した組織文化によって，一つひとつが他の施設では取り組むことがない社会イノベーションとなっている。具体的に，えがお塾，チャリティ100kmウォーキング大会のサポート，雪灯りを歩く会，まちづくり講演会，ミニバレー大会，ソフトボール大会，在宅ケアのための料理教室と介護講座，等がある。えがお塾は，2011年から法人の予防事業としてスタートさせた認知症予防のための「脳の健康教室[11]」である。スタートさせた当初は，地元町内会からの反発等があり，思うように進まず困難に直面していた。しかし，継続することで芦別市から活動を評価され，2016年にえがお塾の会場代として助成を受けるまでになった。

　現在は，芦別市内の5カ所で実施するまでに発展して，えがお塾の過去の利用者がボランティアとなって教室を運営する循環が生まれている。順調にえがお塾が運営されるようになっても，変わらずに川邊氏が行うのが，えがお塾の現場に足を運び，参加者と触れ合うことである。慈恵園のえがお塾担当の職員は「施設長は，参加者が帰る際には一人ひとり，丁寧に見送るんです」と話す[12]。日頃の付き合いがボランティアとして関わってもらうことにつながると，川邊氏はステークホルダーとの付き合いを大事にする。また，毎年2月に開催する「雪灯りを歩く会」は2017年に7回目の実施となった。冬のイベントがない芦別で，冬の寒い夜の街を少しでも明るく元気にしようと，市民が灯りを持って雪道を約2時間歩く。フィナーレは，温かいおにぎりと豚汁を食べ，花火が芦別の乾いた空に響き渡る。慈恵園と町内会の共催で，多くの市民ボランティア

第9章　社会イノベーションは持続するのか

の協力のもと実現する。毎年，子どもから高齢者まで数多く集まり，2017年には過去最高の150名強が参加した。このイベントでも川邊氏は，感謝の気持ちを込めて参加者を最後まで見送る。

　これら地域へ向けた活動を支えるのが，慈恵園内で実施するさまざまな委員会活動である。慈恵園では，学習療法委員会[13]，口腔ケア委員会[14]，介護技術委員会[15]，介護力向上委員会[16]，栄養ケアチーム[17]，もみ塾（ハンド・フットケア推進委員会），など幅広く実施し，地域活動を持続させるための基盤づくりにも力を入れる。このような慈恵園内部の活動が，組織内のソーシャル・キャピタルを育み，社会イノベーションの持続へつながっていると考えられる。手と足のケアを行うもみ塾（ハンド・フットケア推進委員会）の外部講師は，「慈恵園のような介護施設は他にはない。地域に出て行っているし，常に進化し続けている。私自身も慈恵園と付き合うようになって成長できた。もみ塾で講師をしていると，色々と課題が出てきて，自ら勉強するようになった。今では，今度こういう企画をしようとか，新しいことにチャレンジするのが楽しみになっている」と話す[18]。

　慈恵園が生み出した社会イノベーションは，市民や地元企業，行政，医師をはじめとしたプロフェッショナルのボランティアなど，多様なステークホルダーを惹きつけ，彼ら彼女らの協力によって支えられている。慈恵園の活動に関わるステークホルダーは，慈恵園とともに活動することで自らも成長する。これが，ソーシャル・キャピタルの発展ということであろう。川邊氏は，シニア世代が多い芦別では，人材活用事業としてシニアを育てるという視点を大事にする。若い世代の人材は集めにくいが，シニアは集まる。そのため，えがお塾のボランティアで優れたシニア人材は，慈恵園のパートタイム職員として働いてもらう等，シニアの活躍の場を広げている。シニアは経験値が高く，施設の入居者と容易にコミュニケーションを図ることができ，利用者や他の施設職員からの評判も高い。

　また，慈恵園は利用者の家族との関わりも重視する。慈恵園では，約10年前から入居者（利用者）のことを「お客様」と呼ぶようにし，利用者に寄り添うようになった。利用者が普段，施設内でどのような状態なのか，どのようなことに楽しみを見出し，どのように生活しているのかを利用者の家族に伝える努

187

第Ⅲ部　企業／組織と社会の関わり

力をしている。慈恵園は2006年から学習療法に取り組んでいるが，学習療法とはどのようなもので，学習療法の効果はどのようなものなのかを学習療法に取り組む利用者の家族と懇談する場を年に複数回，家族交流会として設けている。その結果，これまでは慈恵園の活動に無関心であった利用者の家族が，イベントをとおして関心を持つようになり，家族からの慈恵園に対する信頼も少しずつ獲得できるようになってきた。利用者の家族が，慈恵園の取り組みに理解を示し，協力者となって活動を活発化させていくことも，コミュニティの課題を解決するためには必要なことである。川邊氏のリスクを恐れず現状を変えようと新しいことにチャレンジし続ける姿勢と，慈恵園職員の利用者とその家族に対する敬意，地域住民への敬意，地元企業への敬意，その他ステークホルダーへの敬意に裏づけされた地道な活動が，コミュニティのソーシャル・キャピタルを醸成し拡大することに寄与しているといえる。

（3）社会イノベーションの持続がもたらした地域の変化

　慈恵園による社会イノベーションによって，慈恵園内部の変化とともに，慈恵園を取り巻くコミュニティにも変化が出てきた。介護業界は，人材の流動性が激しく，一度採用した人材を定着させることが難しい。慈恵園も他の施設と同様，人材を採用し，育成する点に関しては課題が多く，川邊氏は頭を悩ませてきた。介護・福祉の仕事は，お客様，人のために仕事をするということであり，そのためには意欲とスキルを高めていかなければならない。慈恵園では，職員の努力によって利用者に変化が見えてくると，利用者の家族から慈恵園の取り組みが理解されるようになってきた。介護福祉関連の国家資格は，施設にその資格を有する人材がいるだけで保険点数に加算されるが，川邊氏は取得した資格が介護サービスの向上に効果的に機能するように，職員の教育体制を充実させ，職員のスキルアップ，意識の向上に力を入れている。実際，川邊氏が外部研修へ行く際には，若手職員を同行させることが多い。職員をどの研修へ派遣するか，同行させるかを川邊氏は真剣に考える。また，慈恵園は地域へ向けたイベントを数多く実施することから，若手職員のチームをつくり，交代でイベントの企画から実施，フィードバックまで経験を積ませるようにしている。2016年は，毎月のようにイベントを開催していたため，イベントに関わった職

188

員はひと皮むけ，成長したという。施設内部の活動と地域へ向けた活動の相互作用が，職員を成長させ，地域活動を活発化させると考えられる。

　特別養護老人ホームにとって，看取りは生活の一部となる。慈恵園では，入居者が施設で最期を迎えることがわかっていても，最期まで楽しく生活することを大事にする。川邊氏は，「自分ができることは自分でさせる。最期まで人間らしい可能性を追求したかたちで生活できるようにする。このことを職員が意識できるかどうかが大事で，慈恵園の職員はこのことを意識することができるようになりつつある。ここまでくるのに10年くらいかかった」と話す[20]。これが，職員の意識が変わったということであり，意識の変化には仕事に関わる多くのステークホルダーとの相互作用によるソーシャル・キャピタルが原動力になるといえる。実際，自分のことだけ考えて仕事をしていた職員が，後輩のためにリーダーシップを発揮できるようになる等，利用者のことに加え，一緒に働く職員のことを利他的に考えて業務にあたる職員が多い。

　2016年11月，慈恵園主催で映画「僕がジョンと呼ばれるまで[21]」の自主上映会が芦別市で行われた。この映画は，アメリカの介護施設を舞台に，入居している認知症高齢者が学習療法のトライアルをとおして認知症を改善させていくというドキュメンタリー映画である。日本では2014年に全国の映画館で上映された。映画館での上映終了後，この映画をとおして認知症について考える機会を提供したいと，全国各地で有志による自主上映会開催の動きが出てきた。自主上映会は，通常，上映会の企画者がチケットの販売から上映まですべて行うタフな取り組みとなる。上映会までに試写会を行い，上映会を大盛況なものとするために企画協力者を集めることになる。慈恵園は，高齢者が多く，認知症に対する関心が非常に高い芦別で，認知症を理解し，市民に安心して生活を送っていただくため，この取り組みを社会貢献事業として入場料無料で実施した。芦別ではこれまでにない画期的な活動であるため，自主上映会も社会イノベーションの一つといえる。川邊氏は，「慈恵園は，約10年という長い期間をかけて地域の人々や会社関係の人たちと関係性を築いてきた。だからこそ，慈恵園の活動を地域の人たちがサポートしてくれる」と話す[22]。これを実現した一つが自主上映会となった。人口約1万4,000人という小さな町で，400人以上の来場者を記録した。大都市で自主上映会を開催してもここまで人は集まらないとい

第Ⅲ部　企業／組織と社会の関わり

第7回「雪灯りを歩く会（2017.2.4）」の様子
出所：芦別慈恵園より提供。

自主上映会の受付の様子（2016.11.19）

う。慈恵園によるコミュニティのソーシャル・キャピタルを育てる活動が，ようやく地域住民の意識を変え始めてきた。まだまだ芦別には多くの解決されていない社会問題がある。慈恵園単独の力でこれらを解決することはできないだろうが，ソーシャル・キャピタルを基盤としたステークホルダーの協力によって，少しずつ社会問題が解決され，これまで以上に豊かな地域となっていくことが期待されている。

4　営利企業にも求められる社会イノベーション

　本章では，社会イノベーションに取り組む社会福祉法人の事例を用いて，社会イノベーションを持続させる上でソーシャル・キャピタルが有効に機能することを見てきた。社会福祉法人というと，非営利組織に位置づけられるが，自立的な運営が要求され，自ら利益を生み出すことが必要となるため，一種の民間企業という捉え方もできる。その意味で，行政やNPOが社会問題解決の主体と考えるのではなく，営利企業もまた社会問題の解決を第1ミッションとして掲げ，社会イノベーションを生み出し，促進させていくことが現代においては必要なことなのではないかと考える。

　社会イノベーションを生み出すことは，ソーシャル・キャピタルがなくても，単独で実現可能なのかもしれない。しかし，社会イノベーションを促進させ，最終的に普及させることで社会問題を解決しようと考えるならば，ソーシャ

第9章 社会イノベーションは持続するのか

ル・キャピタルを醸成することから始め，ソーシャル・キャピタルが発展する中でステークホルダーとのネットワークを発展させていく必要がある。ネットワークが発展することで，新たなステークホルダーを巻き込むことが可能となり，その結果として活動が活発化し，社会イノベーションは促進されていくと考える。社会イノベーションは社会変革を実現する手法となることから，社会イノベーションが学術的にも実践的にもさらに活発化することを期待したい。

謝　辞
　本章を執筆するにあたってインタビュー調査・参与観察にご協力いただいた社会福祉法人芦別慈恵園の川邊弘美施設長および職員の方々には心から感謝する。また，本章は科研費（16H07366）の助成を受けて行われた研究成果の一部である。

注
(1)　内閣府『高齢者社会白書（概要版）平成29年版』（http://www8.cao.go.jp/kourei/whitepaper/w-2017/html/gaiyou/s1_2_3.html，2017年12月18日アクセス）を参照。
(2)　このシステムは，地域包括ケアシステムとして2025年を目標に構築が推進されている。地域包括ケアシステムとは，高齢者の尊厳の保持と自立生活の支援を目的として，可能な限り住み慣れた地域で，自分らしい暮らしを人生の最期まで続けることができるように，地域で包括的な支援・サービスを提供する体制を整えたものである。厚生労働省を主導として，進められている。詳細は，厚生労働省 HP（http://www.mhlw.go.jp/stf/seisakunitsuite/bunya/hukushi_kaigo/kaigo_koureisha/chiiki-houkatsu/，2018年1月12日アクセス）参照。
(3)　認知症に対する正しい知識と理解を持ち，地域で認知症の人やその家族に対して，できる範囲で手助けする，認知症サポーター養成講座を受講した人を，認知症サポーターとしている。詳細は厚生労働省 HP（http://www.mhlw.go.jp/stf/seisakunitsuite/bunya/0000089508.html，2018年1月13日アクセス）参照。また，認知症サポーター養成講座で講師役を務める認知症サポーターキャラバンについては，（http://www.caravanmate.com/aboutus/，2018年1月13日アクセス）を参照。
(4)　芦別慈恵園は，経営理念とは別に，一人ひとりの生活や暮らしを大切にする，最期の時まで口から食べる食事の工夫をする，家族と一緒に看取るといった介護理念を掲げ，利用者とその家族に密着した介護サービスの提供を心がけている。
(5)　芦別市 HP（http://www.city.ashibetsu.hokkaido.jp/kikaku/kikaku/ijyu_teijyu_

第Ⅲ部　企業／組織と社会の関わり

jyouhou.html，2018年1月14日アクセス）参照。

(6)　芦別市 HP（http://www.city.ashibetsu.hokkaido.jp/kikaku/kikaku/ijyu_teijyu_
jyouhou.html，2018年1月14日アクセス）参照。

(7)　芦別慈恵園の「中期経営ビジョン」は，①2020年までの10年間で社会福祉法人の
使命として地域の中核となる事業展開を行うこと（地域包括ケアシステムに取り組
む）。②利用者一人ひとりの人生を尊重し，豊かな暮らしを実現するためにケアの
力をつけること（個別ケアの実現）。③その人がどこでどのように暮らしたいかを
根拠にサービスを展開すること（ライフサポートワーク）。この3点である。また，
「中期経営方針」は，①地域のネットワークをつくり，利用者，家族の暮らしに必
要なサービスを提供する，②個別対応表を作成し，利用者個人の生活を知り，活き
活きとした暮らしを実現する，③地域でいつまでも安心して過ごすことができるよ
うに，法人内のノウハウ等を地域に還元する，の3点である。

(8)　2016年11月18日，芦別慈恵園で行った川邊氏へのインタビューより。

(9)　2016年11月18日，芦別慈恵園で行った川邊氏へのインタビューより。

(10)　改正社会福祉法および，地域における公益的な取組についての詳細は，厚生労働
省 HP（http://www.mhlw.go.jp/seisakunitsuite/bunya/hukushi_kaigo/seikatsuho
go/shakai-fukushi-houjin-seido/05.html，2018年1月12日アクセス）参照。

(11)　脳の健康教室は，株式会社公文教育研究会学習療法センターが，東北大学と社会
福祉法人道海永寿会の産官学連携プロジェクトによって生み出した研究成果「学習
療法」の学習プログラムを活用した認知症予防教室である。学習療法とは「音読と
計算を中心とする教材を用いた学習を，学習者と支援者がコミュニケーションをと
りながら行うことにより，学習者の認知機能やコミュニケーション機能，身辺自立
機能などの前頭前野機能の維持・改善を図るもの」（学習療法センター HP）であ
る。詳細は，学習療法センター HP（https://www.kumon-lt.co.jp/，2018年1月10
日アクセス）参照。

(12)　2016年11月19日，芦別慈恵園の施設見学およびイベントへ参加した際の職員から
の話に基づく。

(13)　学習療法委員会は，学習療法を施設内で効果的に活用するための取り組みである。
学習療法に関しては，学習療法センター HP を参照のこと。

(14)　口腔ケア委員会の活動としては，慈恵園の協力病院から毎月歯科衛生士が施設へ
来て，口腔ケアに関する指導を受けること等が挙げられる。

(15)　介護技術委員会は，施設内研修の1つで，講師も自前である。利用者の可能性を
追求したケアを行えるようにするために職員間で学び合う。

(16)　介護力向上委員会は，科学的根拠を基にした水分・排泄・運動・食事に関する取
り組みである。たとえば，利用者の水分補給に関して目標値を設定し，その目標を

達成するためにはどうすればよいかを考える。

(17) 栄養ケアチームは，多職種連携で食べることから看取りを考える。芦別慈恵園では，川邊氏が管理栄養士ということもあり，「生きることは食べること」を合言葉に，食事に力を入れている。手打ちそば等のイベントを定期的に開催している。栄養ケアチームでは，食事ができるうちに思い出に残る食事を家族と一緒に考えることを大事にする。

(18) 2017年6月16日，チャリティ100kmウォーキングをサポートするために芦別慈恵園へボランティアに行った際，もみ塾の外部講師へ行ったインタビューより。

(19) 学習療法の詳細は，学習療法センターHPを参照のこと。

(20) 2017年2月4日，芦別慈恵園で行った川邊氏へのインタビューより。

(21) 映画「僕がジョンと呼ばれるまで」の詳細は，ホームページ（http://www.bokujohn.jp/，2017年1月13日アクセス）参照。

(22) 2017年7月28日，芦別慈恵園で行った川邊氏へのインタビューより。

参考文献

稲葉陽二（2011）『ソーシャル・キャピタル入門——孤独から絆へ』中公新書。

稲葉陽二・大守隆・近藤克則・宮田加久子・矢野聡・吉野諒三編（2011）『ソーシャル・キャピタルのフロンティア——その到達点と可能性』ミネルヴァ書房。

藤井敦史・原田晃樹・大高研道（2013）『闘う社会的企業』勁草書房。

真鍋誠司（2002）「企業間協調における信頼とパワーの効果——日本自動車産業の事例」『組織科学』36(1)，80-94頁。

三隅一人（2013）『社会関係資本——理論統合の挑戦』ミネルヴァ書房。

若林直樹（2006）『日本企業のネットワークと信頼——企業間関係の新しい経済社会学的分析』有斐閣。

Coleman, J. S.（1990）*Foundations of social theory*. Cambridge, MA: Harvard University Press.

Dyer, J. H. & W. Chu（2003）"The role of trustworthiness in reducing transaction costs and improving performance: Empirical evidence from the United States, Japan, and Korea." *Organization Science* 14(1), pp. 57-68.

Luhmann, N.（1979）*Trust and power*. Cheichester, Wiley.（＝1990，大庭健・正村俊之訳『信頼——社会的な複雑性の縮減メカニズム』勁草書房。）

Mair, J. & I. Marti（2006）"Social entrepreneurship research: A source of explanation, prediction, and delight." *Journal of World Business* 41(1), pp. 36-44.

Mulgan, G.（2006）"The process of social innovation." *Innovations*, Spring, MIT Press 1, pp. 145-162.

第Ⅲ部　企業／組織と社会の関わり

Mulgan, G., S. Tucker, R. Ali & B. Sanders (2007) *Social Innovation: What it is, why it matters and how it can be accelerated*, The Young Foundation and Nesta.

Murray, R., J. Caulier-Grice & G. Mulgan (2010) *The open book of social innovation*, The Young Foundation and Nesta.

Myers, P. & T. Nelson (2010) "Considering social capital in the context of social entrepreneurship." in Fayolle, A. & H. Matlay (eds.) *Handbook of research on social entrepreneurship*, Edward Elgar.

Phills, J., K. Deiglmeier & D. Miller (2008) "Rediscovering social innovation." *Stanford Social Innovation Review* 6, pp. 34-43.

Praszkier, R. & A. Nowak (2012) *Social entrepreneurship: Theory and practice*, Cambridge University Press.

Rousseau, D. M., S. B. Sitkin, R. S. Burt & C. Camerer (1998) "Not so different after all: A cross-discipline view of trust." *Academy of Management Review* 23 (3), pp. 393-404.

Selsky, J. W. & B. Parker (2005) "Cross-sector partnerships to address social issues: Challenges to theory and practice." *Journal of Management* 31 (6), pp. 849-873.

Short, J. C., T. W. Moss & G. T. Lumpkin (2009) "Research in social entrepreneurship: Past contributions and future opportunities." *Strategic Entrepreneurship Journal* 3, pp. 161-194.

Sloan, P. & D. Oliver (2013) "Building trust in multi-stakeholder partnerships: Critical emotional incidents and practice of engagement." *Organization Studies* 34 (12), pp. 1835-1868.

Tomlinson, F. (2005) "Idealistic and pragmatic versions of the discourse of partnership." *Organization Studies* 26 (8), pp. 1169-1188.

Wei-Skillern, J., J., Austin, H., Leonard & H. Stevenson (2007) *Entrepreneurship in the social sector*. Sage Publications.

（田原慎介）

第10章	独立社外取締役は企業にとって 天使か悪魔か ──コーポレート・レピュテーションと企業業績のジレンマ

1 コーポレート・レピュテーションとは何か

　近年，企業不祥事が多発し，企業不祥事をめぐる書が多く出版されるように
なっている（稲葉 2017；樋口 2015；2017）また東京１部，２部上場企業の社外
取締役２人の設置義務化など企業統治改革が進む中，企業が社会的貢献を果た
しつつ，社会に対する存在意義，その行為の責任説明性を問うことの重要性が
強調されている（國部 2017）。つまり，「よい企業とは何か」が改めて問われて
いるのである。企業評判＝コーポレート・レピュテーション（以下，CR）への
注目はそれを捉える上での一つのプローチとなる（櫻井 2011）。

　序章でふれたように，CR，企業の評判とは，企業の準ネットワーク資産で
あり，ステークホルダー総体としてのパブリックによる企業の評価のことであ
る。CR は SNS が発達した現代では企業の浮沈を左右するほどの重要な資産で
あるとともに，レピュテーション管理は消費者との関係だけではなく，人材確
保の面でも企業にとって欠かせない活動になりつつある。ブラック企業という
悪評を獲得した企業では離職者も増え，新卒社員の獲得にも支障が出てくるか
らである。

　CR は2005年における専門のジャーナル *Journal of Corporate Reputation* の
刊行，*Journal of Management*（Vol. 36 No. 3, 2010）の特集号や Barnett &
Pollock（2012）の *The Oxford Handbook of Corporate Reputation* の登場等で，
学際的研究が急増している。この背景にはエンロン事件，リーマンショック後
の企業倫理意識の高まりや CSR の重要性の認識があると思われる。またリス
クマネジメントの意味でも，レピュテーションは企業の浮沈を左右する存在と
考えられている（Diermaier 2011）。

　Rindova & Martins（2012）は，CR にアプローチ対する３つのアプローチを

以下のように要約している。

① ゲーム論的観点

シグナル（signal）としての CR という経済学的な考えである。このアプローチでは，交渉する行為者であるゲームのプレイヤーの過去の行為はいかに将来の戦略的相互作用に影響を与えるかをゲーム理論的に研究する。ここではレピュテーションは，戦略的なタフさのような組織の戦略的タイプに関する信念と定義される。シグナルとしてのレピュテーションは特定の条件下での長年の企業の行為に関する観察に基づくもので，観察しにくい企業の属性に関する情報を提供する役割をしてくれる。このようなシグナル情報は当該企業との間の経済的交換や，ステークホルダーの行動予測可能性を高める。

② 社会構成主義的観点

集合的知覚の融合体（amalgamation of collective perceptions）としての CR という考えである。相互作用するステークホルダーの間でさまざまな知覚，認知として組織フィールドにおいて社会的に構成されたりする企業の評価的判断，突出した属性のことである。時して文学的な解釈も含まれる。

③ 制度論的観点

評判ランキングでの地位（positions in reputational rankings）としての CR という社会学的な考えである。組織フィールドにいてメディアや金融アナリスト，監視組織等の強力な制度的媒介者によって規制された相対的なポジションのランキングとして特徴づけられるものである。

Rindova & Martins（2012）はさらに3つの CR パースペクティブは，それぞれ異なる認知的なメカニズムが対応しているとしており，これら3つのパースペクティブを統合し資産としての経済的な価値を生み出すものとしての CR を特徴づける評価次元として以下の4つを提示している（図10‐1）。

① 戦略的な性質に関連し，企業評価値のシグナルとなる特定性（specificity）
② 企業の可視性や卓越性のレベルに基づいた資産の蓄積（accumulation）
③ 幅広いステークホルダーの間で評価の好ましさとして表現されるアピ

図 10-1 戦略的なインタンジブル資産としてのコーポレート・レピュテーション（CR）の多次元的概念化

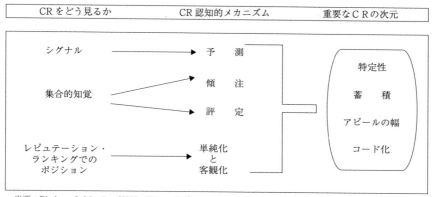

出所：Rindova & Martins (2012 : Figure 2.1).

ールの幅（breadth of appeal）
④ 第三者的評価機関媒介者によって生成された評価ランキングに，企業を割り当てる相対的なポジションに基づいたアセットのコード化（codification）

　本章の目的は，企業の評判を捉えるために行った上場企業に対する「企業評価の（消費者）調査」で得られたデータによって，企業評価と企業の属性および業績との関係を探り，CRの果たす役割について明らかにすることである。

2　コーポレート・レピュテーションをいかに調査するか

　CRの測定には通常の社会調査やマーケティング調査のように個人単位のサンプルのアンケート調査でデータを収集する必要がある。ここでは，そのような分析を進める上でのデータ収集方法，レピュテーションの測定方法，研究を導く諸仮説について詳細に論じる。

第Ⅲ部　企業／組織と社会の関わり

（1）RQ スコアが高いのは消費財企業——測定方法と結果

　CR を測定するためにはさまざまな方法，尺度が提案されている。その枠組みに関しては近年詳細な研究が進んでおり，Dowling & Gardberg（2012）は徹底的な文献レビューの中で，さまざまな指標をデータソースと尺度の単位の軸から図 10-2 のように 4 つのタイプに分類している。中でも図 10-2 の第 2 象限に分類されるものが尺度として有力で，*Fortune* 誌の「米国の最も賞賛されるべき企業（America's Most Admired Companies：AMAC）」や，後述する RQ がそれに該当する。それは一般消費者個人を単位とする 1 次資料，ランキングのデータに基づいた指標である。後者は CR 研究の大御所である Fombrun ら（2000）が開発し，*The Wall Street Journal* 紙によって国際的にも広く使用され，日本でも電通がこれを採用している（Fombrun & van Riel 2004；北見 2008）。

　この研究で使用される尺度は，Fombrun らのレピュテーション指数「RQ」である。これは「情緒的アピール」「製品とサービス」「ビジョンとリーダーシップ」「職場環境」「財務業績」「社会的責任」の 6 つの領域に分類される合計20項目から企業の評判を評価しようとする総合尺度である（図 10-3）。このうち情緒的アピールに含まれる信頼感はソーシャル・キャピタル調査でも使用される項目であることは CR をソーシャル・キャピタル論的に解釈できることを示している。しかしこの枠組みの特徴は，職場環境，社会的責任といったソーシャルな項目を含むことで，従業員，投資家，社会一般といった諸ステークホルダーとの関係性を考慮に入れていることである。その意味では「企業ソーシャル・キャピタルの総合評価」という側面もある。同時にそれらのソーシャルな項目がコーポレート・ブランドとの違いを最も際立たせる要素となっており，コーポレート・ブランドよりも CR の方が広い領域をカバーしていることを意味している。[1]

　オリジナルの RQ では，各企業は各項目について 5 段階でスケール評価されるので，最高で100点のスコアで与えられることになる。今回の RQ 調査においては上の20項目を 5 段階のスケールではなく，リスト化されたそれぞれのサンプル企業に対して，各項目が当てはまるまる場合に 1 を，当てはまらない場合には未記入あるいは 0 を記入して評価もらった（したがって満点は20点となる）。CR 調査はウェブ調査会社クロスマーケティングに依頼し，回答者サンプルは，

第10章　独立社外取締役は企業にとって天使か悪魔か

図 10 - 2　コーポレート・レピュテーションの尺度分類

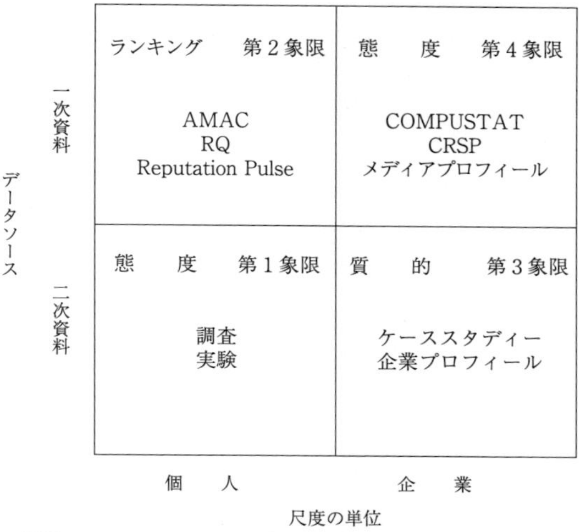

一次資料	ランキング　　第2象限 AMAC RQ Reputation Pulse	態　　度　　第4象限 COMPUSTAT CRSP メディアプロフィール
二次資料	態　　度　　第1象限 調査 実験	質　　的　　第3象限 ケーススタディー 企業プロフィール
	個　　人	企　　業

データソース（左側縦書き）

尺度の単位

出所：Dowling & Gardberg（2012：Figure 3.1）.

図 10 - 3　RQ の構成と設問項目

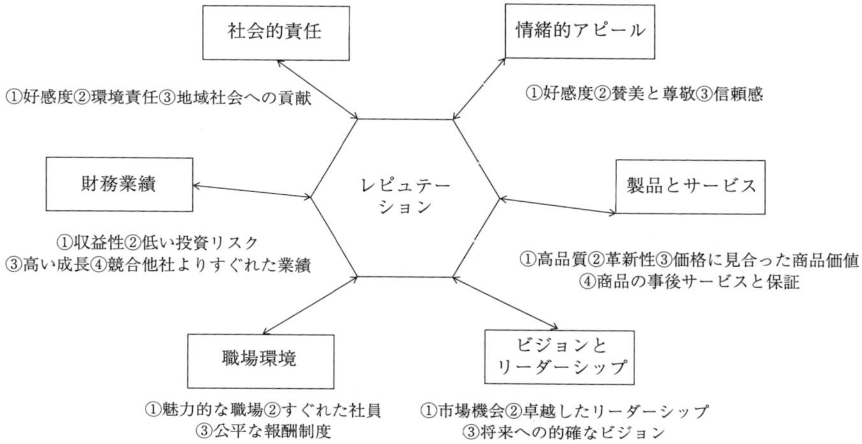

社会的責任
①好感度②環境責任③地域社会への貢献

情緒的アピール
①好感度②賛美と尊敬③信頼感

財務業績
①収益性②低い投資リスク
③高い成長④競合他社よりすぐれた業績

製品とサービス
①高品質②革新性③価格に見合った商品価値
④商品の事後サービスと保証

レピュテーション

職場環境
①魅力的な職場②すぐれた社員
③公平な報酬制度

ビジョンと
リーダーシップ
①市場機会②卓越したリーダーシップ
③将来への的確なビジョン

出所：櫻井（2011）を参考に筆者作成。

199

第Ⅲ部　企業／組織と社会の関わり

表 10 - 1　RQ スコア上位企業（46位までの51社）

ランク	企　　業	RQ スコア	ランク	企　　業	RQ スコア
1	ホンダ	114	27	シャープ	65
2	ソニー	102		亀田製菓	65
3	ハウス食品グループ本社	99		森永乳業	65
4	アサヒグループホールディングス	97		サッポロホールディングス	65
5	パナソニック	96	31	東京海上ホールディングス	64
6	ブリヂストン	94	32	東レ	61
	イオン	94		資生堂	61
8	日立製作所	86		キヤノン	61
	キユーピー	86	35	ビックカメラ	58
10	ライオン	78		シチズンホールディングス	58
11	トヨタ自動車	77		オリエンタルランド	58
12	カゴメ	76	38	三菱地所	56
13	京セラ	75	39	日本航空	55
14	セブン＆アイ・ホールディングス	73		オムロン	55
15	日清製粉グループ本社	72		グンゼ	55
16	ヤフー	71		三菱自動車	55
	味の素	71	43	積水ハウス	54
	花王	71		東海旅客鉄道	54
19	TOTO	70		日産自動車	54
20	昭和シェル石油	68	46	JT	53
	伊藤園	68		三菱マテリアル	53
22	キリンホールディングス	67		NEC	53
	アシックス	67		旭化成	53
	キッコーマン	67		三菱重工業	53
25	ロート製薬	66		楽天	53
	東芝				

　地域的バイアスを除去するために全国都道府県の人口比割り当てを行い，20代から70代の1,520人（男女各760人）の専業主婦，無業者と学生らを除く有職男女20人ずつに40の企業に対する調査を行った。⁽²⁾

　また評価されるべき企業は以下のように確定された。

　①　包括的な役員派遣，兼任の企業ネットワークデータが入手可能な2010
　　　年の『役員四季報』から構成した役員データを基礎に企業ネットワーク
　　　を構築する。

　②　ネットワーク連結する上場企業約1,400社あまりの企業のうち，この

間にＭ＆Ａや持株会社化等で社名を変更したりした後継企業のみを継続
的にサンプルに含め，また子会社化され上場廃止されたり合併された企
業を除いた1,263社をサンプル化する。
③　ランダムに当てはめた男女20人ずつで構成されるサンプル・グループ
に，各40社（2グループは31社）についてその評判を評価してもらう。
④　欠損値などを除き，1,231社のデータを確定する。

　表10-1は，RQスコアの高い上位46位ランクの51社をまとめたものである。
CRの高い企業として自動車，家電，飲料，食品，トイレタリー用品，化粧品
企業を中心とする身近なCMでの露出も高い企業のRQスコアが高いことが
わかる。これらの企業はすべて東証1部上場企業であり，知名企業とくに消費
財企業が上位を占めていることは，対象者が消費者サンプルであることを色濃
く反映している。

（2）企業のステイタスに着目した変数の設定

　RQスコアで測定されるCRの高さが，企業財務業績と関連していることは
内外の数多く研究でも指摘されている（Roberts & Dowling 2002；Fombrun & van
Riel 2004；Graham & Bansal 2007；伊藤和・伊藤克・新村・櫻井 2011；岩田 2012）。
最近では岩田（2012）が質問調査票による実証分析によってレピュテーション
の高い企業群と低い群との間に株価純資産倍率（PBR），負債比率（P/L），収益
性（ROA），株主重視（EPS）の間に統計的有意差を見出している[3]。また欧米の
研究では，社会学出自の概念であるステイタス（社会システムにおけるランキン
グ）とCRの関係（共通性と独自性）が社会学研究者によって議論されている
（Jensen & Roy 2008；Baron & Rolfe 2012）。欧米の経済社会学では組織，市場を
研究する際に，社会ネットワークとともに「社会」ステイタスに注目し，社会
構造に埋め込まれた市場に注目する研究が注目されている（Podolny 2005；
Sauder, Zuckerman & Sgourev 2006；Sauder, Lynn & Podolny 2012）。ここでも，こ
れを踏襲し企業のステイタスに注目したい。それでは，日本において企業のス
テイタスとはどのように測定すべきであろうか。
　近年，日本社会では保守政権の下で階級間の経済格差の深刻な拡大現象が見

第Ⅲ部　企業／組織と社会の関わり

られ，階級的な再生産が指摘されている（橋本，2018）。その基礎にあるのは日本の雇用関係であり，その特徴として職務による雇用ではなく企業への所属，メンバーシップ制と呼ばれる企業への従属が挙げられる（濱口 2013）。この際にジョブ型雇用制度の欧米（と日本以外のアジア諸国）とは異なり，日本の社会においては職務や職業のステイタスではなく，大企業と中小企業といった企業のステイタス格差によって労働者の階級分化が起こるのが特徴的である。企業のステイタスの違いは，大きな賃金格差と企業福利の差として表現される（労働政策研究・研修機構 2015）。また特定の企業集団への所属，たとえば三菱や三井，住友グループに所属することは，メインバンク制度と結びつき金融的にも有利な条件化にあるとされ，Lincoln & Gerlach（2004）は1970後半から1990年代初頭までのデータによって，いくつかのグループにおいて社長会所属企業は独立企業に比べて有意にROA（総資産利益率）とROE（自己資本利益率）が高いことを発見している。とりわけ社長会所属企業は，企業のステイタスを表示する重要な要素であったとされる。[4]しかしバブル崩壊と系列，企業集団が崩壊した現在では（菊地 2005），金融や商社といった給料が高い業界コミュニティに属することが企業のステイタスと結びつくようになったと思われる。つまり，企業集団所属という枠が外れた昨今では，ほぼ業種軸に沿った賃金の高さによって企業社会の序列化が進展していると考える。そこで本章では，「平均賃金」をステイタスの代理変数とする。[5]平均賃金は『企業四季報2015』（東洋経済新報社 2015a）から集計された。

　その他の変数として，社外取締役率，兼任役員比率，全役員に占める大学関係の兼任率，統制変数として役員数（企業の規模の代理指標），企業の年齢のデータを集計し変数化した。これらのデータは東洋経済新報社の『役員データ2015年度版』から集計され，財務指標の変数としてROAとROEを加えたが，これらは日経NEEDSデータベースから抽出した。各変数の概要は以下のようになっている。

　　平均賃金：2014年の企業の平均賃金，企業ステイタスの代理指標
　　企業の年齢：企業の創設年月日データから算出した2015年3月31日までの
　　　　　　　　企業生存日数

役員規模：執行役員は除く当該企業の役員数で企業の規模の代理指標

社外取締役比率：全役員数に占める社外取締役の割合

兼任役員比率：全役員のうち兼任役員が占める比率

大学教員兼任率：全役員に占める大学教授兼任役員数の比率で，ある種の
プレステージ指標

ROE：2014年1〜3月，2013年度末決算の自己資本利益率

ROA：2014年1〜3月，2013年度末決算の総資本利益率

（3）伝統・社外取締役・財務業績への着目——研究フレームと諸仮説

　この研究のための変数間の因果フレームは図10-4に要約される。まず，レピュテーションは一時的なブームで一瞬で高まり，また不祥事で一瞬に毀損される性格をもつ点でブランドよりも揮発的であるが，他方で強固なレピュテーションが確立されるのには，ある程度時間がかかるという意味ではブランドと同じである。一旦レピュテーションを確立した大企業は，短期的な財務状況の好不調にかかわらず高いCRを維持し，結果として高いコーポレート・ブランド価値を享受し，その結果，良好な財務状況を導きやすい。つまり高いレピュテーションもブランドとともに，伝統と歴史の果実ともいえる。

　また，取引先等の企業との間で形成される橋渡し的な企業ソーシャル・キャピタルといえる多様な兼任役員の多さも，企業統治にも関係すると同時に，企業のレピュテーションにも影響を与えているであろう。また，これはさまざまな企業間，業界間での希少な情報の獲得にも関係するので，結果として企業の財務状況にも良い影響を与えるであろう。最後にCRに企業統治論の議論を組み込めば，社外取締役の多さ，兼任役員の多さとともに，兼任役員に占める大学教員の高い比率はCRと企業業績の高さの両方に正の効果をもつと考えられる。実際，日本では近年の企業統治改革にともなう社外取締役の人材不足も相まって，経営大学院に籍を置く教員が兼任役員として役員会に座る例は急増している。菊地（2006）はこれを「専門家兼任」と呼んでいる。

　東京証券取引所（2015）の報告書では，2014年7月時点で東京証券取引所に上場している企業のうち社外取締役を「他の会社の出身者」「弁護士」「公認会計士」「税理士」「学者」「その他」に分類している。同報告書は，大学教授を

第Ⅲ部　企業／組織と社会の関わり

図10-4　本研究におけるCRの研究枠組みと諸変数

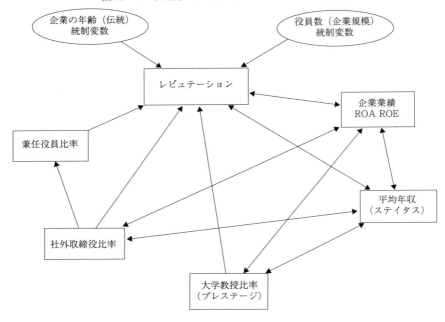

中心とする学者の87.6％が独立社外取締役であるが，委員会設置会社の場合8.2％で，2010年からはほとんど変化していないが独立社外取締役の場合は10.7％と2012年に比べて1％ほど増えているとしている。同報告書はさらに，全社外役員では3.9％が社外役員となっており，独立役員の5.4％を占めているに過ぎないが，JPX400の有力企業の場合それぞれ9.5％と11.2％で公認会計士の7.8％　9.0％を上回り弁護士に次ぐ3位の位置を占めているとしている。つまり投資対象として魅力的とされている有力企業では学者＝大学教員が役員についており，企業の「プレステージ」をシグナルとして送っていると考えられる。ここではこれを「ステイタス」と区別して「プレステージ（効果）」と呼んで変数化する。また大学教授の社外取締役比率≒独立社外取締役率と考えてもよいだろう。

　上の研究枠組みを検証するに，これは以下の3つの仮説に分解して要約され，統計的な分析にかけられることになる。

仮説1：（歴史伝統要因仮説）コーポレート・レピュテーションの高い企業は，歴史と伝統があり，企業の規模も大きく，企業の年齢も高く，ステイタスの高い企業である。

仮説2：（企業統治・企業ソーシャル・キャピタル仮説）コーポレート・レピュテーションの高い企業は，社外取締役が多く，さまざまな企業と兼任役員結合した企業で，しかもプレステージの高い大学教授等の社外取締役の多い企業である。

仮説3：財務業績（ROE あるいは ROA）の高い企業は，コーポレート・レピュテーションの高い企業である。コーポレート・レピュテーションは企業の好業績と関係する。

3　社外取締役とレピュテーションは企業の業績を高めるのか

　まず表10-2の各変数の間の相関行列から，RQ は平均年収（ステイタス変数）や対役員大学兼任率（プレステージ変数）と関係がありそうである。そこで，これを詳しくみるために前節で提出された所仮説を検証するための3つの重回帰分析モデルを構築し，分析を行った。モデル1～3は RQ を従属変数とするモデル群であり，モデル1は仮説1を検証するための，モデル2は仮説2を検証するためのである。また，モデル3はこれらに財務変数 ROE を投入したフルモデルである。最後にモデル4，モデル5はそれぞれ従属変数を ROE，ROA とする重回帰モデルである。分析結果は表10-3・4にまとめられる。

　表10-3モデル1と3による重回帰分析の結果，仮説1の歴史伝統要因仮説は支持される。企業の年齢効果はやや弱いものの，企業規模を反映する役員規模の大きさとステイタスを表す平均年収の高さは強い正の効果をもつ。またプレステージ変数である対役員大学兼任率も強い正の効果をもつことは，CR が企業のステイタスやプレステージという企業の社会地位変数と深い関係があることを示しており，興味深い。つまり高い CR を獲得するには長期にわたる企業努力やブランディングの結果，ステイタスとプレステージを獲得することが重要であり，必ずしも企業業績が好調といえないホンダやソニー，パナソニックが上位にいるのは首肯されるべき結果といえよう。強い企業ブランド力と高

第Ⅲ部　企業／組織と社会の関わり

表 10 - 2　変数間の相関行列

	RQ スコア	ROA	ROE	平均年収	企業の年齢	社外取締役比率	兼任役員比率	大学教授兼任率
RQ スコア	1.000	0.034	0.043	0.317	0.140	0.181	−0.017	0.204
ROA	0.034	1.000	0.786	0.061	−0.066	0.001	0.075	−0.054
ROE	0.043	0.786	1.000	0.067	−0.034	0.026	0.015	−0.037
平均年収	0.317	0.061	0.067	1.000	0.080	0.192	−0.060	0.183
企業の年齢	0.140	−0.066	−0.034	0.080	1.000	−0.122	−0.246	−0.079
社外取締役比率	0.181	0.001	0.026	0.192	−0.122	1.000	0.477	0.166
兼任役員比率	−0.017	0.075	0.015	−0.060	−0.246	0.477	1.000	0.109
大学教員兼任率	0.204	−0.054	−0.037	0.183	−0.079	0.166	0.109	1.000

注：JMP11（SAS Institute, Inc. 2013）による計算。

いレベルの CR の構築は表裏一体の関係にあることの証左であり，企業ブランドは CR の昇華形態と例えられる。

　次にモデル 2 と 3 の重回帰分析結果から，仮説 2 の企業統治・企業ソーシャル・キャピタル仮説はおおむね支持される。人材の不足している社外取締役として，大学教授のような見識と社会的地位の高い人物（そのほとんど慶應義塾，早稲田，一橋大学等の有名大学・経営大学院の教授である）を迎えることは，CR を高める条件となっていると考えられる。とりわけ ROA を統制変数として加えたとしても，大学教授の役員比率は強い正の効果を持つことは重要な発見である。

　レピュテーションと財務指標との関係を分析するための重回帰分析（表 10 - 4）から，仮説 3 は十分には支持されない。ROE については，平均年収（ステイタス）と弱い有意な正の効果，企業の年齢が弱い有意な負効果を有するものの，RQ スコアは有意な効果を持たない。ROA についてはやや弱い効果は見られるものの，十分な効果ではない。また社外取締役比率は ROE において効果がなく，また ROA については中程度の負の効果が見られる。この結果は，2005-2010時期のデータを利用した宮島・小川（2012）の「社外取締役の選任は，一般的に企業パフォーマンスを高めるわけではない」という発見と一致しており，社外取締役の導入がかなり進展したここ最近の結果でも以前の状況と同じであることは興味深い。

206

第10章　独立社外取締役は企業にとって天使か悪魔か

表10-3　レピュテーションを規定する要因分析のための重回帰分析結果

従属変数：RQ	モデル1			モデル2			モデル3		
項	推定値	t値	p値 (Prob>|t|)	推定値	t値	p値 (Prob>|t|)	推定値	t値	p値 (Prob>|t|)
切　片	-17.617	-8.71	<.0001***	12.4897	12.37	<.0001***	-21.241	-8.77	<.0001***
ROA							0.148	1.68	0.0941*
平均年収	0.002	7.32	<.0001***				0.001	5.36	<.0001***
企業の年齢	0.032	2	0.0453**				0.056	3.55	0.0004***
役員数	1.231	11.28	<.0001***				1.271	11.43	<.0001***
社外取締役比率				35.4581	6.91	<.0001***	18.042	3.77	0.0002***
兼任役員比率				-16.9721	-4.52	<.0001***	5.851	1.59	0.1111
大学教員兼任率				89.7439	6.6	<.0001***	57.658	4.6	<.0001***
自由度調整R2乗	0.1929			0.0792			0.2315		

注：(1)　JMP11（SAS Institute, Inc. 2013）による推定。
　　(2)　***　1％有意水準；**　5％有意水準；*　10％有意水準。

表10-4　レピュテーションと財務指標との関係を分析するための重回帰分析

従属変数：ROE	モデル4			従属変数：ROA	モデル5		
項	推定値	t値	p値	項	推定値	t値	p値
切　片	5.413	2.78	0.006***	切　片	2.1680	2.64	0.008***
レピュテーション	0.028	1.21	0.225	レピュテーション	0.0160	1.68	0.094*
平均年収	0.000	2.14	0.033**	平均年収	0.0003	2.87	0.004***
企業の年齢	-0.029	-2.29	0.022*	企業の年齢	-0.0109	-2.07	0.039**
役員数	0.054	0.59	0.556	役員数	-0.0417	-1.08	0.280
社外取締役比率	0.527	0.14	0.889	社外取締役比率	-3.8466	-2.43	0.015**
兼任役員比率	-1.205	-0.42	0.675	兼任役員比率	3.4241	2.84	0.005***
対役員大学兼任率	-15.378	-1.56	0.119	対役員大学兼任率	-7.5326	-1.81	0.071*
自由度調整R2乗	0.0068			自由度調整R2乗	0.0171		

注：(1)　JMP11（SAS Institute, Inc. 2013）による推定。
　　(2)　***　1％有意水準；**　5％有意水準；*　10％有意水準。

　また株主の持分（自己資本）との関係で定義される ROE（自己資本利益率）ではなく，事業の効率性と収益性を同時に示す財務指標である ROA（総資産利益率）は社外取締役比率が低いほど高く，また大学教授兼任比率が低いほど ROA が高いということは，社外取締役2人の義務的導入という今後の企業統治のあり方を考えた場合，極めて示唆に富む知見である。これについては結論で明確に述べる。

第Ⅲ部　企業／組織と社会の関わり

4　社外取締役は天使にも悪魔にもなり得る存在

　本章では，企業統治改革が大幅に進むようになった2014年のコーポレート・レピュテーションに注目し，役員データ，企業（財務）データ等の企業データと関連させコーポレート・レピュテーションの役割，効果に関する詳細な分析が行われた。重回帰分析の結果，①コーポレート・レピュテーションは企業ステイタスや企業の伝統と深い関係があり，評判の構築には長期にわたる企業努力が必要であること，②高い大学教授役員比率はコーポレート・レピュテーションの向上に強い効果を持ち，高い兼任役員比率もコーポレート・レピュテーションを上げること，③ROA（自己資本利益率）はコーポレート・レピュテーションとある程度関係し，社外取締役比率が低いほどROAが高く，また大学教授兼任比率が低いほどROAが高いという興味深い事実を発見した。

　特に第3の発見は，現在進行しつつある社外取締役の導入による企業統治改革へのインプリケーションに富む発見である。つまり2人以上の社外取締役の導入の義務化に伴って，知り合いの弁護士等の安易な数合わせによる社外取締役の選任では意味がなく，（実際は御用学者が多数いるかもしれないが）大学教授に代表される独立的な社外取締役でなければ，企業はROAの低下もありうること示している。これは企業にとっては明らかにジレンマである。日本の大企業が長年避けてきた厳しい目を持った独立的な社外取締役の設置は企業が支払うべき「社会的コスト」であり，逆にそのような独立的社外取締を選任しないことでSNSで叩かれることになれば，レピュテーション資産の毀損も起こりうるということを自覚する必要がある。社会において絶対的な権力を有する上場企業とその企業経営者は企業の社会的な責任を自覚し，多少のROA低下を招いても社会の厳しい目に監視されながら企業経営を行う覚悟が必要である。それは結果として企業不祥事を減らし，企業の健全な成長をもたらし，同時に労働者の雇用の安定につながるであろう。独立的な社外取締役は企業にとっては天使にも悪魔にもなり得る存在なのである。

第10章　独立社外取締役は企業にとって天使か悪魔か

謝　辞

　この研究は2014年度の京都産業大学総合学術研究所新規研究課題挑戦支援プログラ
ム（課題番号 E1409）および，科学研究費基盤研究（B）（一般）「企業ソーシャル・
キャピタルに注目した企業統治研究の新展開」（課題番号15H03387）の支援を受けた。

注
(1)　この尺度の欠点としては，一般消費者に企業評価を任せている点が指摘できる。
　　彼らには企業についての知識不足から従業員，投資家，社会一般といった諸ステー
　　クホルダーとの関係性等は正確には評価できない可能性がある。一方で経済新聞の
　　読者にサンプルを限るといった限定を行っても高所得層が多いというサンプルバイ
　　アスを生んでしまうので，これといった解決策も見当たらない。
(2)　無職者を除いたこともあって，個人サンプルの職業，学歴分布は資料 10‐1 に掲
　　載しているように国民平均よりも学歴がやや高く，大学院卒者6.3％，大卒者
　　44.1％と半数が大卒以上となっており，平均年齢は47.37歳である。
(3)　ただし岩田（2012）ではコーポレート・レピュテーションの低い群の高い群が10
　　社づつ比較されているに過ぎないが，回答者のサンプル数社は本調査より多い。も
　　ともと日本ではコーポレート・レピュテーションの実証的な研究は数が少ない上，
　　会計学の研究者が中心となっており，欧米のような学問分野の広がりはない。
(4)　もちろん，細かくいうと企業集団の中でも序列が存在し，たとえば，都市銀行と
　　総合商社は各グループにおいて高ステイタスを獲得しているほか，三菱における三
　　菱重工や日本郵船，住友における旧住友金属や住友鉱業等グループの基盤となった
　　企業のステイタスは高いなど内部序列の様式も異なっていたであろう。
(5)　企業のステイタスは，Sauder, Lynn & Podolny（2012）も指摘するように，上場
　　市場の種類，アフィリエーション（加盟）でも指標化できる。さらに日本経団連な
　　どの経済団体へのアフィリエーションを「企業ステイタス」のシンボルとみること
　　もできよう。さらに，今回の研究では企業の詳しいネットワークデータは得られて
　　いないので計算できないが，役員の企業ネットワークにおけるボナチッチ中心性も
　　有効であろう。これらは今後の研究では検討を要する課題である。

参考文献
伊藤和憲・伊藤克容・新村秀一・櫻井通晴（2011）「レピュテーション・マネジメン
　　トに関する調査結果の分析──実証研究による調査を主目的として」『専修商学論
　　集』93，15-40頁。
稲葉陽二（2017）『企業不祥事はなぜ起きるのか──ソーシャルキャピタルから読み
　　解く組織風土』中央公論新社。

第Ⅲ部　企業／組織と社会の関わり

岩田弘尚（2012）「コーポレート・レピュテーションと財務業績の関係性——わが国
　の質問紙調査に基づく実証分析」『専修マネジメント・ジャーナル』2(2)，13-22頁。

菊地浩之（2005）『企業集団の形成と解体——社長会の研究』日本経済評論社。

菊地浩之（2006）『役員ネットワークからみる企業相関図』日本経済評論社。

北見幸一（2008）「コーポレート・レピュテーションと CSR——レピュテーションを
　高める CSR に向けて」『国際広報メディア・観光学ジャーナル』6，3-22頁。

國部克彦（2017）『アカウンタビリティから経済倫理へ——経済を越えるために』有
　斐閣。

櫻井通春（2011）『コーポレート・レピュテーションの測定と管理——「企業の評判
　管理」の理論とケース・スタディー』同文舘出版。

東京証券取引所（2015）『東証上場企業コーポレート・ガバナンス白書2015』（http:
　//www.jpx.co.jp/news/1020/nlsgeu000000tyb5-att/white-paper15.pdf，2015年 8
　月30日アクセス）。

東洋経済新報社（2015a）『会社四季報 2015春号』。

東洋経済新報社（2015b）『役員データ』（役員四季報　電子データ版）。

橋本健二（2018）『新・日本の階級社会』講談社。

濱口桂一郎（2013）『若者と労働「入社」の仕組みから解きほぐす』中公新書クラレ。

樋口晴彦（2015）『なぜ，企業は不祥事を繰り返すのか——有名事件13の原因のマカ
　ニズムに迫る』日刊工業新聞社。

樋口晴彦（2017）『続　なぜ，企業は不祥事を繰り返すのか——重大事件から学ぶ失
　敗の教訓』日刊工業新聞社。

宮島英昭・小川亮（2012）「日本企業の取締役会構成の変化をいかに理解するか？
　——取締役会構成の決定要因と社外取締役の導入効果」RIET Policy Discussion
　Series 12-P-013。

労働政策研究・研修機構（2015）『データブック国際労働比較 2015』。

Barnett, M. L. & T. G. Pollock (eds.) (2012) *The Oxford Handbook of Corporate
　Reputation*, Oxford University Press.

Baron, D. N. & M. Rolfe (2012) "It ain't What You Do, It's Who You Do It with:
　Distinguishing Reputation and Status." in Barnett, M. L. & T. G. Pollock (eds.) *The
　Oxford Handbook of Corporate Reputation*, Oxford University Press, pp. 160-178.

Diermeier, D. (2011) *Reputation Rules: Strategies for Building Your Company's Most
　Valuable Asset*, The McGraw-Hill Companies, Inc.（＝2011，斉藤裕一訳『「評判」
　はマネジメントせよ——企業の浮沈を作用するレピュテーション戦略』阪急コミュ
　ニケーションズ。）

Dowling, G. R. & N. A. Gardberg (2012) "Keeping Score: The Challenges of

Measuring Corporate Reputation." in Barnett, M. L. & T. G. Pollock (eds.) *The Oxford Handbook of Corporate Reputation*, Oxford University Press, pp. 34-68.

Fombrun, C. J., N. A. Gardberg & J. M. Sever (2000) "The Reputation Quotient : A Multi-Stakeholder Measure of Corporate Reputation." *The Journal of Brand Management* 7(4), pp. 241-255.

Fombrun, C. J. & C. B. M. van Riel (2004) *Fame and Fortune: How Successful Companies Build Winning Reputations*, Pearson Education. (= 2005, 電通レピュテーション・プロジェクトチーム訳『コーポレート・レピュテーション』東洋経済新報社。)

Graham, M. E. & P. Bansal (2007) "Consumers' Willing-ness to Pay for Corporate Reputation: The Context of Airline Companies." *Corporate Reputation Review* 10(3), pp. 189-200.

Jensen, M. & A. Roy (2008) "Staging Exchange Partner Choices: When Do Status and Reputation Matter?" *Academy of Management Journal* 51(3), pp. 495-516.

Lincoln, J. R. & M. L. Gerlach (2004) *Japan's Network Economy: Structure, Persitence, and Change*, Cambridge University Press.

Podolny, J. M. (2005) *Status Signals: A Sociological Study of Market Competition*, Princeton University Press.

Rindova, P. V. & L. Martins (2012) "Show Me the Money: A Multidimensional Perspective on Reputation as an Intangible Asset." in Barnett, M. L. & T. G. Pollock (eds.) *The Oxford Handbook of Corporate Reputation*, Oxford University Press, pp. 16-33.

Roberts, P. W. & G. R. Dowling (2002) "Corporate Reputation and Sustained Superior Financial Performance." *Strategic Management Journal* 23(12), pp. 1077-1093.

SAS Institute, Inc. (2013) JMP11.

Sauder, M., F. Lynn & J. M. Podolny (2012) "Status: Insight from Organizational Sociology." *Annual Review of Sociology* 38, pp. 267-83.

Sauder, M. F., Zuckerman, E. W. & S. V. Sgourev (2006) "Peer Capitalism: Parallel Relationships in the U.S. Economy." *American Journal of Sociology* 111(5), pp. 1327-1366.

第Ⅲ部　企業／組織と社会の関わり

資料 10 - 1　回答者サンプルの内訳

職　　業		回答数	％
全　　体		1520	100.0
1	会社勤務（一般社員）	620	40.8
2	会社勤務（管理職）	102	6.7
3	会社経営（経営者・役員）	60	3.9
4	公務員・教職員・非営利団体職員	128	8.4
5	教育関係者	23	1.5
6	派遣社員・契約社員	181	11.9
7	自営業（商工サービス）	196	12.9
8	SOHO	37	2.4
9	農林漁業	19	1.3
10	専門職（弁護士・税理士等・医療関連）	83	5.5
11	パート・アルバイト	0	0.0
12	専業主婦	0	0.0
13	学生	0	0.0
14	無職	0	0.0
15	その他の職業	71	4.7

学　　歴		回答数	％
全　　体		1520	100.0
1	中学校	20	1.3
2	高等学校	388	25.5
3	専門学校・専修学校	187	12.3
4	高専・短期大学	148	9.7
5	大学	671	44.1
6	大学院（修士課程）	68	4.5
7	大学院（博士課程）	27	1.8
8	その他	11	0.7

（金光　淳）

第11章 強い絆が会社をつぶす
―― 企業不祥事分析に求められる
ソーシャル・キャピタルの視点[1]

1 企業統治改革の失敗 ―― 相次ぐ大企業の不祥事

　企業統治（コーポレート・ガバナンス）の仕組みとは，端的にいってしまえば「企業経営者への規律づけ」と定義され，企業トップによる不祥事を防ぐための方策として1990年代から20年以上ほぼ毎年強化され続けてきた。さらに2013年6月，アベノミクスの第三の矢としての成長戦略をまとめた『日本再興戦略 ―― JAPAN is BACK』では，「成長の道筋」に沿った主要施策例として「株主等が企業経営者の前向きな取組を積極的に後押しするようコーポレートガバナンスを見直し，日本企業を国際競争に勝てる体質に変革する」（3頁）と謳った。2014年6月には会社法が改正され，さらにソフトローとしての機関投資家向け規範であるスチュワードシップ・コードと上場企業向けの規範であるコーポレートガバナンス・コードが，それぞれ2014年2月と2015年6月に制定された。2015年の首相施政方針演説では，コーポレートガバナンス・コードの制定が言及され，2015年は「企業統治元年」と称された。経済財政白書でも企業統治改革を日本の生産性改善策の重要な施策と位置づけ，2015年度にはイノベーション活動の促進策として，2016年度には投資と収益の改善策として企業統治の強化が謳われていた。[2]

　しかし，会社法改正，スチュワードシップ・コード，コーポレートガバナンス・コードの企業統治における三本の矢を整えて，世界市場における日本企業への信頼を再構築しようという矢先に，東芝，三菱自動車工業，神戸製鋼所，東レ，三菱マテリアル，日産や富士重工等，日本を代表する企業の不祥事が相次いで発覚し，2018年年明け早々，フィナンシャルタイムス紙が「裁かれる日本株式会社の企業文化」という記事を掲載する等，個別企業の信頼性だけではなくメイドインジャパン全体の信頼性まで揺らがせる事態に立ち至ってしまっ

213

第Ⅲ部　企業／組織と社会の関わり

た。企業統治改革は日本の生産性改善策の重要な施策と位置づけられてきたが，生産性改革の観点からの企業統治改革は経営者を巻き込んだ重大不祥事の抑制には無力であり，明らかに重要な要素が欠けていると判断せざるを得ない。

　本章では，従来の経営学・経済学からの分析に欠けている視点として，企業内のソーシャル・キャピタル（社会関係資本），特にトップをめぐるネットワークの実態を解明することが企業統治の実効性を上げるためには重要である，換言すれば企業統治に実効性を持たせるためには健全なトップをめぐる社会関係資本が必要である，という主張を展開する。なお，本章は仮説の提示であるが，その実証分析については稲葉（2014a；2014b；2017a）を参照されたい。

2　企業風土という言い訳

　会社法の改正を中心にした企業統治改革が重大不祥事には無力である事実は，企業不祥事の度に第三者委員会報告で，会社法に定める企業統治の仕組みと基本的に無縁な「企業風土」を，原因の一つとして挙げられることをみれば明らかである。

　不祥事が起こる度に企業は第三者委員会を設けて原因を調査しているが，必ず挙げられる理由の一つに「企業風土」がある。たとえば，2016年8月1日付の三菱自動車の第三者委員会による「燃費不正問題に関する調査報告書」には，「企業風土」が11回，「風土」が10回，合わせて21回も出てくる。また融資対象企業の業績を改竄して，不正融資を組織ぐるみで展開した商工中金の第三者委員会報告書には，以下のような記述がある。

　　「将来的な完全民営化を控え，収益性を高めたい（保全率が高く粗利の確保できる危機対応を推進することによって）との組織・会社全体の方向性が，誤った事象を引起こした一つの要因であったことは否定できないと思います。良く言えば生真面目，悪く言えば一部で見られる反対意見を言いにくい組織風土・カルチャーも含めて，要因を探らないと同様の問題はまた発生する可能性が高いと思います。」（國廣ほか〔2017：128〕，下線筆者）

この記述は「本部を含む組織全体の責任」という節の中の一項目として指摘されており，企業風土＝組織全体の責任，という構図が示されている。つまり，不祥事は組織全体に責任があるという。

この企業風土＝組織全体の責任，という議論は大変ミスリーディングであり，このような議論を許している限り，企業不祥事は絶対になくならない。実際，会社法は，企業統治という言葉が用いられ始めた1990年代前半以降，筆者の知る限りでは2014年までに企業統治を主題に15回も改正されてきているが，不祥事は一向に減らないどころか，むしろ加速しつつあるようにさえ思える。その一方で，第三者委員会の調査報告書では原因として「企業風土」という言葉が今日に至るまで常に明示されている。

経営者も何かあると「企業風土」という。神戸製鋼所の製品データ改竄でも，記者会見で副社長が「体質なのか，企業風土なのか，意識の問題なのか……」（下線筆者）とうめいたと報じられている。[4]

第三者委員会の報告書に出てくると私たちは何となく納得してしまうのだが，『広辞苑 第4版』で「風土」とひくと「土地の状態，すなわち，気候・地味など」とあるから，「企業風土」とは「企業という土地の状態，すなわち，気候・地味など」となり，結局「企業風土」が何を意味しているのか不明確である。企業風土の実態は本章の後半で明らかにするが，このような企業統治の概念からほど遠い意味不明の概念を堂々と原因として挙げているのでは，企業統治改革をいくら行っても無意味であろう。

3　格差・腐敗の助長——ソーシャル・キャピタルの負の側面

本章では，社会関係資本の定義を「外部性（当事者だけではなく周囲の第三者にも影響を及ぼすこと）を伴う会社内外のネットワークと，その結果として生まれる社内規範と相互信頼」としている。図11-1に示すように，社会関係資本は公共財（社会全般に対する信頼），クラブ財（特定のグループ，コミュニティの中でのネットワークとメンバー間の信頼と規範），私的財（個人間のコネ等のネットワーク）を含めた広義の定義があるが，本章では基本的に企業内のネットワークを念頭に置いたクラブ財として扱っている（稲葉 2005：2008）。

第Ⅲ部　企業／組織と社会の関わり

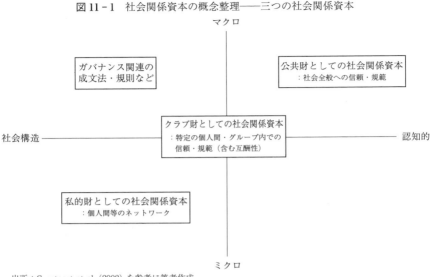

図11-1　社会関係資本の概念整理——三つの社会関係資本

出所：Grootaert et al. (2002) を参考に筆者作成。

　社会関係資本の理論は多方面にわたり，かつ多数に上るが，本章はギッテルらやパットナムが広めた橋渡し型社会関係資本対結束型社会関係資本（Putnam 2000＝2006），コールマンの閉じたネットワークの有効性論（Coleman 1988），バートの構造的空隙論（Burt 1992＝2006），アスレイナーらの内輪の人々のネットワークである結束型社会関係資本のダークサイド論（Uslaner 2008＝2011），フィールドの社会関係資本偏在が格差の拡大をもたらすという偏在のダークサイド論（Field 2003），筆者の社会関係資本の外部性を内部化する際の弊害論（稲葉 2008）等を用いて検討していく。筆者の議論を除き，すべて社会関係資本論の古典的理論を企業に当てはめたものである。

　橋渡し型対結束型とは，異質な者同士を結びつけるブリッジング（橋渡し型）な社会関係資本と，同質な者同士が結びつくボンディング（結束型）な社会関係資本の対比である。ブリッジングな社会関係資本は，規範は強化しないが新しい情報を得るには有用である。一方，ボンディングな社会関係資本は結束や規範を強化する傾向があるが，情報がメンバーの中を堂々巡りして新しい情報を得るには向いていない。

第11章　強い絆が会社をつぶす

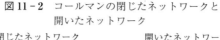

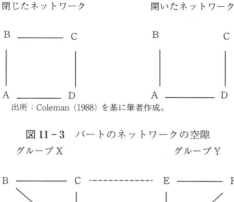

　コールマンの閉じたネットワーク論は，図11-2に示されるように，メンバー全員が緊密に結びついているネットワークは，メンバー以外の者へ開いているネットワークよりも規範が貫徹しやすいという理論である。逆に，構造的空隙論は，図11-3のように複数のグループの間を結びつけること，つまりグループ同士の空隙を埋める開いたネットワークを作ることが社会関係資本であり，価値があるとするもので，バートが1992年に発表した理論である。

　このほか，筆者の社会関係資本の外部性を内部化する際の弊害論とは，社会関係資本の外部性は，市場に内部化しない方が，その本来の価値を維持することができ，逆に市場に内部化しようとすると私利を図ることになり，社会関係資本の悪用につながるという議論である。たとえば，業界団体も会員間の親睦や，製品規格の統一を図るのなら有益な正の外部性があるが，この外部性を談合等で私的に市場の中に取り込もうとすると，社会的には負の外部性を発する存在に変化してしまう。これはアメリカの心理学者のDeci (1971) の，金銭的報酬はやる気を削ぐという実証実験に根拠を置いているもので，彼の議論を個人だけではなくコミュニティレベルも対象にし，また正の外部性であったもの

217

第Ⅲ部　企業／組織と社会の関わり

が単に消滅するだけではなく，場合によっては負の外部性に変化してしまう点を強調している。なお，筆者は社会関係資本の外部性のもう一つの特性として，スピルオーバー効果が高いことを挙げている。ネットワークを通じてさまざまなものがうつる。病気はその一つだが，それだけではなく肥満，禁煙，さらに幸福感までネットワークを通じてうつるという（Cristakis & Fowler 2007；2009；Fowler & Cristakis 2008）。これを企業不祥事に当てはめれば，粉飾や隠蔽等も役員・社員の間で社内のネットワークを通じて広がる。特に，役員がこれらの不正に手を染めたり容認したりすれば，一気に広がることが十分考えられる。

　これらの議論は，基本的に組織やコミュニティ内のネットワークのあり方から派生したものであるが，広義の社会関係資本は，社会全般への信頼など公共財としての側面も含んでいるので社会全般の問題も分析できる。たとえば，アスレイナーは，内輪の人々のネットワークである結束型社会関係資本が結果的に社会全般への信頼を崩すとし，これに格差の論点も含めて不平等の異論を展開している。すなわち，格差がひらくと，内輪のグループの結束が強くなり，グループ外への信頼や寛容性が損なわれ，腐敗行為に走りやすくなるという理論である。この議論に付随するものとして，パットナムら複数の論者がグループ内の結束が高いということは，そのグループに属さない者を疎外していることに他ならないという論点である。さらに Graeff（2009）によれば，社会関係資本の規範とは，社会関係資本が市場で処理できない外部性を持つ時に生まれるもので，人々の行動を規制して，ある種の行動を容易にするものであるから，肯定的なものとは限らない，としている。さらに Field（2003）は，社会関係資本偏在が格差の拡大を助長するとする。ネットワークが一部の人々に集中したり，富裕層は富裕層としかつきあいがない等，ネットワークの偏在が格差を助長したり，弱者をより弱い立場に立たせる可能性があるという点を強調する議論である。

　この格差が影響するという論点は，他の多くの識者も指摘している。たとえば Warren（2008）は権力の分布が不平等な場合や相手に何かをしてもらった場合に，その人に恩義を返すという特定化互酬性が強いと恩顧主義と腐敗がはびこると論じている。企業の内部は権力の分布が不平等なので，この議論はそのまま企業にも当てはまる。これらの議論は，単一の企業の不祥事だけではな

く企業をめぐる社会全般の問題を考察する視点を与えてくれる。

4　どのようなネットワークが有効なのか

　以下ではまず，コールマンの閉じたネットワークの有効性論とバートの構造的空隙論を融合させて，そもそもどのようなネットワークが有効かについて検討する。

　Burt（2001 = 2006）は図11 - 4のような仮説を提示した。図11 - 4の縦軸は社内の結びつき（凝集性）の程度を表し，横軸は社外との結びつきを表している。最悪のケースは左上のケースで，社内はバラバラで社外とのつながりもない。左下のケースは社内と社外が一体化している集団で，バートによれば，単一の視点・技術・資源を持った凝集的な集団である。これは下請け企業等，社外であっても実質当該企業と一体化して捉えることができる組織を想定している。さらにバートは，図11 - 4の右下のような企業が最高の業績を上げるとしている。右下のケースは組織内部で互いにまとまり，かつ内部の者がそれぞれ独自の独立した紐帯を外部の者と持っている。さらに，バートは図11 - 4の右上のケースを多様な視点・技術・資源をもったバラバラな集団としている。要するに，バートは右下のような，社内では凝集性が高く，社外に対しては社員一人ひとりが独自のネットワークを持つ企業を理想型としている。

　本章では，図11 - 4のバートのモデルを図11 - 5に示すモデル（稲葉 2017a）に修正し，企業ネットワーク（企業内社会関係資本）の形態に応じて，企業統治の仕組み・企業不祥事の形態が変わるという仮説を検討していきたい。

　従来あまり意識されてこなかったが，企業の業態に応じて企業内外のネットワークの最適な形態は異なる。図11 - 5の左上のケースのように，従業員が互いに孤立して社内はバラバラ，社外とのつながりもない状態では企業は成り立たない。一方，右下のケースのように社内と社外が密接に関連し合う状態も，自動車のように多数の部品を用いて製造ラインや，その背後にある部品業者であるサプライヤーが一体となって大量生産には適するかもしれないが，必ずしもすべての業態で最適とは限らない。

　バートは図11 - 4の右下のような，社内では凝集性が高く，社外に対しては

第Ⅲ部　企業／組織と社会の関わり

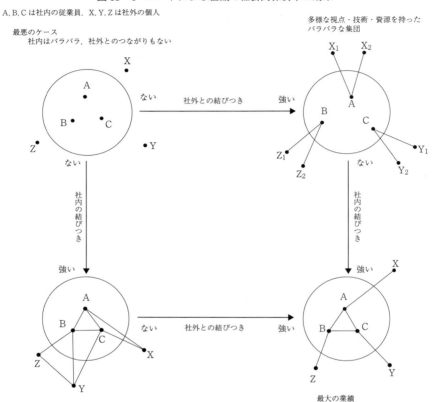

図11-4　バートによる組織の社会関係資本の効果

出所：Burt（2001, 金光訳266頁〔図7-3〕）に基づき筆者作成。

社員一人ひとりが独自のネットワークを持つ企業を理想型としているが，産業構造の高度化に伴い，多品種少量生産，あるいはコンサルティングのような完全に個々の顧客に特化した財・サービスを提供する場合は，むしろ図11-5の右上のケースのように，社内の関係はバラバラでも社外とのつながりが豊富であれば，経営者が社員間をうまく取り次いでいれば問題なく，むしろ図11-4のような社内の凝集性は邪魔になるかもしれない。

また，従来の日本型企業は，社内の結束を重視するあまり，図11-5の左下のような社外との関係をないがしろにしているケースもある。加えて，本来な

第11章　強い絆が会社をつぶす

図11-5　稲葉修正による社会関係資本からみた企業の形態

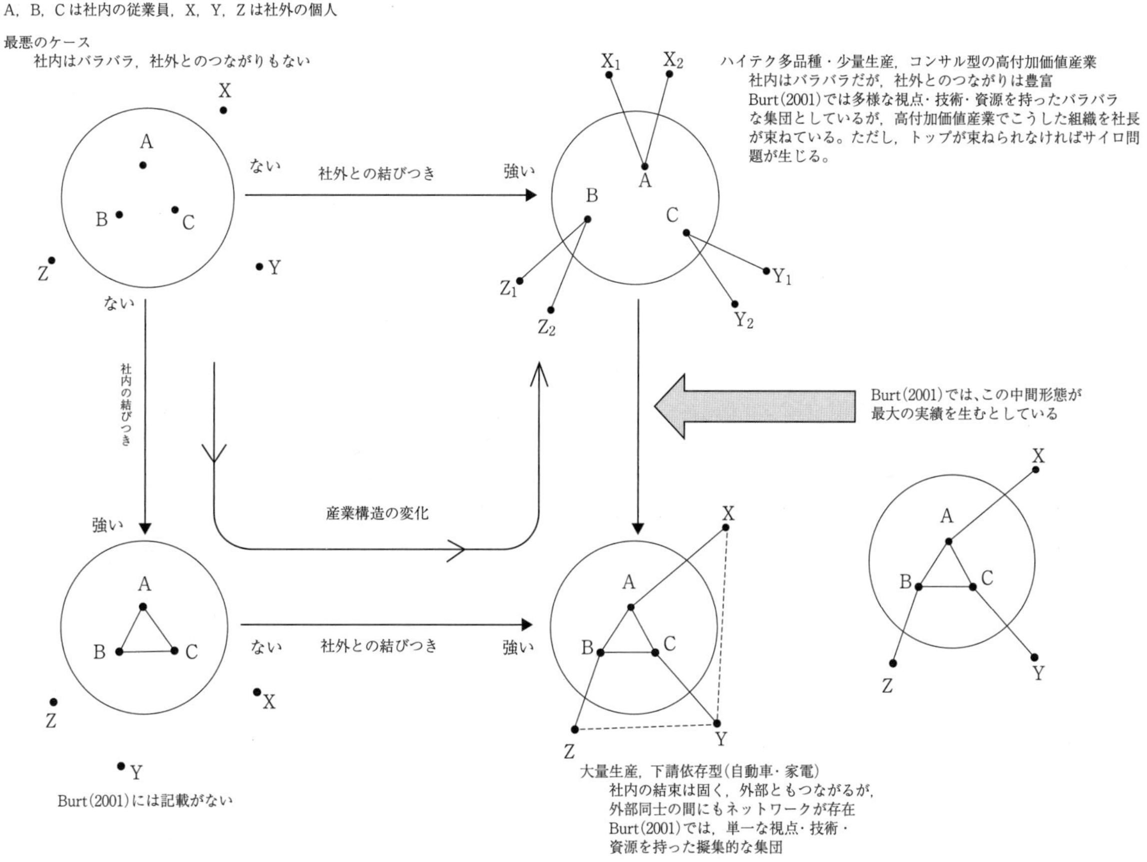

A、B、Cは社内の従業員、X、Y、Zは社外の個人

最悪のケース
社内はバラバラ、社外とのつながりもない

ハイテク多品種・少量生産。コンサル型の高付加価値産業
社内はバラバラだが、社外とのつながりが豊富
Burt(2001)では多様な視点、技術・資源を持ったバラバラな集団としている。高付加価値産業でこうした組織を社長が束ねている。ただし、トップが束ねられなければサイロ問題が生じる。

Burt(2001)では、この中間形態が最大の実績を生むとしている

大量生産、下請依存型(自動車・家電)
社内の結束は固く、外部ともつながるが、外部同士の間にもネットワークが存在する集団。Burt(2001)では、単一な視点・技術・資源を持った緊密的な集団

Burt(2001)には記載がない

社外との結びつき　ない　強い

社内の結びつき　ない　強い

産業構造の変化

221

第Ⅲ部　企業／組織と社会の関わり

らば高付加価値化を目指して右下の形態から右上の形態へ移行しなければなら
ないのに，旧態依然とした内外の密接なネットワークがしがらみ化して，柔軟
な対応ができなくなるケースもある。

5　企業をめぐる企業統治のネットワークの変遷

　図11-5では産業構造の高度化に伴い，企業内外の最適ネットワークも変化
しているという議論，つまり左下から右下へ，さらに右上に変化していくとい
うモデルは，過去の企業統治改革の流れにも当てはまるように思える。

　図11-6は図11-5のモデルに準拠し，企業をめぐる企業統治のネットワー
クの変遷をモデル化したものである。出資者イコール経営者として君臨する状
態，つまり創業者である株主が社長として経営に当たり，社長を牽制するシス
テムが一切ないという図11-6の左上の状態（所有・経営一体型）からスタート
し，まずは取締役や監査役といった企業内部の社長をモニタリングし牽制する
機関の権限とネットワークを強化した左下の状態（形式上所有・経営分離型）に
移り，さらに役所，グループ企業，メインバンク等の社外からのネットワーク
が構築される右下の状態（監督・執行一体型）へ移行する。ただし，この段階で
はそれぞれのアクターが外部の者も含めて密接に結びついており，独立性に欠
ける。言い換えれば，場合によっては経営者の友人知人で構成され，むしろ，
しがらみとしての望ましくない特徴，社会関係資本のダークサイドを多分に含
んでいる。

　これに対して右上（監督・執行分離型）は，右下（監督・執行一体型）と異なり，
経営者へ規律づけを与えるのは，経営者の友人知人グループではなく経営者か
ら独立した人々で，かつ取締役会や監査役会も基本的に独立社外役員や，他の
投資家からの企業買収の脅威といった経営者の属性とは無関係の企業統治のネ
ットワークから構成される。ネットワークとして社会関係資本が基本的に存在
しない所有・経営一体型から，取締役や監査役が内輪の友人・知人である形式
上所有・経営分離型，さらに友人・知人の閉じたネットワークである監督・執
行一体型へ変化し，それが完全にしがらみのない外からの開いたネットワーク
である監督・執行分離型に変化する。

第11章 強い絆が会社をつぶす

図11-6 社会関係資本からみた企業統治の変遷

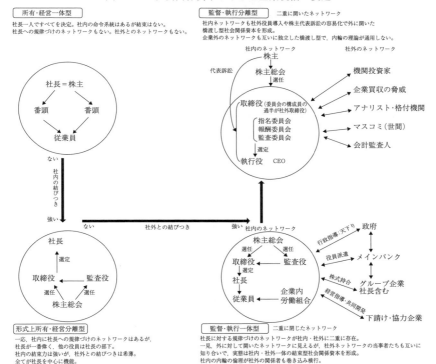

社会関係資本はネットワークだけでなく信頼や規範を含んだ概念なので，信頼や規範の観点からみると，社内や狭い範囲の利害関係人だけとの信頼や規範を構築する制度から，より広い範囲の利害関係人を対象に社会全般をみる企業統治の仕組みに変化してきたように思える。

しかし，具体的に社会関係資本の観点から企業不祥事をみていくと，さすがに上場企業の場合は所有・経営一体型はほとんどないが，左下の形式上所有・経営分離型が多く存在している。トップをモニタリングする企業統治のためのネットワークをトップ自らが断ち切り，機能できないようにして不祥事を起こす。これがトップの暴走である（稲葉 2014a）。

また，本来は右下の監督・執行一体型や右上の監督・執行分離型企業統治のネットワークを作り上げているのに，それを形骸化する別のネットワークを作

第Ⅲ部　企業／組織と社会の関わり

り上げるケースもある。社長を辞めても代表権を持った会長として残り，その後も相談役や顧問として経営に関与し，社内の指揮・命令のネットワークを複雑にして混乱を招く院政，インナーサークルを作って権力を集中させたインフォーマルなグループを作り，誤った判断をしてしまうグループシンク（Janis 1972；1982），専門家集団の閉じたネットワークを社内に作って，他の部署からのアドバイスや監視を遮断し，独断専行して不祥事に走るサイロ作り（稲葉 2007）。いずれも，せっかく作り上げた企業統治のネットワークを形骸化するインフォーマルな社会関係資本を作り，不祥事を起こす。特に最後のサイロ作りは往々にして大組織の弊害も反映している。サイロは多くの部門を抱える大組織に生じやすいが，悪いことに大組織になるほど経営者や社員が傲慢になり，会社全体も社会からみれば，大組織というサイロに安住して外を見ない傾向があるため，不祥事を見逃してしまう。

　さらに，企業不祥事の原因を図11－6のモデルに即して見える化すると，図11－7〜10のようになる。稲葉（2017a）によれば，企業風土はトップが作り出すものであり，主要不祥事の大部分は組織レベルの意図したもの，つまりトップが関与していることを明らかにしてきた（稲葉 2017a：43-49）。トップに対しては，企業内外からそれぞれトップを牽制する企業統治のネットワークがある。企業内ではトップに対して，会社法によりその業務の執行を監視するためのネットワークが設けられている。同僚の取締役からの監視・監督，監査役の監査，最終的には株主による株主総会からチェックや株主代表訴訟もある。企業外では，市場の信認，つまり投資家全般への信頼という社会関係資本を失えば，株価が下落し，企業買収に脅かされ，銀行をはじめとする債権者も何らかの措置を取るだろう。

　しかし，それでも現行の企業統治の仕組みのように，株主総会を最高意思決定機関としている限り，短期的にはトップの暴走が可能である。具体的には，トップが取締役や監査役によるモニタリングのネットワークを故意に断ち切ることができる。通常，これが許されるのは1年未満の短期であるが，短期でも企業に大きな損害を与えることは可能である。イトマン事件では，使途不明金3,000億円以上が1年足らずの間に生じた。また，創業家が経営者を輩出している企業では，より中・長期的に企業統治のためのネットワークを断ち切るこ

第11章　強い絆が会社をつぶす

図11-7　トップの暴走

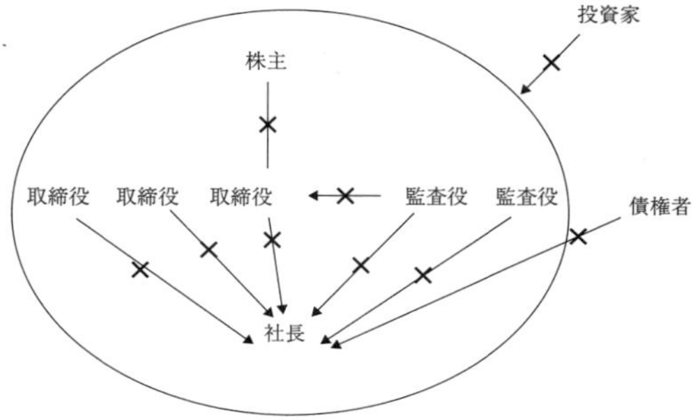

図11-8　グループシンク

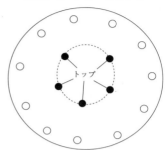

トップが企業統括のネットワークを自ら断ち切り一人で暴走

図11-9　サイロ・エフェクト

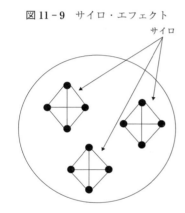

図11-10　院　政

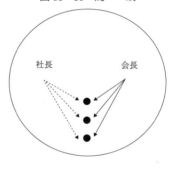

とが可能である。

　グループシンクは，トップが自分を中心としたインナーサークルを作り上げ，そこで主要な決定を行う，つまり権力を特定の少数のメンバーから成るグループに集中させ，その他の社内と社外のネットワークを疎かにし，判断を誤り不祥事を惹起させる。インナーサークルのメンバーに対する信頼は厚いが，それは逆にメンバー以外の人々への不信に他ならない。有価証券報告書虚偽記載とインサイダー取引が問題となった西武鉄道，カネボウの粉飾決算，巨額損失隠しのオリンパスは，いずれもこのケースに当てはまる。

　サイロ・エフェクトは，企業の中に複数の専門家のインナーサークルが部門ごとに存在し，サークル外のネットワークを意図的に遮断してしまうものであ

第Ⅲ部　企業／組織と社会の関わり

る。2005年にソニーの社長兼会長兼 CEO に就任したハワード・ストリンガーが，日本でサイロと発言した際に通訳が日本語で「たこつぼ」と訳していたが，社会関係資本の観点からは次のようにいえる。

> 「たこつぼ内での人間関係は「同じ釜の飯を喰う」大変密なものであり，彼らの関係はおそらくボンディングなソーシャル・キャピタルと呼ぶことができよう。「サイロ型」のもう 1 つの特徴は，当然，サイロ（部門）間の連絡が悪いということで，これは部門間のブリッジングなソーシャル・キャピタルが希薄であるということになる。一般的にはあまりに仲間意識が強いボンディングなソーシャル・キャピタルが企業内で横溢すると，既得権の維持防衛と革新的な変化や部外者の排斥につながり，企業経営には両刃の剣といった性格がある。」（稲葉 2007：7-8）。

　電力会社の原子力部門やソニーの事業部，後述する三菱自工の開発部門等，この例も多数存在し，大企業に多い。なぜなら大企業は多部門を持つことが多く，それだけ異なる専門家の集団を抱えているからである。また，独自の分野でサイロを作り，そこに安住し，社内の他部門や社外との関係をないがしろにしても，短期的には業務を遂行できる。

　グループシンクとサイロ・エフェクトは，企業内の特定の人々のネットワークを強化する結束型社会関係資本を強化するが，これには往々にして二重の犠牲を伴う。

　第 1 に，社内で結束の輪に入れなかった社員を疎外し，社員や役員が内向き志向になり，社外のネットワークをないがしろにする。第 2 に，長期的には社内のモラルを低下させ，社外の重要な情報が入手できなくなるか，または入手しても分析力を失って正しい判断ができなくなる。

　グループシンクとサイロ・エフェクトは，企業の中で結束型のネットワークを作るケースだが，院政のケースは，トップが社長を辞めても院政を敷くもので，社内に二重の指揮・命令の結束型ネットワークができ，従業員の混乱を招く。社長経験者が代表権を持った取締役として残ったり，取締役を辞任した後も最高顧問や相談役として残ったりするケースは，程度の差こそあれ，社内の

トップをめぐるネットワークの複雑化を招いている。具体的には，人事について影響力を残すケースが多い。そうなると，派閥が生まれやすく現場を混乱に陥れる可能性が高まり，何より現職の経営陣の裁量が制限される。そして，そのような経営陣をみた従業員の士気ややる気は低下し，企業内に事なかれ主義がはびこる。

6　不祥事と企業風土 —— 本当の原因は何か

本章の前半で，企業不祥事のたびに取り沙汰される「企業風土」の曖昧さを指摘したが，以下では社会関係資本（会社内外のネットワークとその結果として生まれる社内規範と相互信頼）の観点から企業風土という概念を検討していきたい。

企業不祥事が生じる度に，第三者委員会が設置され，報告書で不祥事が生じた理由の一つとしてほとんど例外なく「企業（組織）風土」を挙げるが，不祥事は企業風土に原因があるとするのが誤りである理由は，大きく分ければ２つある。第１に，「企業風土」は企業のトップが作り上げているもので，私たちが日常生活を営む近隣のコミュニティの風土とは根本的に異なる。第２に，責任が企業風土にあるとしてしまえば，誰も責任を取らないで済むことになってしまう。これは経営者からみれば，関連した部署の係員を罰すればトップの責任を果たしたことになってしまう。つまり，経営者にとっては非常に都合がよいが，その責任はあいまいになる。

前者の点は，社会関係資本（人々や組織の間のネットワークとそれから生じる信頼・規範）の観点から説明できる。社会関係資本には図11−1で公共財・クラブ財・私的財の３つがあるとしたが，組織内外のネットワークは，このうちコミュニティにおけるクラブ財としての社会関係資本と捉えることができる。地域で住民が結束することで生じるプラスの効果，経済学でいう正の外部性を伴うものを指す。平たくいえばご近所の底力であるが，企業もコミュニティの一つと捉えれば，社内のネットワークも社会関係資本であるが，普通の地域コミュニティにおけるネットワークとは根本的に異なる。

　　「一つは，企業内社会関係資本の特徴は，企業に属するものは必ず上司，

第Ⅲ部　企業／組織と社会の関わり

最終的にはトップとのネットワークで結ばれている点だ。つまり，社長は，全社員にアクセス権を持っている。したがって，社長はその意思があれば，社内の誰とでもコミュニケーションをとれる点で，通常の地域コミュニティ内の社会関係資本とまったく異なる。…（中略）…二番目に，企業内の職制のネットワークは，基本的に上司から部下への情報伝達網であり，下からみれば一方的に上から情報や命令を与えられ，上から下へは上司の一存で情報を流すことができる。しかし，下から上へどういう情報をいつ流すかは上司のスタンスに左右されるという，非対称性がある。トップはよく自由に進言して構わないなどというが，それはトップのスタンス次第で，下がトップを信頼していない企業の中でそんなことをトップが言っても誰も信じない。そのような企業だと，職制のネットワークでは下から上へ本当の情報は上がらない。」（稲葉 2017a：187-188）

　付言すれば，普通の地域コミュニティのネットワークなら嫌なことがあれば退出すればよいが，企業内のネットワークでは従業員から辞めるという選択肢がないケースが多い。賃金等の雇用条件や環境を考えれば，ほかによりよい選択肢がないからだ。特に，社会的に威信がある著名な企業の従業員は，転職しても現職以上の好条件を得るのは難しいと考えれば面従する。退出という選択肢がないと，企業内の職制のネットワークは本来，業務を円滑に遂行させるもので，そこから従業員間の信頼を増すなど正の外部性を期待しているのだが，逆に粉飾，偽装，リコール隠し，談合等に悪用され，会社の近視眼的利益やトップの保身の観点からみたらプラスでも，社会的にはマイナス，つまり大きな負の外部性をもつものとなる。

　要するに，企業内の社会関係資本の要となるネットワークは経営者が作り上げるものである。それは確かに「企業内で時間をかけて選抜された幹部職員集団が企業経営を牛耳るネットワークの状態」で過去の経緯が大きく影響しているが，そのような状況の中にあっても，ルイス・ガースナーがIBMという巨象を躍らせたように（Gerstner 2002＝2002），企業風土に問題があればそれを変えるのが経営者の仕事である。ましてや，自らの資質の足りないことを棚に上げて，「企業風土」を不祥事の原因とするようなことが許されてはならない。

第11章　強い絆が会社をつぶす

　不祥事を起こした企業の多くにおいて，企業風土は「企業内で時間をかけて選抜された幹部職員集団が企業経営を牛耳るネットワークの状態」を指していると述べた。換言すれば，企業風土とは「過去のしがらみを背負った幹部職員集団の企業内社会関係資本」と理解できる。

　また，大企業になればなるほど，このような幹部職員集団が複数できあがり，他の集団の介入を嫌い，それぞれがそれぞれの集団の利益を最優先するようになる。企業風土をこのように解釈すると，企業統治の仕組みをいくら改革しても一向に不祥事が減らないことも理解できる。特にこの企業風土がワンマン経営者と一体化すると，社内で絶大な力を発揮する。そして社長を辞めても相談役や顧問といったポストに就き，社内の混乱を助長する可能性が高い。

　従来の企業統治のシステムの改変による不祥事対応は，新たな組織を作っても，あるいは新たな制度を導入しても，企業統治のネットワークが従来のままだと実効性は不十分である。特に，業務執行のトップであるCEOが業務執行を監督する立場の取締役会議長を兼務したり，CEOを辞任した後も相談役として会社に居座り続けたりすると，新たに設けたネットワークがあっても，元CEOを中心とした従来通りの古いネットワークに戻ってしまい，改革の実効性を削いでしまう。トップのネットワークがあまりに強いことは必ずしも望ましいことではない。

　また，現実の企業はトップだけでなく，従業員によって動いている。企業の形態により最適な企業内外のネットワークのあり方は異なる。たとえば，自動車製造のような企業では，社内・社外を密接に結んだネットワークが適しているが，コンサルタント業では，社内よりも社外と密接につながったネットワークが最適であろう。

　さらに，雇用形態の不安定化や格差の拡大等の社会的病理の影響もある。つまり，従業員の企業内の社会関係資本の変化にも注目しなければならない。不祥事の多くは，このような当該企業に適したネットワーク，つまり社内の経営者と従業員間の社会関係資本や，従業員間の社会関係資本が突然絶たれたり，そもそも社会関係資本の構築が難しい雇用形態に変化したりしていることが背景にある。

　経営者はリーン経営を目指して現場の中間管理職を削減してきた。しかし，

第Ⅲ部　企業／組織と社会の関わり

それが行き過ぎると社内の社会関係資本を壊してしまう。加えて，非正規雇用を多用する雇用形態の変化が，社内の社会関係資本の崩壊に追い打ちをかけている。マニュアル化で対応しようとしても，それで対応できない問題は現場の判断に任せられる。しかし，判断の結果が悪ければ現場の人間の責任にされることも多く，結局，従来存在していた上司と部下の信頼と規範は壊れ，不祥事が生じる。

7　重要なのはトップの社内ソーシャル・キャピタル[7]

　不祥事の場合，当該企業の存亡に関わるような特に大きな事案は，①組織全体にわたる②規範逸脱行動であり，多くの場合，経営陣のトップが関わっているか，明示的に関わっていなくとも暗黙裡に認めている。すでにみたように，こうした事案の背景には，既存の経営者に対する牽制の仕組みをトップ自ら断ち切って不正に走る①トップの暴走，②インフォーマルに仲間うちの小集団で重要案件の決定を行い取締役会等のフォーマルな企業統治の仕組みを回避してしまうグループシンク，③社内で専門集団がお互いに閉鎖的な集団を作り足の引っ張り合いをするサイロ現象，④企業統治の仕組みの外から経営者や従業員に大きな影響を与える相談役等による院政，それに⑤これらの要因が複合的に作用したもの，等さまざまであるが，具体的なケースをみると，重大事案では基本的に企業統治の仕組みをトップが形骸化させて不祥事となるケースがほとんどである[8]。いくら会社法に従い，企業統治の仕組みを強化しても，トップがそれを意図的に反故にしてしまえば実効性はない。

　閉じたネットワークとは，社内の人々が内部の者だけでネットワークを作り，外とのつながりがないケースである。たとえば，図11−11でいうと，X社，Y社，Z社の3社は個人Bと個人Cとのつながりと，個人Bと個人Dとの紐帯がなければ，3社とも閉じたネットワークである。この閉じたネットワークは退出しにくいので規範が貫徹しやすいが，外とのつながりがないので新しい情報を得にくく，かつ同じ情報が堂々巡りしやすい。また，規範が貫徹しやすいといったが，良い規範だけではなく悪い規範が生じることもありうる。さらにグループは，意図はしていなくとも必然的にメンバー以外の人々を排除してい

230

第11章　強い絆が会社をつぶす

図 11-11　A氏とB氏，どちらが社長にふさわしいか？

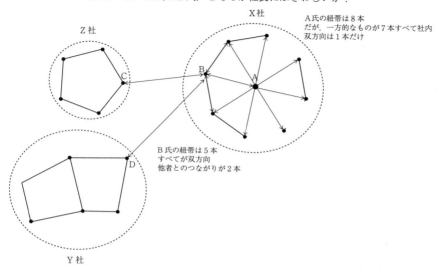

るので，グループ外へは悪い影響を与える可能性もある。実際には図11-11のように社外との紐帯が1本等ということはなく，ほとんどの企業は社外とのネットワークが多数あるのだが，大企業は，社外と双方向のネットワークではなく，大企業から社外への一方的なものでも力関係から成り立つことがあるから，形式的には外へのネットワークを張っていても，いつの間にか社内ポリティックスに走る閉じた組織になる，いわゆる大企業病に陥ることもある。

　一方，開いたネットワークは，閉じたネットワークとは逆に外部の情報が入りやすいが，基本的に退出が容易なので規範の形成は難しい。

　構造的空隙論とは，図11-11でいえば，BがZ社のC，Y社のDと紐帯があるので，X社，Z社，Y社もかろうじて社外へ開いたネットワークになっているが，BがCやDと紐帯を形成していなければ3社全部閉じたネットワークになってしまうので，Bは構造的空隙を埋めており，Bが持つCとDへのつながりには価値があるとする考え方である。ただし，この場合，BのX社内における立場は微妙である可能性が高い。なぜなら，通常，社内のネットワークは結束が固く，他社とは競合関係にある。そういった状況で，Bが他社との紐帯

231

第Ⅲ部　企業／組織と社会の関わり

を維持しかつそれを強化していると，社内からみれば競争相手の他社との人脈作りに励んでいるとみられかねない。上で不祥事の原因の一つに社内で専門集団が乱立して互いに足を引っ張るサイロを挙げたが，これも予算など社内の限られたリソースをサイロ間で奪い合うので，特定のサイロに属する個人が他のサイロの者と接触するのは憚られる，ということになれば，通常ある職制の壁を一層高くしていることになる。

　閉じたネットワークは社内の規範づくりには適しているが，トップが規範についての指示を誤れば，誤った規範を貫徹させる組織になってしまう。規範を形成するのが取締役会の責務とすれば，取締役会が特定の個人やグループに支配されてしまうワンマン経営やグループシンクという事態は避けなければならない。また，トップ経営者が退職後も取締役として居残れば，後輩の取締役は過去のしがらみから抜け出せない。もちろん，現場でのチームワークという意味での強い絆は必要だが，過去の不祥事からみると，役員間の過度に強い絆は，長いものには巻かれろ，といった日和見主義を助長して企業統治の仕組みを形骸化させる可能性があり，場合によって不祥事の温床となってしまう蓋然性が高いことをトップは常に意識している必要がある。トップをめぐる強い絆が会社をつぶすのである。

　具体的には，社長ないしは事実上のトップとして誰もが認める取締役が他の取締役より年長になればなるほど，取締役が保有する自社株式合計に占めるトップの持ち株比率が高まるほど，企業統治のさまざまな仕組みを無視する可能性が高まる。少なくとも，筆者が検討した重大事案は明らかにこれに該当するものが多い。ありていにいえば，トップのワンマン度が高まれば高まるほど，本来はトップの同僚であるはずの取締役を含め，社内はトップ指向になり社外を顧みなくなる。

　また，トップの強い絆の弊害を専門に分かれた事業部が乱立するサイロにまで拡張すれば，閉じたネットワークの弊害はさらに多くの企業不祥事に関連している。製品のデータ改竄にかかる最近のケースは，多部門，つまりサイロを制御できなかったケースとも読める。

　図11-11には「A氏とB氏，どちらが社長にふさわしいか？」というタイトルがつけてある。A氏は紐帯が8本，すべて社内であり，かつ一方的なもの

が７本で，双方向のものは１本にすぎない。Ｂ氏は紐帯数は５本だが，すべてが双方向で社内の紐帯が３本，他社とのつながりが２本である。Ｂ氏の社内の紐帯は３本だが，Ａ氏を介すればＸ社のすべての社員とつながっている。社内を束ねるという意味では，Ａ氏の方が明らかに優位にあるようにみえる。しかも，何らかの形でＺ社とＹ社がＸ社と競合関係にあれば，Ｂ氏の立場は相当微妙であろう。

　しかし，Ｂ氏が競合関係のない他社との紐帯を張っているとすれば，将来の展開のための新たな情報をＡ氏よりも迅速に得ることができるかもしれない。また，Ａ氏の協力を得れば，Ｂ氏はＸ社の全員ともつながることができる。筆者の立場は，社内で圧倒的に優位にあるＡ氏よりも，Ｂ氏の方が社長に相応しいとするものだ。

8　権力の集中の予防——どうすればよいのか

　企業統治の仕組みについてはすでに多くの改革がなされているのに，不祥事はいつまでも途絶えない。筆者の視点からは，直接の対応策と，社会全体に関わる間接の対応策，の２種類がある。直接的な対応策は，①ワンマン体制を作らせない，②グループシンクをさせない，③サイロを外に対して開いた組織に変える，④院政をさせない，というものである。

　一方，社会全体に関わる間接の対応策は，アスレイナーの不平等の罠論を敷衍すればわかりやすい。アスレイナーの議論は，格差の拡大がグループ内の内輪の信頼（特定化信頼）を強めるが，社会全般への信頼である一般的信頼を壊し，グループ外の人々には腐敗行為をはたらき，さらに格差の拡大を招くというものであるが，市場競争の激化→非正規社員増→職場の人間関係の不安定化→職場でのストレス増といった，社会的病理の反映としての企業内社会関係資本の劣化対応策にも応用できる。

　前者についていえば，まず①のワンマン体制を壊すないしは防ぐためには，経営執行のトップであるＣＥＯとそれを監視する立場にある取締役会の議長の兼務を禁止すること，社長に対抗できる実効性のある社外役員とすること，これに関連して一人で何社もの社外役員の兼務はやめさせることである。「実効

233

第Ⅲ部　企業／組織と社会の関わり

性のある社外役員とは，単に取締役会に出席して意見を言うだけではなく，社内の会議にも出席し，現場での意見をも聴取する活動を積極的にする役員である。…（中略）…本来，社外取締役は，社内取締役となんら権限では遜色がないのだから，自身が役員を務める企業の社内役員と同等の情報量を得るように努力すべきである」（稲葉 2017a：170-174，以下同）。②のグループシンクをさせないためには，「特定の属性の人々がグループを作ることが問題なので，社内のネットワークを社内のどの部署についても開いたネットワークとするように再構築をする。そのために，人事のローテーションで特定の属性の人々が集中しないようにする，部門間横断チーム（クロス・ファンクショナルチーム）を作り部署間の交流を図る，などの配慮が必要だが，基本的には取締役と実際の執行の任にあたる執行役・執行役員にはさまざまなバックグラウンドの人材を配置することが求められる」。③の「サイロを外に対して開いた組織に変える」には「二通りある。一つはグループシンク対策と同じで，人事のローテーションで特定の属性の人々が集中しないようにする，部門間横断チーム（クロス・ファンクショナルチーム）を作り部署間の交流を図る，など，社内の他の部署に対してサイロを開く方策がある。もう一つは，サイロは専門家集団なのだから，実際に会社として独立させ，単独で市場と立ち向かわせることだ。市場で単独で勝ち残れないサイロは淘汰される。筆者は不祥事対策としては，後者を推奨したい」。④の「院政」対策としては，「相談役を置かなければ業務の執行ができないような社長なら，そもそも社長を交代した意味がない。…（中略）…普通，従業員は退職イコール退社である。経営トップも同様に社長辞任後は速やかに退社すべきであろう。後任のパフォーマンスが心配で退社できないのなら，それは後継者の育成に失敗したということであろう。少なくとも社長が辞任後も社内の役職を得る場合は，その理由と待遇について公表すべきである」。

9　労使間の分断が招いた企業の劣化──社会的病理の反映

　社会的病理の結果への対応としては，さまざまなものがあろうが，筆者は投資家の判断基準を抜本的に変える事を提案したい。従来の経営学・経済学の企業統治分析は基本的に利益の最大化を目的としているが，ぜひ，国民所得統計

（GDP）と同じ雇用者報酬も含めた付加価値総額に変更してほしい。企業の本当の目的は，単に利益だけではなく付加価値を生むことにあるのに，その付加価値のほんの3割から4割を占めているにすぎない利益だけを投資家の判断基準にするのはおかしい。労働者はさまざまなかたちで生産性が計測されるのに，経営者の評価が利益だけで行われるのはフェアでない。利益だけではなく人件費も入れた付加価値が重要であり，さらに敷衍すれば利益の上げ方が問題なのだ。付加価値総額の7割近くある雇用者報酬を削って利益を上げても，それは雇用者から株主への付加価値の再分配であり，評価に値しない。付加価値総額を増やしてこそ名経営者なのだ。かつては単体の財務諸表で人件費と利益の総額として付加価値を捉えることができたが，2000年以降，連結決算ではそれが外部の投資家からはわからなくなっている。ESG投資が叫ばれているが，まず手始めに，人件費という付加価値額を投資家に開示するべきであり，特に機関投資家はそれを強く求めるべきではないのか。

　付加価値額に占める人件費の比率である労働分配率は世界的に低下傾向が続いており，企業収益が改善しているのに，格差と貧困，それに伴う社会の分断，民衆主義の劣化は一向に止まらない。頻発する企業不祥事も，労働者は利益至上主義を一方的に求められたのに，経営者側は事実上複数の選択肢を与えられ，企業統治改革に誠実に対応したとは言い難い。経営者には複数の選択肢を許して，労働者には有無をいわせず利益至上主義を強制するハイブリッド経営が行われていた可能性がある。前節で触れたアスレイナーの不平等の罠は論，「経済格差が特定の集団のなかでの結束を強める一方で社会全体への信頼を壊すことには無頓着になり，腐敗を助長し，その結果さらに格差が拡大する」という仮説だが，名門企業の相次ぐ不祥事もこの仮説で理解できるのではないか。事実，『経済財政白書 2017年版』によれば日本の労働装備率は大きく低下している。言い換えれば，現場は設備の増強がない中で，工夫ばかりを強いられていたことになる。日本的経営は現場と幹部が一体となっていることで称賛されていたが，今や，労使間，特に非正規雇用と経営陣との間は大きく分断され，現場が荒んでいるのではないだろうか。もしそうだとすれば，投資家の側からもそれを指摘しなければならないが，その際に前述した，社会関係資本からの視点が有用であろう。

第Ⅲ部　企業／組織と社会の関わり

10　企業内ソーシャル・キャピタルを踏まえた評価基準の設定
—— 自助努力では解決しない不祥事の問題

　以上，企業統治の仕組みを実効性のあるものとするには社会関係資本の視点をもつことが有用であることを論じてきた。単に企業統治の仕組みを制度的に強化しても，不祥事は抑制できない。企業統治の仕組みを真に「経営者に対する規律づけ」として機能させるには，トップをめぐる社会関係資本がトップの地位強化に用いられてワンマン化が進んでいないか，つねにチェックする必要がある。また，そうした視点がなければ，不祥事の原因は「企業風土」にあるとする無責任な議論がはびこる。企業内の社会関係資本は，その形成が経営者の意思に依存している点で，地域コミュニティにおける社会関係資本と根本的に異なる。従って企業の存亡に関わるような企業不祥事の原因は経営者にあり，第三者報告書でかかれるような企業風土ではない。企業不祥事における経営者の責任はその取締役会におけるネットワークの作り方に密接に依存しており，企業統治の仕組みをいくらいじってみても不祥事はなくならない。企業統治改革は，むしろ，企業に対する投資家（＝国民）の評価基準・方法を経営者を中心とした企業内社会関係資本を考慮したものに変える必要がある。

　ワンマン経営者を中心としたトップの強い絆は，会社をつぶす。

注
(1)　本章は稲葉（2017a：第3章・第4章），稲葉（2017b）を加筆修正したものである。
(2)　内閣府『平成27年度年次経済財政報告』145-152頁。同『平成28年度年次経済財政報告』110-120頁。
(3)　たとえば，2018年1月4日付 Financial Times "Corporate culture of Japan Inc. put on trials" 参照。
(4)　朝日新聞2017年10月21日朝刊（14版）2面「神鋼不正自浄できず　社内検査で2度「妨害」「体質か　企業風土か　意識か……」」。
(5)　Burt（2001＝2006）では横軸を外部制約の欠如＝集団外の冗長でない接触相手，縦軸を内部制約の欠如＝集団内のネットワーク閉鎖性，という概念を用いているが，本章で前者を社外との結びつき，後者を社内の結びつき，として簡略化している。

第11章　強い絆が会社をつぶす

(6)　図11－4では，このケースは社外との結びつきが希薄というケースという位置に
かかれているが，これは筆者がバートのいう凝集性を社内だけのネットワークとし
て簡略化しすぎているためである。

(7)　本節と8節は稲葉（2017b）に加筆したものである。

(8)　不祥事の具体例については稲葉（2017a：91-135）参照。

(9)　この点に関連した実証分析は稲葉（2017a：102-152）参照。

(10)　たとえば，労働政策研究・研修機構『データブック　国際労働比較』44頁参照。

(11)　内閣府『平成29年度年次経済財政報告』119-1220頁参照。

参考文献

イースリー，デイビッド／ジョン・クラインバーグ／浅野孝夫・浅野泰仁訳（2013）
『ネットワーク・大衆・マーケット──現代社会の複雑な連結性についての推論』
共立出版。

稲葉陽二（2005）「ソーシャル・キャピタルの経済的含意──心の外部性とどう向き
合うか」『計画行政』28(4)，17-22頁。

稲葉陽二（2007）『ソーシャル・キャピタル──「信頼の絆」で解く現代経済・社会
の諸課題』生産性出版。

稲葉陽二（2008）「ソーシャル・キャピタルの多面性と可能性」稲葉陽二編著『ソー
シャル・キャピタルの潜在力』日本評論社，11-22頁。

稲葉陽二（2011）『ソーシャル・キャピタル入門──孤立から絆へ』中央公論新社。

稲葉陽二（2014a）「強い絆が会社をつぶす──ソーシャル・キャピタルからみた企業
不祥事」『政経研究』50(3)，69-115頁。

稲葉陽二（2014b）「ソーシャル・キャピタルからみた企業構造と不祥事との関連」
『政経研究』51(3)，121-153頁。

稲葉陽二（2017a）『企業不祥事はなぜ起きるのか──ソーシャル・キャピタルから読
み解く組織風土』中央公論新社。

稲葉陽二（2017b）「組織風土を言い訳にするな──求められる社会関係資本の視点」
『産政研フォーラム』116，5-12頁。

金光淳（2003）『社会ネットワーク分析の基礎──社会的関係資本論にむけて』勁草
書房。

國廣正ほか（2017）「株式会社商工組合中央金庫危機対応業務にかかる第三者委員会
調査報告書」。

コリンズ，ジム／ジェリー・ポラス／山岡洋一訳（1995）『ビジョナリーカンパニー
──時代を超える生存の原則』日経BP出版センター。

リン，ナン／筒井淳也ほか訳（2008）『ソーシャル・キャピタル』ミネルヴァ書房。

237

第Ⅲ部　企業／組織と社会の関わり

若林直樹（2009）『ネットワーク組織——社会ネットワーク論からの新たな組織像』有斐閣。

Burt, R. S.（1992）*Structural Holes; The Social Structure of Competition*, The Harvard University Press.（＝2006，安田雪訳『競争の社会的構造——構造的空隙の理論』新曜社。）

Burt, R. S.（2001）"Structural Holes versus Network Closure as Social Capital." in Lin, N., K. Cook & R. S. Burt（eds.）*Social Capital: Theory of Social Structure and Action*, Cambridge University Press.（ジェームズ・S・コールマン／金光淳訳「人的資本の形成における社会関係資本」野沢慎司編・監訳『リーディングスネットワーク論——家族・コミュニティ・社会関係資本』勁草書房，205-241頁。）

Coleman, J. S.（1988）"Social Capital in the Creation of Human Capital." *American Journal of Sociology* 94, S95-120.

Christakis, A. N. & J. H. Fowler（2007）"The Spread of Obesity in a Large Social Network over 32 Years." *The New Englang Journal of Medicine* 357, pp. 370-379.

Christakis, A. N. & J. H. Fowler（2009）*Connected: The Surprising Power of Our Social Networks and How They Shape Our Lives*, Little, Brown and Company.（＝2010，鬼澤忍訳『つながり——社会的ネットワークの驚くべき力』講談社。）

Deci, E. L.（1971）"Effects of Externally Mediated Rewards on Intrinsic Motivation." *Journal of Personality and Social Psychology* 18(1) pp. 105-115.

Field, J.（2003）*Social Capital*, Routledge.

Fowler, J. H. & A. N. Christakis（2008）"Dynamic spread of happiness in a large social network: longitudinal analysis over 20 years in the Framingham Heart Study." *The British Medical Journal* 337, a2338: pp. 1-9.

Gerstner, L.（2002）Who says elephants can't dance? Inside IBM's historic turnaround.（＝2002，山岡洋一訳『巨象も踊る』日本経済新聞社。）

Gittell, R. & A. Vidal（1998）*Community Organizing: Building Social Capital as a Development Strategy*, Sage Publications.

Graeff, P.（2009）"Social Capital: the dark side." in Svensen & Svensen（eds.）*Handbook of Social Capital*, Edward Elgar.

Grootaert, C. & T. van Bastelaer（2002）"Conclusion: Measuring Impact and Drawing Policy Implications" in Grootaert & Bastelaer（eds.）*The Role of Social Capital in Development: An Empirical Assessment*, Cambridge University Press.

Janis, I. L.（1972）*Victims of Groupthink*, Houghton Mifflin.

Janis, I. L.（1982）*Groupthink: Psychological Studies of Policy Decisions and Fiascoes*, Wadsworth.

Putnam, R. D.（2000）*Bowling Alone: The Collapse and Revival of American Community*, Simon and Schuster.

Tett, G.（2015）*The Silo Effect: The Peril of Expertise and the Promise of Breaking Down Barriers*, Simon & Schuster.（＝2016，土方奈美訳『サイロ・エフェクト──高度専門家社会の罠』文芸春秋。）

Uslaner, E. M.（2008）*Corruption, Inequality and the Rule of the Law*, Cambridge University Press.（＝2011，稲葉陽二訳『不平等の罠──腐敗・不平等と法の支配』日本評論社。）

Warren, E. M.（2008）"Chapter 5: The Nature and Logic of Bad Social Capital." in Castiglione, D., Van Deth, J. W. & G. Wolleb（eds.）*The Handbook of Social Capital*, Cambridge University Press.

（稲葉陽二）

終　章	社会に開かれた企業統治は可能か

1　経営資源論から企業統治論へ

　本書では協同組合を論じた第6章，ソーシャル・イノベーションに関する第9章以外，主として企業の資産としてのソーシャル・キャピタルに注目し，企業内の人間関係，職場での知識創造，企業グループでの知識創造，産業クラスターや企業の評判，企業の役員構造に注目してきた。経営学的なソーシャル・キャピタル論の多くは，人間生活，社会問題の解決に貢献してくれるような「公共的な資本」という見方からは最も離れた学問座標に位置している。この学問領域は，付加価値，イノベーションの創出，競争戦略，資本効率や利益率の話で充満しており，ソーシャル・キャピタルは経営のための資産や資源にすぎないものとして語られる。

　本書は西口のコミュニティ・キャピタル概念の提案や稲葉の企業不祥事のネットワーク理論をはじめ，新たな視点，モデルを提出しているほか，実証分析もそれぞれ興味深い結果を明らかにしている。しかし，ここで要約したり再確認することはあえて行わない。各論文からのインプリケーションは基本的には読者の判断に委ねたい。代わりに，この終章において本書の基礎となったプロジェクトである企業の不祥事研究，企業ソーシャル・キャピタル論とコーポレート・ガバナンス論との統合に向けて研究レビューを行い，今後を展望してみたい。

2　企業不祥事と企業統治

　コーポレート・ガバナンス＝企業統治とは「企業経営者の規律づけ」である（田中 2014）。わかりやすく言うと，それは「企業トップがどのように企業の目

241

標設定を行うのか，あるいは目標からの逸脱を防ぐのかということ，経営者の実際の経営について，適正にそして適法に行われているかをチェックすること」（吉村 2017）である。企業不祥事の多発と日本経済の低迷の中，日本企業の再生の渇望の高まりによってこの分野の関心が高まり，コーポレートガバナンス・コードの導入に伴ってこの分野の研究が進展している（青木 2017a・b；広田 2012；花崎 2014；神田・財務省総合政策研究所編 2007；久保 2010；宮島 2008；2011；2017）。日本のビジネス誌としては最も影響力が強いと思われる『一橋ビジネスレビュー』でも2017年冬号でコーポレート・ガバナンスに関する特集号が組まれた。本来企業統治は株式所有構造や企業権力の支配構造，企業倫理といったややクリティカルな観点からも研究されるべき領域である。このような企業統治論は伝統的に「神戸（大学）学派」が得意としている（加護野・砂川・吉村 2010；吉村 2007；2012；田中 2014；吉村・田中・伊藤・稲葉 2017），反対に「一橋学派」ではコーポレートガバナンス・コードの導入に伴ってそれが企業価値の向上にどのように貢献しているか／いないかといった計量的分析が中心で，実務寄りの議論が多くなっている。

　他方，絶えない企業不祥事を受けて企業不祥事研究も企業統治研究と並行して盛り上がっている。近年の目新しい動きとして間嶋（2008）は，企業（組織）不祥事を「公共の利益に反し，（顧客，株主，地域住民などを中心とした）社会や自然環境に不利益をもたらす企業や病院，警察，官庁などにおける組織的事象・現象のことである」としての社会学者 Gidedens（1991）の構造化理論に依拠して組織不祥事を社会学的に研究している。また築達（2004）・Chikudate（2015）は「集合近視（collective myopia）」という概念によって日本の組織に特徴的な不祥事の定常状態を説明しようとした。「集合近視」は「ある特定のコミュニティー・組織に属しているメンバーが，それぞれの生活を営んでいる文脈においては意味をなし，意味形成できるが，彼ら自身が作り上げてしまった（問題・困難が持ち上がりつつある）制度を，全体としてモニタリングすることが不可能となる状態」である（築達 2004）。日本の組織では「規範支配（normacracy）」の下で，このような「病理的状態」によって「おかしいこと」が見逃され，不祥事が繰り返されることを主張している。また警察大学の樋口（2012；2015；2017）は不祥事を「組織に重大な不利益をもたらす可能性がある

終　章　社会に開かれた企業統治は可能か

表終 - 1　最近の企業不祥事研究の類型

名　　　称	代表的研究	アプローチの特徴
1．企業倫理アプローチ	高橋編著（2009） 小山（2011） 田中（2014）	「企業と社会」論，CSR 論を基盤に，基本的に事例研究が多く規範的な議論が多い。不祥事を再発しないための指針などを中心に論じる。
2．組織文化論アプローチ	間嶋（2008） 築達（2004） Chikudate（2015）	組織文化論に基づきながら，組織（企業）不祥事を生み出す組織文化メカニズムに注目する。詳細なメカニズムが読み解かれる。計量分析ではなくナラティブや現象学的なアプローチが取られる。
3．犯罪学（原因探求）的 　アプローチ	樋口（2012； 2015；2017）	犯罪学的な発想から，組織が発生する原因を因果論的に厳密に分類，分析する。不祥事の組織構造的側面に関してはあまり焦点が当たらない。事例分析。
4．株価変動測定（レピュ 　テーション）アプローチ	北見（2010）	企業不祥事を，株価低下させる負のレピュテーションとして接近し，計量的な分析を行う。企業不祥事のメカニズム，原因はそのものに焦点は当たらない。
5．心理学アプローチ	蘭・河野（2007） 岡本・今野（2006）	企業不祥事を発生させるような人間の心理的な側面に接近する。企業不祥事の原因をヒューマン・エラーなどに求める。不祥事の組織構造的側面に関して焦点が当たらない。
6．ソーシャル・キャピタ 　ル・アプローチ	金光・稲葉（2013） 稲葉（2014a； 2014b；2017）	企業不祥事を発生させるような組織ネットワーク構造に注目する計量的な分析。

業務上の事故又は事故であって，①その発生が予見可能であったこと，②適当な防止対策（被害軽減対策を含む）が存在したこと，③当該組織による注意義務の違反が重要な要因となったとの3用件を満たすもの」と定義し，犯罪学的に不祥事の原因を研究している。

　これらを含めて企業不祥事研究は，大まかに6つのタイプに分類できる（表終 - 1）。本書の第11章と関連する稲葉（2017）の研究はソーシャル・キャピタルアプローチを切り開いたといえ，上場企業役員の生え抜き度を操作化し，齋藤（2007）の集めた企業不祥事ケースデータを使い凝集性と閉鎖性（開放性）から企業不祥事65ケース，2000年43ケース，2010年32ケースについて分類し仮説を検証している。最後に，青木（2017a）による，企業のガバナンスの仕組みが粉飾決済にどのような影響を与えるかという計量分析は，表終 - 1では分類で

243

きないが，企業不祥事研究と企業統治研究を文字通り統一した新たな研究として注目される。

3　レピュテーションの重要性

　本章を執筆している最中にある大学のアメリカンフットボール部のタックルを巡る問題が世間の大きな話題になっている。この組織は大学法人であるので，株式会社を想定している企業ソーシャル・キャピタル研究には完全にはかみ合わないかもしれないが，巨大な学校組織であることを考えると例示するに十分な組織であろう。この事件はコーポレート・ガバナンス（組織ガバナンス）にとっていかにコーポレート・レピュテーションと，その管理が重要であるかを如実に示しているからである。

　この大学（編者も非常勤講師として勤務していたことがある）は，スポーツでブランド・イメージを構築してきた日本一の学生数，卒業生の数を誇る全国的に有名な大学である。学部は東京都内ほか首都圏各地に分散している上に，各学部も巨大であるため一体感はない。それもあって一般の企業の取締役会に当たる本部の理事会が体育会出身者の一部の人々によって占められているという極めて特殊な大学である。この事件に関しては，大学当局は当初運動部間の些細なトラブルと見ており，大学組織として対応すべきこととは考えていなかったようだ。ところがN大学からの全面的な謝罪が表明されない中で行われた加害選手による記者会見は世間の評判を呼び，風向きは変わるかと思われた。コーチと監督は職を辞することになった。それを受けてその翌日急遽行われたコーチと監督の会見は世間を大いに失望させる内容であった。風向きは再び厳しい逆風となった。また学内向けとも取れる学長による記者会見も十分に世間を納得させるものではなかった。曲がりなりにも危機管理学部を有する大学にもかかわらず次々と起こしてしまった組織的な対応のまずさによって，悪いレピュテーションの連鎖は，こうして大学全体を揺るがしかねない暴風雨へと発展していったのである。とりわけ元コーチと元監督の会見を仕切った大学広報部長の横柄な態度と「（大学）ブランドは傷つかない」と言い放った発言は，世間とマスコミの不興に拍車をかけ，皮肉にも「大学ブランド」を大幅に毀損して

終　章　社会に開かれた企業統治は可能か

しまった。今やＮ大学は志望者の大幅な減少を引き起こす可能性も考えられる組織危機に直面していると言っても過言ではない。

　この事件は，SNS 全盛の時代に組織（企業）にとってコーポレート・レピュテーションとその管理がいかに難しくなっているか（また逆の立場からいうと，一般市民が強大な組織・企業権力に対抗するためコーポレート・レピュテーションを対抗的に活用できる可能性）を示している。

　そもそも法人である企業のイメージに基づいた「コーポレート・レピュテーション」は社会心理学等で研究されている個人間の「パーソナル・レピュテーション」のような社会ネットワークを通じた情報の交換，口コミ，個人間の影響を受けつつ既存のマスメディアに媒介され，また SNS を通じて，社会ネットワーク（実際の人間関係のネットワーク）とソーシャル・ネットワーク（ウェブ上の「人間関係」）が絡んで形成されるようになっている。特に Twitter や Facebook 等の SNS の発達によって企業に対する評判もウェブ空間上で一瞬のうちに流布されるようになり，またそれはクラウド空間にビックデータとして蓄えられながら，「世間」に投影された企業のイメージが「コーポレート・レピュテーション」として株式市場に反映されてリアリティとして存在するようになる。こうしてレピュテーションは蓄積されることによって資産化されブランド・エクイティとなり組織的な努力によって歴史とともにブランドとして揺るぎない無形資産として確立され競争力の源泉となる（図終-1）。

　今回のＮ大学の場合，一連の組織的な対応の失敗によって社会ネットワークとソーシャル・ネットワークによって，悪評はあっという間に拡散され悪評が悪評を呼んでしまった。負のレピュテーションが起こってしまったのである。

　この事件は第三者委員会による調査など組織的な対応が迫られ世間に大きな波紋を与えた。もしこのようなコーポレート・レピュテーションのマネジメントが企業で行われていたら，株価の暴落をも引き起こしていたことも十分考えられる。企業にとってはリスク・マネジメントとともに，より積極的にはコーポレート・レピュテーションを高めるための真摯な CSR，CSV（共通価値の創造）活動が求められる（田中 2017）。近年各地で地域活性化策として開催されているアート・フェスティバルの後援もその一つであり，ESG 投資，つまり環境（Environment），社会（Social），企業統治（Governance）に配慮している企

245

図終-1 クラウド空間を通じたコーポレイト・レピュテーションの生成

体験
擬似体験
　口コミ・メディア　SNS

ソーシャル・ネットワーク

クラウド空間

企　業

社会ネットワーク

個人

イメージ

コーポレイト・レピュテーション

認知

レピュテーション資産

放送

経済雑誌

ブランド・エクイティ

マスメディア

出所：櫻井（2011：図2-4）を参考に筆者が大幅に改変作成。

業を投資家が重視・選別して行う投資のリストに加えるべき投資領域として重
要になろう。

4　「良心」による経営か「監視」と「報酬」による経営か

　田中（2014）は，「監視」と「報酬」に基づいた欧米流の企業統治システム
よりも，日本流の内部取締役や保合い株主に依拠した経営者の「良心」に基づ
く企業統治の方が，日本的な文化価値と親和的であるとし，現在進行中のコー
ポレート・ガバナンス改革に違和感を表明している。そこでは関係者の「世間
（評判＝レピュテーション）による規律づけ」が働いていた（いる）のだとする。
また吉村（2007）；吉村・田中・伊藤・稲葉（2017）は同族経営の果たす役割に
注目し，それは中長期にわたるコミットメントや早期の社長昇進による高い経
営能力を可能にするとし，ガバナンス・コードに縛られる画一的な企業統治論
に一石を投じている。

終　章　社会に開かれた企業統治は可能か

　これらの神戸学派の議論は現在進行形のコーポレート・ガバナンス改革とは真っ向から対立する議論であるが，これは老舗が多く個性的な経営者（特に京都にはそのような大物経営者が目立つ）も多い関西企業を支える神戸学派と，政治，経済権力の中枢・東京で欧米流の「経営改革」を支える一橋学派の企業統治観の違いを反映しているという見方もできよう。前者では，図11‐6（223頁）の「監督・執行一体型」の企業統治ネットワークが，後者では「監督・執行分離型」の企業統治ネットワークが採用されることになる（しかしガバナンスコード，東京株式市場は後者を推奨している）。

　要はどちらの企業統治モデルであっても（現在は理想にはほど多い）経営民主主義を実現するプロセスにおいて，企業が社会に開かれ，企業が社会の公器としての役割を十分に貢献できるかにかかっている（國部 2017）。それと同時に経営学者は，たとえ社外取締役となっても（実際，慶應義塾・早稲田・一橋・神戸大学の教員が多い），資本の忠実な代理人ではなく，厳しい企業の「お目付け役」か，望ましくは企業社会外部の批判的観察者としてこれをウォッチしていく必要があろう。

参考文献

青木英孝（2017a）「企業統治と不正会計──企業ガバナンス改革は有効か？」宮島英昭編著『企業統治と成長戦略』東洋経済新報社。

青木英孝（2017b）『日本企業の戦略とガバナンス──「選択と集中」による多角化の実証分析』中央経済社。

稲葉陽二（2014a）「強い絆が会社をつぶす──ソーシャル・キャピタルからみた企業不祥事」『政経研究』50(3)。

稲葉陽二（2014b）「ソーシャル・キャピタルからみた企業構造と不祥事との関連」『政経研究』51(3)。

稲葉陽二（2017）『企業は不祥事はなぜ起きるのか──ソーシャルキャピタルから読み解く組織風土』中央公論新社。

岡本浩一・今野裕之（2006）『組織健全化のための社会心理学──違反・事故・不祥事を防ぐ社会心理学』新曜社。

加護野忠男・砂川信幸・吉村典久（2010）『コーポレート・ガバナンスの経営学──会社統治の新しいパラダイム』有斐閣。

金光淳・稲葉陽二（2013）「企業ソーシャル・キャピタルの企業業績への効果──役

員内部構造と企業間役員派遣ネットワークの構造分析」『京都マネジメントレビュー』22，133-155頁。

神田秀樹・財務省総合政策研究所編（2007）『企業統治研究の多様化と展望』金融財政事情研究会。

北見幸一（2010）『企業社会関係資本と市場評価——不祥事企業分析アプローチ』学文社。

久保克行（2010）『コーポレート・ガバナンス——経営者の交代と報酬はどうあるべきか』日本経済新聞出版社。

國部克彦（2017）『アカウンタビリティから経済倫理へ——経済を越えるために』有斐閣。

小山巌也（2011）『CSR のマネジメント——イシューマイオピアに陥る企業』白桃書房。

齋藤憲監修（2007）『企業不祥事事典——ケーススタディ150』日外アソシエーツ。

櫻井通春編著（2011）『コーポレート・レピュテーションの測定と管理』同文舘出版。

髙橋浩夫編著（2009）『トップ・マネジメントの経営倫理』白桃書房。

田中一弘（2014）『「良心」から企業統治を考える——日本的経営の倫理』東洋経済新報社。

田中一弘（2017）「企業の責任——企業がなすべき『よきこと』を考える」吉村典久・田中一弘・伊藤博之・稲葉祐之著『企業統治』中央経済社。

築達延征（2004）「倫理崩壊時の Collective Myopia（集合近眼）の状態と非常識な常識による呪縛——現象学・社会的構築主義・ハーバーマス・フーコーの方法論による実践診断理論」『組織科学』37(4)，24-32頁。

花崎正晴（2014）『コーポレート・ガバナンス』岩波新書。

樋口晴彦（2012）『企業不祥事——組織不祥事を引き起こす潜在的原因の解明』白桃書房。

樋口晴彦（2015）『なぜ企業は不祥事を繰り返すのか——有名事件13の原因メカニズムに迫る』日刊工業新聞社。

樋口晴彦（2017）『続・なぜ企業は不祥事を繰り返すのか——重大事件から学ぶ失敗の教訓』日刊工業新聞社。

広田真一（2012）『株主主権を超えて——ステークホルダー型企業の理論と実証』東洋経済新報社。

間嶋崇（2008）『組織不祥事——組織文化論による分析』文眞堂。

宮島英昭編著（2008）『企業統治分析のフロンティア』日本評論社。

宮島英昭編著（2011）『日本の企業統治——その再設計と競争力の回復に向けて』東洋経済新報社。

宮島英昭編著（2017）『企業統治と成長戦略』東洋経済新報社。

吉村典久（2007）『日本の企業統治——神話と実態』NTT 出版。

吉村典久（2012）『会社を支配するのは誰か——日本の企業統治』講談社。

吉村典久・田中一弘・伊藤博之・稲葉祐之（2017）『企業統治』中央経済社。

蘭千尋・河野哲也（2007）『組織不正の心理学』慶應義塾大学出版会。

Chikudate, N. (2015) *Collective Myopia in Japanese Organizations: A Transcultural Approach for Identifying Corporate Meltdowns, Palgrave*, Macmillan.

Gidedens, A. (1991) *The Constitution of Society: Outline of the Theory of Structuration*, Polity.（＝2015, 門田健一訳『社会の構成』勁草書房。）

（金光　淳）

索　引

あ　行

暗黙知　34, 55, 156
一般的信頼　233
イノベーション・マネジメント　74
イベントスタディ法　169
院政　226, 233
動き回り型　89
埋め込み　56
　　経済の社会的――　135
　　社会的――　101
遠距離交際　100
エンゲージメント　153
温州人企業家　88

か　行

改善　55
階層性　89
階層的線形モデル　23
開発プロセス　74
外部性　215, 217, 218
　　――の内部化　216, 217
　　正の――　217
　　負の――　217, 218
学習する地域　136
カスタマーエクイティ　158
株価パフォーマンス　168
関係性資本　179
関係的契約　135
完全市場　164
管理職　42, 43
企業グループ　54
企業集団　202

企業統治改革　195
企業の社会的責任　→ CSR
企業の情報化　68
企業の評判　→コーポレート・レピュテーション
企業評価　154
企業不祥事　166, 195
企業倫理　195
規範逸脱行動　167
吸収プロセス　73
凝集性　88, 219
凝集的紐帯　138
共進化　133
協調的行動　12, 21
協働　177, 181
共同体志向　89
協約的関与　93
近所づきあい　100
近隣効果　100
グアンシー　94
クラスター係数　88
クラスター分析　89
グラノベッター　134
クラブ財　227
グループシンク　224, 226, 230, 233
クロスファンクショナル・チーム　74
形式知　34, 55, 156
経路依存　132, 134
公共財　215, 218, 227
構造主義　53
構造的空隙　57, 71, 138
　　――論　216, 217, 219, 231
構造特性　88

行動情報　157

コーポレート・ブランド　198

コーポレート・ガバナンス・コード　242

コーポレート・ソーシャル・キャピタル　41,
　　47

　　結束型——　44,45

　　橋渡し型——　44,45

コーポレートガバナンス・コード　213

コミュニティ　105,181,183

コンプライアンス　161,168

さ 行

サイバーバルカン化　79

サイロ　233

　　——・エフェクト　225,226

産業クラスター　132

　　——の進化　132

支援行動　16,23

シグナル　196

自己資本利益率　→ ROE

仕事における相互依存性　13,14,17,19

持続的起業　137

自治会活動　121

私的財　215,227

市民活動　121

社会イノベーション　175-177,179,190

社会運動　105

社会資本　152

（企業の）社会的貢献　195

社会の伝染　101

社外取締役　195

社会ネットワーク　130

　　——理論　53

社会福祉法人　183,190

社会問題　175,183

ジャンプ型　89

重回帰分析　116

集合近視　242

集団凝集性　13,17,21,23

集団的影響　91

住民活動　121

習律　94

受容　93

準紐帯　86

情緒的コミットメント　17,21

消費生活協同組合　104

情報共有行動　19,23

情報の非対称性　158,166

情報利益　71

職務特性理論　17

人工知能　82

人的資本　156

信頼　35,72,182

　　政治への——　123

　　相互——　72

　　同一尺度の——　86

　　特定化——　94,233

　　普遍化——　94

ステイタス　201

ステークホルダー　176,179-181,190,195

ストーリーテリング　80

ストック　160

スモールワールド　86

刷り込み　86

生活協同組合パルシステム千葉　107

生協　→消費生活協同組合

前契約的連帯　93

総資産利益率　→ ROA

ソーシャル・キャピタル　35,36,43,104,130

　　結束型——　70,172,216,218,226

　　組織の——　134

ソーシャル・メディア　68

　　——の効果　75

属性情報　157

組織学習　53

組織間学習　53

索　引

組織コミットメント　21
組織的市民行動　13, 14
組織的知識創造　44

た　行

対策不備　167
ダイバーシティ　42
玉ねぎ構造　90
探索力　88
地域的イノベーション能力　132
地域における学習　133
知識　33
　　——の探索と活用　137
知識移転ネットワーク　135
知識創造　55
　　——プロセス　34
知的資産　155
知的資本　155
町内会活動　121
ツイッター　91
強い紐帯　138
　　——の強み　56
デジタルデバイド　79
デュルケーム, E.　93
転職　86
同族経営　246
トクヴィル, A.　94
特定化互酬性　218
閉じたネットワーク　230, 232
　　——の有効性論　216, 219
　　——論　217
取引コスト　157, 165
　　——理論　165

な　行

ナレッジマネジメント　53
ネットワーク　54, 180, 182
　　——・ガバナンス　135

——資源　130
——の特性　71
——の複合化　54
クラスター間——　140
コミュニケーション・——　59
産学連携——　147
組織間——　138

は　行

バイオクラスター　130
　関西——　142
配線図　96
バイラル・マーケティング研究　101
橋渡し型ソーシャル・キャピタル　70, 172, 216
パス・モデル　124
バーチャル・ワーク　73
場のマネジメント　45, 47
ハブ　89
評判の情報提供的役割　159
評判の統制的役割　159
フィードバックの相互依存性　15
プッシュ型（情報・知識共有）　68
「不平等の罠」論　233, 235
ブラック企業　195
ブラット　94
ブランド　160
ブランド資本　162
ブリッジ（紐帯）　59, 138
プル型（情報・知識共有）　69
プレステージ　204
フロー　160
プロダクト・イノベーション　74
閉鎖性　57
ベンチャー起業　147
ホモフィリー　90
ポリエージェントシステム論　53
ホリスティックマーケティング　158

253

ま 行

マタイ効果　89
ミドルマネジメント　41, 44, 47
無形資産　152
無形資本　152, 154
メカトーフの法則　71
目標の相互依存性　15, 17

や 行

有形資本　152, 154
優先的選択　89
弱い紐帯の強み　56, 81

ら 行

リーダーシップ　47
リワイヤリング　88
レピュテーション　162
レピュテーション指数「RQ」　198
　コーポレート・――　159, 195

負の――　163

欧 文

Abnormal Return　169
cooperative behavior　→協調的行動
CSC　→コーポレート・ソーシャル・キャピタ
　ル
CSR　161, 195
CSV 活動　245
Cumulative Abnormal Return　169
ESG 投資　234, 245
ICC　20
Iot　82
NPO　105
PR 活動　153
ROA　202
ROE　202
SECI モデル　→知識創造モデル
Web2.0　81

執筆者紹介 （所属，執筆分担，執筆順，＊は編著）

＊金光　　淳 （編著者紹介参照：序章・第10章・終章）

鈴木竜太 （神戸大学大学院経営学研究科教授：第1章）

小豆川裕子 （常葉大学経営学部准教授：第2章）

秋山高志 （広島大学大学院社会科学研究科准教授：第3章）

井戸田博樹 （近畿大学経済学部教授：第4章）

西口敏宏 （一橋大学名誉教授：第5章）

桜井政成 （立命館大学政策科学部教授：第6章）

山田一隆 （岡山大学地域総合研究センター准教授：第6章）

若林直樹 （京都大学大学院経営管理大学院教授：第7章）

北見幸一 （東京都市大学都市生活学部准教授：第8章）

田原慎介 （関西学院大学人間福祉学部助教：第9章）

稲葉陽二 （日本大学法学部教授：第11章）

編著者紹介

金光　淳（かなみつ・じゅん）

1997年　シカゴ大学大学院修士課程修了（M.A.）。
1999年　ピッツバーグ大学大学院博士課程修了。
現　在　京都産業大学経営学部准教授。
主　著　『社会ネットワーク分析の基礎──社会関係資本論へむけて』勁草書房，2003年。
　　　　『リーディングス　ネットワーク論──家族・コミュニティ・社会関係資本』（共著）勁草
　　　　書房，2006年。
　　　　『図説　ネットワーク解析』（東アジア共同体の構築④）（共著）岩波書店，2006年。
　　　　『ソーシャル・キャピタルのフロンティア──その到達点と可能性』（共著）ミネルヴァ書
　　　　房，2011年。

叢書ソーシャル・キャピタル④

ソーシャル・キャピタルと経営
──企業と社会をつなぐネットワークの探究──

2018年12月30日　初版第1刷発行　　　　　　　　　　〈検印省略〉

定価はカバーに
表示しています

編　著　者　　金　光　　　淳

発　行　者　　杉　田　啓　三

印　刷　者　　田　中　雅　博

発行所　株式会社　ミネルヴァ書房

607-8494　京都市山科区日ノ岡堤谷町1
電話代表　（075）581-5191
振替口座　01020-0-8076

©金光淳ほか，2018　　　　　　　　創栄図書印刷・新生製本

ISBN978-4-623-07772-4

Printed in Japan

叢書ソーシャル・キャピタル
（全7巻）
Ａ5判・上製カバー・各巻平均270頁

第1巻	ソーシャル・キャピタルの世界	稲葉陽二 吉野諒三 著
第2巻	ソーシャル・キャピタルと教育	露口健司 編著
第3巻	ソーシャル・キャピタルと経済	大守　隆 編著
第4巻	ソーシャル・キャピタルと経営	金光　淳 編著
第5巻	ソーシャル・キャピタルと市民社会・政治	辻中　豊 山内直人 編著
第6巻	ソーシャル・キャピタルと健康・福祉	近藤克則 編著
第7巻	ソーシャル・キャピタルと社会	佐藤嘉倫 編著

———————————— ミネルヴァ書房 ————————————

http://www.minervashobo.co.jp/